GESTÃO DA EMOÇÃO
PARA A FORMAÇÃO DE PROFESSORES BRILHANTES

O GEN | Grupo Editorial Nacional – maior plataforma editorial brasileira no segmento científico, técnico e profissional – publica conteúdos nas áreas de concursos, ciências jurídicas, humanas, exatas, da saúde e sociais aplicadas, além de prover serviços direcionados à educação continuada.

As editoras que integram o GEN, das mais respeitadas no mercado editorial, construíram catálogos inigualáveis, com obras decisivas para a formação acadêmica e o aperfeiçoamento de várias gerações de profissionais e estudantes, tendo se tornado sinônimo de qualidade e seriedade.

A missão do GEN e dos núcleos de conteúdo que o compõem é prover a melhor informação científica e distribuí-la de maneira flexível e conveniente, a preços justos, gerando benefícios e servindo a autores, docentes, livreiros, funcionários, colaboradores e acionistas.

Nosso comportamento ético incondicional e nossa responsabilidade social e ambiental são reforçados pela natureza educacional de nossa atividade e dão sustentabilidade ao crescimento contínuo e à rentabilidade do grupo.

Coordenada por Professor Dr.
AUGUSTO CURY
Organizada por Professora Dra.
ALMA ELIZAUR CATIRSE

Thais da Costa Vinha • Andrezza Cristina Moura dos Santos • Filipe Santos Ferreira Mendes • Laís Ranieri Makrakis • Thiago Naves Queiroz Costa • Maille Ferreira Nunes Rocha • Maria de Padua Fernandes • Lucas Moreira Mendonça • Valéria Beatriz do Valle • Hian Parize • Fernanda Thaís Ponpeo • Juliana Dias Corpa Tardelli • Thales Rosolen • Antônio Secco Martorano • Stephanie Francoi Poole • Alia Gossen • Brenda Gonçalves de Carvalho • Daniel Zuluaga Goyeneche • Caroline Fortes • Victor da Mata • João Lisboa de Sousa Filho • Paola Maria da Silva Rosa • Jéssica Andrade Dantas • Beatriz Roque Kubata • Gabriela Ayres de Souza • Carla Roberta de Oliveira Maciel • Isabela Pezoti Moretto • Marina Ribeiro Paulini • Vanessa Thomé

A TEORIA DA INTELIGÊNCIA MULTIFOCAL APLICADA À FORMAÇÃO DE MENTES PENSADORAS

GESTÃO DA EMOÇÃO
PARA A FORMAÇÃO DE PROFESSORES BRILHANTES
(Programa de mestrado e doutorado da USP)

■ O autor deste livro e a editora empenharam seus melhores esforços para assegurar que as informações e os procedimentos apresentados no texto estejam em acordo com os padrões aceitos à época da publicação, e todos os dados foram atualizados pelo autor até a data de fechamento do livro. Entretanto, tendo em conta a evolução das ciências, as atualizações legislativas, as mudanças regulamentares governamentais e o constante fluxo de novas informações sobre os temas que constam do livro, recomendamos enfaticamente que os leitores consultem sempre outras fontes fidedignas, de modo a se certificarem de que as informações contidas no texto estão corretas e de que não houve alterações nas recomendações ou na legislação regulamentadora.

■ Fechamento desta edição: 16.02.2023

■ O Autor e a editora se empenharam para citar adequadamente e dar o devido crédito a todos os detentores de direitos autorais de qualquer material utilizado neste livro, dispondo-se a possíveis acertos posteriores caso, inadvertida e involuntariamente, a identificação de algum deles tenha sido omitida.

■ **Atendimento ao cliente:** (11) 5080-0751 | faleconosco@grupogen.com.br

■ Direitos exclusivos para a língua portuguesa
Copyright © 2023 by
Editora Forense Ltda.
Uma editora integrante do GEN | Grupo Editorial Nacional
Travessa do Ouvidor, 11 – Térreo e 6º andar
Rio de Janeiro – RJ – 20040-040
www.grupogen.com.br

■ Reservados todos os direitos. É proibida a duplicação ou reprodução deste volume, no todo ou em parte, em quaisquer formas ou por quaisquer meios (eletrônico, mecânico, gravação, fotocópia, distribuição pela Internet ou outros), sem permissão, por escrito, da Editora Forense Ltda.

■ Capa: OFÁ Design

■ **CIP – BRASIL. CATALOGAÇÃO NA FONTE.**
SINDICATO NACIONAL DOS EDITORES DE LIVROS, RJ.

G333

Gestão da emoção para a formação de professores brilhantes: a teoria da inteligência multifocal aplicada à formação de mentes pensadoras / coordenada por Augusto Cury; organizada por Alma Elizaur Catirse. – 1. ed. – Rio de Janeiro: Método, 2023.

Inclui bibliografia
ISBN 978-65-5964-189-5

1. Psicologia educacional. 2. Inteligência emocional. 3. Professores - Formação. I. Cury, Augusto. II. Catirse, Alma Elizaur.

22-80745   CDD: 370.15
               CDU: 37.015.3:37.026

Meri Gleice Rodrigues de Souza – Bibliotecária – CRB-7/6439

SUMÁRIO

Apresentação 1

A responsabilidade da docência nos dias atuais para formar pensadores, e não repetidores de informações – *Thais da Costa Vinha e Andrezza Cristina Moura dos Santos* 7

A diversidade humana e seu papel na gestão do pensamento em sala de aula – *Filipe Santos Ferreira Mendes* 21

Ansiedade no meio acadêmico – *Laís Ranieri Makrakis e Thiago Naves Queiroz Costa* 35

A busca incansável pela realidade: a verdade como fim inatingível de acordo com a teoria da inteligência multifocal – *Maille Ferreira Nunes Rocha e Maria de Padua Fernandes* 55

O desenvolvimento das habilidades socioemocionais na pós-graduação – *Lucas Moreira Mendonça* 65

Analfabetismo da emoção na docência – *Valéria Beatriz do Valle* 73

A influência das emoções no processo de ensino e aprendizagem – *Hian Parize* 81

Síndrome de *burnout* no ambiente universitário: formação de janelas killer que encarceram a emoção – *Fernanda Thaís Ponpeo* 89

O impacto da ditadura da beleza nos transtornos dismórficos corporais – *Juliana Dias Corpa Tardelli e Thales Rosolen* 97

Reféns de mídias sociais e padrões: uma influência emocional doentia – *Antônio Secco Martorano e Stephanie Francoi Poole* 105

O radicalismo, o individualismo e egocentrismo como processos doentios do sistema educacional – *Alia Gossen* 115

Construção de janelas traumáticas no ambiente universitário – *Brenda Gonçalves de Carvalho e Daniel Zuluaga Goyeneche* 131

Comportamento do Eu × comportamento social – *Caroline Fortes e Victor da Mata* 151

Estratégias de gestão da emoção para o fortalecimento do Eu dos estudantes – *João Lisboa de Sousa Filho* 165

Técnica de teatralização da emoção para formar janelas *light* e pontes sociais – *Paola Maria da Silva Rosa e Jéssica Andrade Dantas* 183

Responsabilidade dos professores na gestão da emoção de alunos universitários – *Beatriz Roque Kubata e Gabriela Ayres de Souza* 197

Como ser um professor encantador – *Carla Roberta de Oliveira Maciel e Isabela Pezoti Moretto* 207

Síndrome do Pensamento Acelerado gerando mentes agitadas e desconcentradas – *Marina Ribeiro Paulini e Vanessa Thomé* 219

APRESENTAÇÃO

As universidades têm buscado a excelência dos seus cursos de pós-graduação por meio de empenho e exigências com relação ao desenvolvimento de pesquisas e publicações em revistas de impacto, que, com certeza, são de vital importância na qualificação dos pesquisadores em formação e classificação pela Coordenação de Aperfeiçoamento de Pessoal de Nível Superior (CAPES). Em época de crise, é reforçada a relevância da pesquisa na busca de soluções de problemas e, por outro lado, a necessidade de apoio no seu desenvolvimento.

Para a contratação de um docente do ensino superior, prioriza-se o título de doutor para a atuação como professor e pesquisador. No entanto, sua formação não deveria se limitar aos conhecimentos específicos da área e à instrução como pesquisador, visto que a atuação docente prevê relações interpessoais em sala de aula que envolvem emoções determinantes no processo de ensino-aprendizagem, no âmbito da gestão e nas atividades envolvendo a comunidade.

No contexto do ensino superior, assim como nos demais níveis da educação, devemos considerar que as condições do isolamento social demandaram que, de um dia para o outro, as aulas fossem ministradas de forma remota. Esse fato tem despertado o interesse e a dedicação de tempo na capacitação didática dos docentes e dos pós-graduandos, para que novas metodologias sejam utilizadas, principalmente no sentido de inclusão de tecnologias no ensino. Contudo, se faz necessário considerar que muitos podem ter a ideia de que esses instrumentos, por si sós, garantirão a modernização e a qualidade do ensino. Eles são coadjuvantes do processo de ensino-aprendizagem, que envolve a presença da figura do professor como facilitador que, por sua vez, sem um planejamento claro e utilização inteligente desses instrumentos – e de acordo com objetivos bem definidos –, não cumpriria a sua finalidade.

Essa inclusão da tecnologia no ensino passou a exigir dos professores um tempo maior diante dos computadores, além de novas aprendizagens para colocar em prática a utilização de diversas plataformas, programas e equipamentos tecnológicos. Exigência maior ainda para os alunos, porque já era considerado um problema o tempo dedicado ao uso de celulares, às redes sociais e multimídias principalmente pelos jovens e crianças, expondo-os ao excesso de informações, de preocupação, de cobranças, além dos trabalhos intelectuais e a competitividade imposta pelo próprio meio e pela autoexigência em ser o melhor e o maior. Tudo isso desencadeia a síndrome do pensamento acelerado (CURY, 2014), manifestada na ansiedade, *deficit* de concentração e de memória, baixo limiar em suportar as frustrações, entre outros sinais.

Um dos aspectos carentes de atenção no ensino é o desenvolvimento de habilidades e competências socioemocionais que, apesar da sua essencialidade, principalmente no mundo moderno, alinhado às suas exigências de consumismo, imediatismo e sucesso, provoca agitação e depressão (CURY, 2014), condição que só tem se acentuado.

O número de jovens alunos de graduação e pós-graduação que se encontram extremamente ansiosos e, por vezes, com depressão, fazendo uso de medicamentos ansiolíticos e antidepressivos e comprometendo o seu desempenho acadêmico, é alto. Um dado importante trazido por Augusto Cury aponta que, já em 2013, a síndrome do pensamento acelerado (SPA) provavelmente atingia 80% dos professores, alunos, intelectuais, médicos até pacientes, de todas as idades.

Os sintomas, que podem funcionar como um sinal de problema, muitas vezes são confundidos pelo professor com a falta de dedicação e/ou interesse pela disciplina, o que demonstra uma carência de preparação socioemocional em perceber e/ou até lidar com esse tipo de problema, perdendo, inclusive, a oportunidade de ajudar.

Por isso, é urgente focar na preparação socioemocional dos professores de todos os níveis educacionais. Para o docente do ensino superior, isso se faz imperativo, considerando que são muitos os desafios enfrentados no ambiente universitário, e que não há um olhar específico nesse aspecto na maioria dos cursos de pós-graduação.

Não há dúvida de que as formações intelectual, profissional e científica chegam a atingir a excelência, mas, em relação ao desenvolvimento de habilidades que permitam o autoconhecimento e o gerenciamento das emoções no campo das relações, sejam intra e/ou interpessoais, há deficiências preocupantes.

Assim, foi oferecida, pela primeira vez a nível de pós-graduação *stricto sensu*, a disciplina Gestão da Emoção na Formação de Professores Universitários, aplicada pelo Dr. Augusto Cury, psiquiatra, estudioso brasileiro da construção do pensamento, que desenvolveu a teoria da inteligência multifocal (TIM).

É um projeto muito ambicioso, com a ideia de formar professores que não sejam simplesmente repetidores de informações, e que, além de criadores de conhecimento, por meio das suas pesquisas, já de excelência, sejam ainda formadores de profissionais pensantes, de mentes livres, com emoções saudáveis, proativos, autônomos, solidários e empreendedores, sendo capazes também de provocar os seus alunos a viajar para dentro de si e se autoquestionarem, para que, confiantes, trabalhem na construção de seu próprio Eu e sejam resilientes e capazes de transformar o seu ambiente, não apenas com sua autoliderança, mas também com a capacidade de formar líderes.

Para atingir os objetivos citados, a disciplina é baseada na teoria da inteligência multifocal e no programa de gestão da emoção, fundamentada nos fenômenos que constroem cadeias de pensamentos nos papéis do Eu, nos papéis conscientes e inconscientes da memória e nas variáveis do processo de formação de pensadores.

A teoria da inteligência multifocal se fundamenta em cinco grandes pilares: o processo de construção de pensamentos; o processo de formação do Eu como gestor da mente humana; os papéis conscientes e inconscientes da memória; o programa de gestão da emoção; e o processo de interpretação e lógica do conhecimento.

Essa teoria não compete com nenhuma outra, como diz o seu criador, seja com a teoria de Vygotsky, de Piaget, ou teorias psicoanalíticas, comportamentais e cognitivistas, porque ela está na base de todas as demais. Ela estuda sistematicamente a natureza dos pensamentos e aborda os tipos de processos construtivos do pensamento, elementos básicos de toda e qualquer teoria, atuando, assim, como uma teoria universal, que serve de base para as demais, não apenas no processo de ensino-aprendizagem, mas também no processo terapêutico, na compreensão da evolução social, dos conflitos sociais e das discriminações, da violência contra as mulheres e contra as crianças e, também, no entendimento de conflitos na formação de líderes políticos que possam ser capazes de ter um "caso de amor" com a sociedade na qual lideram, ou ao contrário, se tornem predadores por não aprenderem a desenvolver a capacidade de ser o autor de sua própria história, se curvando às janelas traumáticas que financiam a sua psicopatia e a sua sociopatia.

A fim de incentivar a busca dos jovens pós-graduandos, de diferentes áreas da ciência, por caminhos para se tornarem professores brilhantes, por meio do "*desenvolvimento de um Eu maduro, capaz de proteger a emoção, gerenciar pensamentos e trabalhar outras funções complexas da inteligência para aprender a ser autor da própria história*" (CURY, 2014), foram abordadas as seguintes ferramentas: conhecer, analisar e potencializar uma abordagem sobre os bastidores da mente humana e os papéis da memória, para o autoconhecimento; enfrentar os desafios de relacionamento intra e interpessoal no dia a dia, em diferentes circunstâncias, com ênfase no ambiente escolar; promover a gestão da emoção para tomar consciência, analisar e ressignificar crenças e armadilhas da mente, além de gerenciar os pensamentos, possibilitando um ambiente de trabalho emocionalmente saudável (interno e externo).

As atividades e os diálogos reflexivos que pautaram as aulas trouxeram a percepção da real necessidade em desenvolver habilidades e competências na universidade, criando jovens professores fundamentados em suas próprias experiências como alunos e abordando temas como: o questionamento das próprias emoções, como o medo de expressar o seu pensamento e o medo de ser; e a escuta que envolve a comunicação, empatia, resiliência e autoestima.

Foi muito interessante a questão levantada sobre o viver com o pensamento no passado (que já se foi) e no futuro (que é incerto e provoca ansiedade), somando-se ao imediatismo que, por vezes, traz frustrações quando preterido. Os alunos querem fazer diferente, e isso pode ser confirmado com a unânime manifestação da necessidade de se trabalhar na universidade essas habilidades socioemocionais, que permitem formar profissionais com senso crítico, pensadores livres e brilhantes, pela luz que poderão oferecer.

A reflexão e os estudos dos participantes da disciplina, sob os diferentes aspectos que envolvem a formação do Eu, a construção e o gerenciamento do pensamento e das emoções, e a sua influência no ensino, na vida do aluno e do próprio professor, foram pautadas neste livro. Todos foram desafiados a refletir sobre temas livremente escolhidos por eles e cujos pensamentos foram mantidos na sua integridade.

Com certeza é um *start* muito importante no que diz respeito à formação de professores. É importante olhar o professor e o aluno como seres individuais e admitir que todo humano, composto do físico, mental e espiritual, é um ser com emoções. Precisamos considerar de maneira séria e urgente a percepção de que nossos alunos precisam desenvolver habilidades socioemocionais e, para isso, nós (professores), independentemente da idade, também precisamos aprender.

Os sujeitos do processo de ensino-aprendizagem devem ser capazes de identificar as dificuldades em lidar com as suas emoções e desenvolver capacidades para superá-las, conseguindo assim orientar e trabalhar na formação de profissionais brilhantes.

BIBLIOGRAFIA

CURY, A. *20 regras de ouro para educar filhos e alunos*: como formar mentes brilhantes na era da ansiedade. São Paulo: Planeta, 2017.

CURY, A. *Ansiedade*: como enfrentar o mal do século. São Paulo: Saraiva, 2014.

CURY, A. *Inteligência multifocal*. São Paulo: Cultrix, 2006.

CURY, A. *O funcionamento da mente*: uma jornada para o mais incrível dos universos. São Paulo: Cultrix, 2016.

A RESPONSABILIDADE DA DOCÊNCIA NOS DIAS ATUAIS PARA FORMAR PENSADORES, E NÃO REPETIDORES DE INFORMAÇÕES

THAIS DA COSTA VINHA
ANDREZZA CRISTINA MOURA DOS SANTOS

A mente humana é realmente muito complexa e poderia ser comparada a um planeta onde os fatos são interligados, os bairros e a economia, interdependentes, e qualquer intercorrência em determinada área interfere nas demais, gerando uma reação em cadeia. A mente é como um planeta complexo e cheio de segredos, que apesar de a estudarmos há anos, ainda temos inúmeros questionamentos a serem respondidos.

Mas o fato é que, apesar de a humanidade ser dotada de racionalidade, ser capaz de novas criações e de conhecer suas origens, ela ainda está na idade da pedra quando o assunto é domínio das emoções. E quando não se domina as emoções, torna-se vulnerável a ela. Como pretender controlar seus objetivos e direcionar seu futuro se não controlar nem suas emoções? O primeiro passo é dominar a mente e a partir daí caminhar para dominar o mundo. O sentido oposto a esse leva a um fim instável e não sustentável, assim como construir uma casa sem alicerce leva ao seu desabamento. Talvez por isso de tempos em tempos a humanidade entre em colapso: grandes guerras, grandes epidemias, grandes desastres. Esses colapsos são as provas históricas de que nosso alicerce não está consolidado. Enquanto não se entender a necessidade de pensar como comunidade e não como seres isolados, que é preciso construir pontes que interliguem um indivíduo a outro e não muros que os segregam, a humanidade estará sempre fadada ao fracasso, pois o sucesso será sempre temporário.

É importante entender que a vida no século XXI ampliou as possibilidades de relações interpessoais e, nesse contexto, estamos conectados uns aos outros a partir de um clique. A nova geração está em contínuo compartilhamento a partir das Tecnologias da Informação e Comunicação (TICs); por meio de fotos e estilos de vida, mostram suas rotinas. O jovem se habituou a seguir aquilo que a sociedade lhe impõe, não sendo capaz de questionar e permanecendo estagnado dentro da realidade em que vive. É possível observar que no padrão cultural de hoje, a vontade de expressar opiniões, desejos, questionamentos e diálogos sobre os mais diversos assuntos foi sufocada pelo receio constante da crítica externa. Assim, é mais fácil reproduzir um padrão do que propriamente questioná-lo e modificá-lo. Poucas são as pessoas capazes de fugir do hábito constante da repetição e do pensamento limitante para adquirir a capacidade de questionar os fatos ao redor.

Diante dessa realidade, o ambiente acadêmico também adquiriu ao longo do tempo um perfil engessado, com raízes muito antigas, em que alunos e professores passam anos em um convívio diário que apenas reproduz um modelo de ensino-aprendizagem. O ambiente de sala de aula está contaminado pela repetição de assuntos, pelo padrão de avaliação clássica por meio de provas e por uma formação em que os alunos não questionam aquilo que estudam.

O professor não conhece o alunado e não busca uma melhor aproximação, que seria crucial para a definição de um processo de ensino efetivo. Os alunos não se mostram motivados a respeito das informações estudadas, bem como os docentes não procuram novas formas pedagógicas para transmitir os conteúdos.

Educar grupos heterogêneos de alunos é uma tarefa difícil para todo professor. O ambiente acadêmico é constituído de inúmeros desafios, incluindo a realidade de vida de cada estudante, o ambiente escolar em que ele está inserido e os conhecimentos prévios de sua trajetória acadêmica. A constituição do espaço pedagógico encontra barreiras que podem ser ultrapassadas caso professor e aluno consigam superar tais obstáculos, de modo que todo o conhecimento gerado possa ser bem apreendido e questionado, gerando um ensino dinâmico.

A humanidade encara um futuro imprevisível de mentes ansiosas e com baixo limiar para suportar frustrações, bombardeadas por informações em ritmo acelerado nesta "Era Digital", que gera insegurança e ansiedade. Os professores notam que seus alunos estão mais agitados, sem concentração e sem paciência para aprender. Trata-se de um reflexo da atual síndrome do pensamento acelerado (SPA), que atinge 80% dos indivíduos de todas as idades, alunos ou professores, em todo o mundo. Esse é o resultado da falta de gerenciamento do seu Eu, e quando dizemos "Eu" não nos referimos à gramática da língua portuguesa, ao pronome "eu", mas ao piloto da aeronave mente, ao protagonista desta peça, ao gestor responsável (ou pelo menos é isso que o Eu deveria ser). A falta de elementos interessantes causa angústia e tédio em uma era na qual a indústria do entretenimento trabalha incessantemente. Esquecemos de contemplar o belo, o simples; o pacato não prende a atenção. As estatísticas nos denunciam, as taxas de suicídio aumentam e alguns indivíduos vivem de maneira automática. A humanidade tomou o caminho errado; *estamos adoecendo rápida e coletivamente.*

ENTÃO, QUAL É A SOLUÇÃO PARA A HUMANIDADE?

A resposta é a educação. O professor é o responsável direto pela formação intelectual de inúmeros indivíduos – não um ou dois indivíduos, mas *inúmeros*. É indispensável a valorização da educação emocional; da orientação vocacional; e do atendimento às necessidades especiais, às diversidades e à inclusão. *O docente pode criar e destruir na mesma proporção.*

Na falta de técnicas para gerenciar pensamentos e proteger emoções, os educadores têm de lidar com imaturidade, dificuldade de aceitação das frustrações, baixa capacidade de adaptação, insatisfação crônica e rendimento intelectual comprometido. O mais preocupante na SPA é a falta de empatia – a habilidade de se colocar no lugar do outro. A SAP dificulta o processo de elaboração das informações; alguns jovens só conseguem perceber que há algo errado em suas vidas quando se tornam adultos frustrados. É como se um barulho diferente no carro nos incomodasse e isso representasse nosso corpo gritando por socorro por meio de inúmeros sinais, mas ainda assim esses sinais fossem inaudíveis para a nossa mente.

O docente é como um agricultor. Um bom agricultor planta a semente para que, em algum momento, a árvore dê frutos. Nem sempre quem planta ou quem rega é quem colhe os frutos, por isso estaria perdido, então, o sentido de plantar ou regar? Se pensarmos como *humanidade*, não, não perderia o sentido. A ideia é formar pessoas com humanidade. O Eu saudável é inteligente e tem consciência do psiquismo, jamais se inferioriza ou se coloca acima de outros. Diante de uma celebridade se portará tendo respeito e consideração, mas não deslumbramento irracional. O Eu saudável enxerga todos os seres humanos como iguais e complexos de maneira sensível. Neste mundo competitivo e consumista, ou aprendemos a ser seres humanos ou seremos máquinas de trabalhar e repetir.

O saber pedagógico faz parte do processo de formação do docente e estará presente em toda a sua caminhada como educador. Ele continua sendo necessário cotidianamente para que o professor possa desenvolver habilidades capazes de garantir os meios mais concretos e seguros para educar. Fatores como: didática, oratória, saber científico e conhecimento prático são importantes para uma atuação profissional efetiva, uma vez que o docente empregará todas as ferramentas e experiências necessárias para garantir o melhor ensino.

O panorama atual das universidades é de formação educacional falha, com disciplinas fragmentadas, voltadas à produção de um conhecimento formal e sistemático, distante do desenvolvimento de pesquisas científicas e investigações sobre a prática e saberes pedagógicos. Portanto, existe uma necessidade de *desconstrução* do modelo de ensino contemporâneo para a incorporação de novas práticas pedagógicas.

As práticas pedagógicas tecnicistas precisam ser modificadas, pois o processo educacional fundado apenas no ensino de teorias distancia alunos e professores de um ambiente de conhecimento que abrange produção de pensamentos lógicos, produção cultural e desenvolvimento de habilidades pessoais e profissionais capazes de promover a liberdade de reflexão, o desprendimento de padrões sociais e o despertar para o processo criativo no ambiente acadêmico.

A própria formação dos docentes durante os anos de mestrado e doutorado é pautada em uma atuação profissional que segue uma "receita de bolo". O conteúdo é fixo e imutável, sendo transmitido por métodos formais e avaliado por meio de provas escritas ou orais. Essa padronização dentro do processo de ensino-aprendizagem perpetua um modelo de práticas mecânicas e técnicas. Assim, há um questionamento central que é gerando em torno dessa formação: os professores estão educando para preparar *pensadores ou repetidores de informações*?

O debate é complexo, com ampla análise dentro da literatura, e provoca questionamentos críticos sobre outros assuntos relacionados ao processo educacional. Quando o ambiente acadêmico forma profissionais repetidores de informações, é possível verificar características imprecisas no ambiente da docência. Educadores mecanicistas são fortemente associados à imagem de rigidez, sistematização e crítica, bem como de impaciência, punição e limitação de seus alunos através de um foco no apontamento de suas falhas e destruição de esperanças. No que diz respeito aos discentes que reproduzem esses conteúdos, estes estão fadados a estudar apenas como uma obrigação que leva à formação profissional, e assim, quando questionados sobre aspectos profundos dos temas estudados, ficam perdidos e mostram dificuldade para discorrer sobre os assuntos. Vejamos, então, o que essa situação é capaz de provocar no aluno e como esse fator influencia na contínua formação de repetidores de informações.

O contexto apresentado é responsável por uma das falhas mais comuns do educador: a correção pública do aluno. O constrangimento causado por essa exposição é capaz de ativar janelas *killer* da memória – o aluno passa a se sentir humilhado em uma situação que deveria ser prazerosa, com troca de informações e reflexão, causando-lhe um trauma. O hiato entre aluno e professor provoca o fracasso da aprendizagem.

O aluno passa, então, a retroalimentar medos e traumas, ativando a janela *killer* da memória e repudiando qualquer momento que possa causar exposição. Quando fracassos são apontados em público, o aluno paralisa a inteligência, e desenvolve o medo de expor ideias. O debate e a troca de informações, tão importantes para o questionamento do conteúdo estudado, bem como a necessidade de despertar a criatividade no processo de construção do saber acabam ficando em segundo plano, e assim, aluno e professor focam em um ensino no qual a repetição se torna a chave para que não ocorram erros durante o período de formação.

A maneira como desenvolvemos nossas relações interpessoais é a base para o sucesso de uma comunicação efetiva. O receio da crítica externa é um traço forte das relações em sociedade, tanto na vida pessoal como na profissional. O ensino rígido, controlador e ditador é só mais um dos aspectos da construção social passados de geração em geração. Hoje, as amplas análises da psicologia nos permitem olhar para a educação com uma reflexão mais humanizada. O aluno deve ser observado em todos os seus contextos e individualidades, pois só assim será possível compreender que o processo de educação vai além da formação de um estudante com boas notas e teorias memorizadas. O aluno capaz de refletir sobre os assuntos abordados será um profissional que conseguirá questionar a aplicação dos conteúdos ministrados, refletir sobre novas possibilidades, gerar debates significativos, defender suas causas profissionais, desenvolver novas técnicas e saberes e aturar de maneira segura e efetiva em seu campo de trabalho.

As raízes da construção do saber devem estar fincadas nas boas lembranças do processo de aprendizagem, porém o exercício da docência ocorre dentro de um sistema intrincado, institucionalizado, com compromissos sociais, políticos, econômicos e culturais; cobranças e valores. A grande responsabilidade da profissão esbarra na precarização e na desvalorização do trabalho de seus profissionais. Desse modo, é necessário entender que uma atuação profissional efetiva está associada a fatores intrínsecos que precisam ser desconstruídos para promover uma mudança no processo educacional.

DESAFIOS DO PROFISSIONAL DA EDUCAÇÃO HOJE

Nunca foi tão difícil educar uma geração. O aluno desta geração se apresenta impaciente e habituado a ter "tudo pronto", vivendo em uma constante corrida contra o tempo, pressionado pelas redes sociais, que, apesar de se apresentarem como uma forma de interação, atuam, na verdade, como uma constante corrida para mostrar quem é melhor e maior, o que gera inúmeros problemas de ordem psicológica.

Da parte dos professores, os dados também são preocupantes. Levantamentos realizados em Belo Horizonte, Campinas, São José do Rio Pardo, Rio de Janeiro, Porto Alegre, Bahia, Florianópolis e João Pessoa, na rede de ensino público ou privado, do fundamental à graduação, mostram a triste realidade de docentes também desenvolvendo problemas psicológicos. Trabalhando em meio a estresse, tensão, nervosismo, angústia e depressão, o professor tem comprometido seu bem-estar físico, social e familiar. De que maneira esse docente consegue executar um trabalho de qualidade? Como construir mentes pensantes, livres e gestoras se os professores estão emocionalmente doentes? Uma mente doente produz janelas traumáticas e cria outra mente doente. O "anormal" passa a ser "normal".

Os professores são os profissionais mais importantes da sociedade e, paradoxalmente, os mais desvalorizados. O sistema educacional clássico está doente, formando pessoas doentes, para viver em uma sociedade doente, produzindo seres humanos desarmados, sem ferramentas para lidar com as emoções, pois nada sabe sobre o "mundo" que somos.

As dificuldades dos docentes existem uma vez que sua formação inicial não foi suficiente. A educação clássica não ensina habilidades para gerenciar aspectos emocionais. Além disso, existem fatores externos, como desonestidade, turmas enormes, e falta de infraestrutura, de materiais didáticos e de verbas; tudo isso causa desânimo e desalento nos professores. O cenário não só educativo, mas também social, está propício ao adoecimento de seus profissionais.

Os desafios da docência foram ainda ampliados com a aceleração do processo de informatização, pois antigas barreiras foram reforçadas com a presença de novas tecnologias. O aluno desta geração absorve informações rapidamente, e na mesma proporção em que as obtém, já está ansioso por mais conhecimento. É possível constatar que a SPA é exacerbada com o uso das TICs, que, quando não utilizadas da maneira correta, no mínimo provocam a dispersão dos estudantes. Mas como empregar esse recurso no processo de educação de alunos pensantes? A internet e suas possibilidades são capazes de promover novos conhecimentos e permitir debates. Aliar o uso da tecnologia à formação intelectual do aluno pode parecer difícil, mas é possível. Os recursos de audiovisual, a incorporação de vídeos, músicas, dinâmicas e outras tantas ferramentas podem permitir uma nova forma de ensinar. Computadores, celulares, tablets e smartphones são excelentes fontes de informações específicas, de fácil acesso e de boa compreensão.

O aluno, quando bem orientado pelo professor, será capaz de utilizar esses recursos de maneira pontual, procurando dados concretos, fontes seguras e conteúdos inovadores. A introdução das novas tecnologias na sociedade reforça a criação de novas práticas e permite que esse recurso seja uma nova e importante ferramenta de aprendizagem.

O QUE SE ESPERA DO EDUCADOR NO ATUAL CONTEXTO DA EDUCAÇÃO

A educação mundial segue doente e retrógrada, e vem perdendo sua autonomia; ainda, a Era Digital asfixia o essencial e banaliza a vida. A educação como conhecemos precisa ser desconstruída, bem como o papel da escola precisa ser reformulado a fim de formar pensadores, e não repetidores.

O educador deverá desenvolver habilidades para ajudar seus alunos a gerenciar ideias, administrar emoções, liderar a si mesmos, lidar com perdas e frustrações, e superar conflitos. O professor que promove a gestão emocional é formador de alunos pensantes! Para concretizar tal ideal, ele deve entender a importância dos "saberes docentes", ou seja, durante o exercício da profissão o educador deve adquirir e mobilizar diversos tipos de saberes como: saberes da formação profissional, saberes curriculares, saberes disciplinares e saberes da própria experiência pessoal.

Espera-se também que o sistema educacional se adapte para capacitar o professor a fim de que ele possa formar alunos livres para pensar, e não escravos do pensamento; e possa ainda ensinar técnicas de higiene mental para reciclar falsas crenças, para que não ele não se transforme em uma máquina de trabalhar e orientar os jovens para uma melhor qualidade de vida. O foco deve estar em abraçar as individualidades, as inovações, os raciocínios lógicos; o sistema de repetição nunca foi capaz de proporcionar descobertas ou os maiores progressos. O sistema educacional não deve se limitar a informações técnicas, pois ao se tornar professor, um indivíduo assina um contrato de responsabilidade com o futuro da humanidade.

Profissionais da educação que estão em formação precisam desenvolver as habilidades do século XXI para que sejam capazes de atender as demandas educacionais de hoje, bem como lidar com seus conflitos e desafios. Os conteúdos pedagógicos explorados devem ser relacionados aos contextos concretos e atuais.

Graduação, pós-graduação e cursos são práticas de formação exterior. No entanto, o saber docente requer a necessidade de formação interior, a chamada autoformação, ou seja, a habilidade de pensar, refletir sobre as próprias ações, ideologias, concepções e contradições. Um pensamento crítico conduz a um novo olhar sobre as formas de se executar o papel de educador, e o professor que promove isso é um verdadeiro formador de alunos pensantes, criativos, dispostos, inteligentes e seguros. O processo de aprendizagem passa a ser efetivo, promovendo um sistema de ensino em que as barreiras de uma educação engessada foram rompidas. Nesse contexto, o professor conhece seu aluno, e a sala de aula está além dos muros da escola. O educador sabe reconhecer suas limitações e identificar a falta de recursos básicos tanto nos programas curriculares como nas políticas educacionais.

O aluno precisa ser avaliado não apenas, por exemplo, pelas provas escritas (enfatizando a repetição e a memorização), mas também pela criatividade, ousadia, capacidade de raciocínio, proatividade, construção de pensamentos lógicos e cooperação social. São esses elementos que determinam não só o sucesso profissional ou social, mas o sucesso da humanidade.

Tenho uma pergunta, querido leitor: quando você pensa em um professor que foi importante na sua formação quem vem à mente? Normalmente os professores que mais nos marcaram são aqueles que mexeram com nossas emoções de alguma maneira, ou positiva ou negativa. Sim emoções negativas também causam marcas porque tudo o que detestamos será registrado de forma intensa. Somos seres movidos a emoções, nossas memórias dependem das emoções envolvidas, elas são nosso combustível, e gerenciar quantidade, qualidade e potência desse combustível é gerenciar o fluxo da vida.

Os alunos que viveram experiências educacionais marcantes com certeza carregaram consigo bons ou maus exemplos. Pensando de uma forma simples, podemos concluir que, como repetidores de informações, eles podem carregar e reproduzir um comportamento negativo de um antigo professor. Entretanto, a construção de um pensamento crítico, marcado de momentos em que o aluno não é avaliado somente pela prova, mas também em debates, discussões, rodas de conversa, opiniões inovadoras, é muito significativa para uma educação com excelentes resultados não somente do ponto de vista profissional, mas também pessoal. O ambiente acadêmico que prepara profissionais gestores das próprias emoções, confiantes, humanizados e felizes, proporcionará a formação de grandes pessoas, que sabem enxergar a importância do seu trabalho e seu valor social.

Em uma incrível viagem pelo estudo da mente descobri que toda mente é um cofre fechado, mas que possui uma brecha pela qual pode ser aberto, uma chave. Qual é a brecha da mente do seu aluno? Como o professor consegue entrar na mente dos seus alunos de forma marcante?

A atuação docente é pautada por saberes pedagógicos, conhecimentos práticos, experiências e crenças diversas, configurando um processo de racionalidade reflexiva. Saberes que não estão estabelecidos só em sala de aula. Faz-se necessário ter um bom aproveitamento desses saberes e das novas ferramentas tecnológicas para formar pensadores que filtram o que ouvem/veem, que têm consciência crítica e autonomia de ideias. Não se pode deixar de filtrar, por exemplo, tudo o que uma "blogueira" escreve em sua conta da Instagram, assim como deveriam ter sido filtradas as palavras de Hitler na Alemanha nazista. Atrocidades assim podem voltar a acontecer se nossa sociedade for composta apenas por um exército de repetidores. A sala de aula é uma troca constante de conhecimento na qual o professor cresce junto com suas turmas, pois cada aula é um voo único que não tem volta e não se repete porque aquele momento, aquela turma não volta, aquele espaço-tempo e aquela situação do momento não se repetem.

Alunos e professores não são inteiramente livres, pois são "reféns" do passado, já que a liberdade está circunscrita a uma história existencial e o pensamento se estabelece com base no que se vivencia, na maneira como se foi criado e na cultura. Com isso, o plano de aula de um professor é criado baseado no que ele conhece e julga ser mais apropriado. Temos o costume de classificar as pessoas, seja como negro, branco, pobre ou rico, simplesmente porque vivemos no planeta Terra e absorvemos esses conhecimentos de maneira errada. Somos uma espécie doente que pouco sabe sobre a arte do pensar.

O professor precisa ter ciência que é um profissional, mas que também é ser humano e que, como tal, encontra-se em constante processo de construção, sendo passível de falhas e de fragilidades. A sabedoria está em aprender a usar cada erro como uma oportunidade de aprendizado e de correção dos caminhos. Cada fracasso é uma chance de recomeçar. É muito difícil mudar conceitos já estabelecidos, mas pior ainda é seguir sem provocar mudanças só pelo medo do fracasso. Repito: nunca foi tão difícil educar uma geração, e não podemos elencar aqui apenas um responsável pelo cenário educativo adoecido que vivemos, pois, como abordado ao longo de todo esse texto, trata-se de uma questão muito complexa. Mas se acompanhamos atualmente a desconstrução de inúmeros padrões sociais, extremamente necessários para o período que vivemos, por que não promovermos também uma mudança educacional? Uma desconstrução e reconstrução do padrão educacional? Convido vocês a trabalhar a mudança, com ajuda da tecnologia e a favor da humanidade, para que tenhamos alicerce sólidos e não estejamos fadados ao colapso. Se preocupem em deixar um legado para que tenha valido a pena viver.

BIBLIOGRAFIA

CURY, A. *Ansiedade*: como enfrentar o mal do século. São Paulo: Saraiva, 2013.

CURY, A. *Gestão da emoção*: aprendendo a ser líder de si mesmo. São Paulo: Saraiva, 2015.

HIGUNOV NETO, A.; FORTUNATO, I. (Org.). *Saberes pedagógicos*: perspectivas e tendências. São Paulo: Edições Hipótese, 2018. p. 97.

MONTEIRO, L. Saberes pedagógicos: desafios docentes do século XXI. *Doxa: Rev. Bras. Psico. e Educ.*, Araraquara, v. 20, n. 1, p. 125-129, jan./jun. 2018. e-ISSN: 2594-8385. DOI: 10.30715/RBPE.V20.N1.2018.11091.

AUGUSTO CURY

É impensável dissociar a jornada do ser humano de momentos de crise e plenitude, céu e inferno. Não se pode viver somente em um estado eterno de completude ou de estresse. O equilíbrio é fundamental. Uma porção adequada de estresse pode estimular a progressão e a estabilidade emocional, tendo como meta a tão esperada felicidade, que da mesma maneira não é um estado estático. Essa plataforma de vida pode e deve ser buscada e alcançada, ao persistirmos em educar a emoção, construindo nossas bases no presente e enterrando o passado – não se trata de negá-lo ou escondê-lo, e sim editá-lo a fim de ser empregado como adubo para enriquecer a ecologia das nossas emoções.

O professor, bem como os pais, tem um papel fundamental para o desenvolvimento de crianças e jovens em fase de aprendizado e crescimento emocional. O professor dedicado em educar indivíduos capazes de construir a própria história precisa apresentar aos seus alunos um mundo diferente do que a escola clássica vem ofertando, e isso se traduz não apenas em dados sobre o mundo que *estamos*, mas também do mundo que *somos*. O mundo que somos é muito maior e mais complexo, e precisa ser conhecido pelos indivíduos em formação, do contrário, daqui a poucos anos estaremos em um lugar de pessoas com diplomas nas mãos, mas que não saberão o que fazer com suas crises, fobias, angústias e culpas, ocupando um lugar burocrático em sociedades democráticas, mas sem conseguirem ser verdadeiramente livres dentro delas.

Estamos vivendo num limiar em que é imprescindível requalificar e atualizar a educação a fim de que ela seja eficiente para educar a emoção de crianças e jovens, tornando-os pensadores críticos, em vez de repetidores altamente influenciáveis, e capazes de dirigir sua mente, em vez de serem dirigidos, como robôs.

Ao observar nosso mundo de hoje, é possível compreender que o sistema social que veio sendo construído tijolo por tijolo nos tornou ansiosos e culpados, bem como se precipitou em criar "necessidades desnecessárias" que nos controlam e manipulam nossos desejos, gerando inquietação, vício e insatisfação. Sabemos que não são apenas drogas lícitas ou ilícitas que viciam, da mesma maneira, o excesso de informação, operações mentais, atividades extras e preocupações, bem como o uso excessivo de aparelhos eletrônicos são responsáveis pela ruína da nossa saúde emocional.

Todo esse cenário é propício para o desenvolvimento da síndrome do pensamento acelerado (SPA) que hoje assola todo o mundo, tornando-se difícil encontrar um ser humano que não sofra desse mal (do século). Para que haja uma mudança nessa realidade é imprescindível que aqueles que estão nas etapas iniciais de aprendizado, ou seja, alunos e filhos, sejam bem direcionados a fim de conseguirem gerenciar emoções difíceis, reeditando-as e protegendo-as para benefício próprio e dos outros ao redor.

A educação clássica que ainda temos hoje raramente inclui em sua base curricular as ferramentas necessárias para que os alunos aprendam desde cedo a habilidade de filtrar estímulos estressantes e blindar emoções, administrando pensamentos, refletindo antes de reagir e desenvolvendo a resiliência com o objetivo de ser líderes da própria vida, o que pode aliviar os sintomas da SPA. De que maneira, então, é possível mudar a realidade de nossos alunos para contribuir com o desenvolvimento de indivíduos integralmente saudáveis? Ao longo dos textos deste livro, o leitor será guiado através de várias técnicas criadas para transformar mentes inseguras em gestoras de emoção. A título de introdução, posso dizer que tranquilizar a mente desses indivíduos em formação quando estes estiverem em um estado inquieto e ansioso, sendo levados ao estresse, é o primeiro passo para que eles consigam administrar perdas e frustrações – essa é a origem do processo de gerenciamento das emoções. Caso o professor não disponha de nenhuma outra ferramenta até este momento, se for capaz de pacificar a mente do aluno, ele já estará exercendo seu papel na formação de um indivíduo brilhante e saudável.

A DIVERSIDADE HUMANA E SEU PAPEL NA GESTÃO DO PENSAMENTO EM SALA DE AULA

FILIPE SANTOS FERREIRA MENDES

O Brasil é um dos países mais diversos do mundo. Por essa razão se tornou palco de importantes debates sobre ações que buscam respeitar a heterogeneidade de sua população. Levando isso em consideração, o objetivo deste capítulo é refletir, levando em consideração o papel do professor, sobre os diferentes desafios que os alunos podem ter que enfrentar durante a vida acadêmica, pessoal e profissional. No decorrer do texto será realizada uma rápida reflexão sobre a realidade de segmentos sociais, dando ênfase ao atual cenário brasileiro. A partir desse *background*, provocações serão levantadas sobre o papel do professor na mitigação dos efeitos de situações traumáticas passadas e na prevenção de produção de novas, além da formação de novas experiências benéficas, produtivas e humanas (janelas *light*).

RAÇA

A questão racial no Brasil é centrada, não se limitando à distorção histórica entre negros e brancos, que se reflete intensamente na relação entre as raças, mesmo em países com grande miscigenação. A presença afrodescendente desempenhou um papel essencial no desenvolvimento do país. Segundo Tarazona Santos (2001) na região Nordeste, 50% da população apresenta ancestralidade africana em seu genoma; na região Sul e Sudeste o índice chega a 30%.

O ensino superior não é uma realidade para várias camadas da sociedade, não havendo perspectiva de ingresso ou conclusão de um curso devido à falta de acessibilidade. Apesar da melhora com o implemento de cotas raciais, apenas um em cada seis alunos da Universidade de São Paulo (USP) se declara negro ou pardo; antes da implementação, esse número era de um em dez alunos matriculados, segundo artigo de Martins (2018). Nos cursos da área da saúde, Odontologia é o que tem menor percentual de alunos declarados negros e pardos (20%), seguido por 27% em Medicina, 33% em Nutrição, 36% em Biomedicina e 41% em Enfermagem. Ressalta-se, de acordo com dados do IBGE de 2019, que 55% da população brasileira se declara parda ou negra (8% negra e 47% parda). No mercado de trabalho, a discrepância é ainda maior: entre os profissionais graduados, enquanto uma pessoa branca ganha 100 reais, uma pessoa negra exercendo o mesmo trabalho recebe 67,58 reais.

A repressão violenta a pessoas de diferentes raças reforça ideias infundadas e preconceituosas, expondo principalmente negros a condições subumanas de sobrevivência. A face violenta do racismo deixa marcas profundas em famílias inteiras. Em média, 23.100 jovens negros são assassinados por ano somente no Brasil, um a cada 23 minutos. Em seu artigo "A juventude negra brasileira e a questão do desemprego", Lélia Gonzales afirma:

> Certamente o futuro que aguarda aqueles que sobrevivem será, para os jovens negros, a revolta em face da falta de oportunidades que uma sociedade racista procura reforçar segundos os mais variados estereótipos [...] Quando se trata de competir para o preenchimento de posições que implicam em recompensas materiais ou simbólicas, mesmo que os negros possuam a mesma capacitação, os resultados são sempre favoráveis para os competidores brancos. E isto corre em todos os níveis dos diferentes segmentos sociais.

GÊNERO

A discussão sobre a desigualdade de gêneros remonta ao tradicional papel imposto a mulheres de cuidadoras do lar e mães, enquanto o homem provia o sustento para a família. Esses papéis vêm sendo questionados há séculos, e a discussão tomou maiores proporções com a eclosão do movimento feminista no final século XIX e início do XX. A desigualdade atinge um de seus maiores efeitos na remuneração do mercado de trabalho: segundo a Agência Brasil, em 2019, homens ganhavam em média 3.946 reais, enquanto mulheres, 2.680 reais, uma diferença de 47,24%.

O gênero vem sendo discutido de maneira mais abrangente com o melhor entendimento da diversidade humana. Atualmente entende-se como mais plausível a ideia do espectro de gênero, incluindo-se a noção de sexo biológico (caracterizado pela presença de órgãos genitais masculino, feminino ou intersexual), de cisgeneridade (pessoa que se identifica com seu sexo biológico) e transgeneridade (identidade diferente do sexo biológico). Em contrapartida do melhor entendimento do funcionamento do cérebro humano, e recorrente comprovação científica da amplitude da sua diversidade sexual, que deveriam desconstruir antigos paradigmas, o feminicídio segue atingindo índices alarmantes e o país continua por anos como o país que mais mata transexuais em todo mundo.

ORIENTAÇÃO SEXUAL

Apesar de anos de confusão com o gênero, hoje a separação entre os dois aspectos é reconhecida como parte da diversidade humana. Anteriormente o movimento pelo direito de liberdade sexual e de gênero era conhecido pela sigla GLS (gays, lésbicas e simpatizantes); com o passar dos anos, o grupo ganhou nova significância, abrangendo outras definições que o tornaram mais inclusivo e expressivo. Hoje a sigla LGBTQIA+ é a mais utilizada, representando lésbicas, gays, bissexuais, transexuais, *queers*, intersexuais, assexuais e outras definições.

Além da violência física e da opressão, especialmente contra transexuais, esse público sofre constante perseguição, especialmente devido ao ambiente conservador que o país tem construído nos últimos anos. Nos dias de hoje, o grupo tem lutado por direitos básicos que os equipararia a cidadãos heterossexuais. Entre as conquistas mais expressivas estão o direito de se casar e doar sangue. Os maiores obstáculos encontrados por essa população são a falta de acolhimento da família, a violência física e psicológica da sociedade, além da opressão às minorias.

CREDO

O Brasil é um país continental e multicultural. Dezenas de formas de expressão de fé são disseminadas pelo país, cuja maioria da população se situa entre as religiões católica, protestante e afro-brasileira, como candomblé e umbanda. Apesar dessa diversidade de credos, ataques constantes são conferidos a um ou outro credo. Com frequência, centros de religiões, especialmente afro-brasileiras, são atacados de maneira violenta e opressiva, além de haver uma recorrente formação de estereótipos pejorativos dos costumes e rituais de diferentes religiões. Os ataques se baseiam na não conformidade das crenças com outras, no preconceito devido à origem do credo ou até mesmo na desconfiança das ideologias seguidas.

Por outro lado, é reconhecido o poder da Igreja na dinâmica social, moldando costumes e atitudes que frequentemente não são adequadas para a vida em uma sociedade plural, com múltiplas crenças ou até mesmo sem crença nenhuma. A Igreja tem exercido papel significativo no travamento de pautas consideradas progressistas que seriam um grande marco para o desenvolvimento do país e o bem-estar de sua população, como o caso dos direitos para LGBTQIA+, palco de manobras políticas contestáveis que atacam e ferem a dignidade dessa população.

PERFIL SOCIOECONÔMICO

A disparidade na distribuição de renda pode ser apontada como um dos principais entraves para o desenvolvimento humano no país. Segundo o Programa das Nações Unidas para o Desenvolvimento (PNUD), o Brasil ocupa a vergonhosa 7ª posição entre os países mais desiguais do globo.

Nos últimos anos, importantes programas sociais contribuíram para o acesso de alunos com menor renda ao ensino superior. Mecanismos de distribuição de renda (como Bolsa Família), facilitadores de acesso ao ensino superior (como o Programa Universidade para Todos – ProUni e o Financiamento Estudantil – FIES), e a criação de cotas de acesso a instituições públicas, desempenham papel relevante para a criação de uma universidade que reflita a sociedade em que está inserida. Porém os resultados continuam longe do ideal, e o atual cenário político traça um panorama de desmonte da educação pública, valorizando a pseudociência em detrimento ao real conhecimento, colocando em risco o futuro de milhões de estudantes brasileiros.

DIVERSIDADE NA VIVÊNCIA UNIVERSITÁRIA

Apesar de acontecerem em momentos e em graus diferentes, a problemática social que rege a intolerância entre diferentes populações se baseia, em grande parte, na ideia de superioridade de um indivíduo ou grupo em detrimento de outros. Apesar de diversos impactos na saúde mental dos alunos, que acumulam vivências traumáticas no decorrer da vida pré-acadêmica, as violações mais frequentes sofridas por essas populações já vulneráveis são a agressão e a opressão.

Quando falamos de agressão, devemos considerar seu aspecto físico, moral e psicológico. Na maioria dos casos, vítimas de ataques passam por processos traumáticos que formam janelas *killer*, prejudicando a gestão e o controle do próprio Eu.

A agressão física pode acarretar lesões corporais, e engatilhar rejeição e afastamento social, além de normalizar a violência a ponto de a vítima passar a repetir os hábitos dos agressores. Esse tipo de violência é muito comum contra negros, mulheres e transexuais, não se restringindo somente a estes, pelo contrário, em muitas sociedades é comum casos de repressão violenta contra qualquer indivíduo que se desvie do padrão definido pelos costumes locais, porém muitos desses costumes não levam em consideração a individualidade e a necessidade que o ser humano tem de se expressar livremente.

Em sala de aula, alunos com este histórico podem apresentar atitudes hostis, distanciamento social, além de dificuldade de estabelecimento de laços sociais, o que se torna um problema maior ainda quando se trata vínculo com professores, muitas vezes naturalmente distantes de seus alunos. Esse tipo de distanciamento dificulta o processo de aprendizado, prejudicando ainda mais o aluno, tornando-se um círculo vicioso que somente auxílio profissional e técnicas de gestão da emoção podem quebrar. Levando isso em consideração deve-se ter a ideia de que toda agressão física é acompanhada por uma agressão psicológica, porém o contrário nem sempre é verdadeiro.

A agressão psicológica pode se apresentar de diversas formas, de acordo com a situação, sendo muito comum através do uso de termos pejorativos que abordam de modo diminuído, mentiroso ou caricato algum aspecto físico ou comportamental de uma pessoa ou grupo. Esse tipo de ataque pode acarretar distorções de imagem, levando a vítima a adotar o padrão exigido por alguém como correto, em detrimento da expressão livre, e quando esses parâmetros não são alcançados (muitos não são nem ao menos reais ou atingíveis), o alvo da agressão aplica castigos mentais ou até mesmo corporais a si mesmo. Esses casos são comuns entre pessoas acima do peso, com expressão de gênero diferente do padrão imposto e repressão ou erotização de traços raciais em detrimento de outros etc.

Já a opressão pode acontecer concomitantemente a uma agressão ou até mesmo dar origem a ela. Esse termo atualmente é definido como efeito negativo exercido por uma sociedade ou grupo a um indivíduo (Silva, 2015). Esse tipo de ação pode gerar o afastamento da vítima do convívio social, o distanciamento da descoberta do seu verdadeiro Eu, dificuldade de se expressar, entre outros efeitos deletérios que dificultam que o ser humano defina a própria identidade em detrimento de imposições exercidas, muitas vezes de maneira abusiva, pelo meio em que vive.

À medida que compreendemos os fatores traumáticos que criam janelas *killer*, devemos entender também alguns processos que alunos podem experimentar em sala de aula, levando em consideração sua saúde emocional, diretamente ligada a vivências experimentadas como ser humano diverso. O conceito dos processos apresentados a seguir foi brilhantemente apresentado pelo Dr. Augusto Cury no livro *Inteligência socioemocional* e desenvolvido em suas obras posteriores, apresentados aqui em forma de exemplos comuns em sala de aula.

SÍNDROME PREDADOR/PRESA

Imaginemos uma aluna, transexual, negra e moradora de uma comunidade carente da cidade. Em sala de aula é atenta, anota os conteúdos, e nos poucos momentos que tem livre em casa estuda tudo que foi passado. Certo dia, o professor, durante a aula, faz uma pergunta diretamente para ela. Neste momento, na mente da aluna, entra em ação o mecanismo de copilotos do Eu, sendo o primeiro gatilho da memória disparado e abrindo janelas do córtex cerebral. Então, apesar de todo o conteúdo estudado, a janela aberta foi uma janela *killer* ou traumática, uma vez que em sua vida poucas foram as vezes em que sua voz pôde ser ouvida, ou todo diálogo prévio era cercado de violência e opressão. Essa janela acionou seu medo de falhar, de ser punida ou de não saber como se expressar em público (glossofobia). A partir disso, o terceiro copiloto entra em ação: a âncora fixa a janela e fecha o circuito, impedindo que ela acesse qualquer conhecimento que tenha absorvido em sua jornada acadêmica. Com o fechamento do circuito, o processo predatório continua com o quarto copiloto chamado autofluxo, que lê e relê os traumas anteriores de modo contínuo, bloqueando o raciocínio. Toda essa reação prepara a aluna para lutar ou fugir de um agressor imaginário, podendo causar outras fobias e distúrbios comportamentais.

SÍNDROME DO PENSAMENTO ACELERADO

O formato de ensino atualmente empregado em grande parte das instituições apresenta muito mais respostas aos alunos que levantam questionamentos, e a situação se torna ainda mais dramática se somarmos a isso a facilidade de obtenção de conhecimento (que não será utilizado) através de mecanismos de pesquisa em um *smartphone*. Em poucos anos, e em menos de uma geração, passamos da necessidade de busca manual por conteúdos, que demandava tempo e um processo de procura mais lento, para qualquer informação disponível na palma da mão, através da conexão com a internet. Toda essa informação, sem uma devida reflexão para o correto aprendizado, acumula-se na mente do aluno, sem nenhum sentido para terem sido obtidas. O acúmulo de informação pode causar ansiedade, fadiga física, diminuição do limiar para suportar frustrações, entre outras características, tão comuns nos últimos anos devido à intoxicação digital em expansão no mundo globalizado. A síndrome do pensamento acelerado (SPA) acomete com uma frequência alarmante alunos dos mais diversos cursos, que com a abundância de conteúdo disponível para consumo, acabam por não conseguirem focar e se dedicar aos assuntos que realmente os interessam e que teriam real impacto em sua vida.

AGITAÇÃO MENTAL

Diversos são os motivos para um indivíduo desenvolver uma mente agitada, desde problemas pessoais à rotina desgastante. Como professores devemos levar em consideração que nem todos os alunos têm a mesma estrutura de apoio familiar ou de amigos. O excesso de preocupação é o fator mais comum em mentes agitadas, na forma de problemas financeiros, desavenças em família (frequentes em alunos LGBTQIA+), temor pela segurança física ao retornar à casa (pessoas que vivam em locais violentos ou opressores), medo de ser julgado pelos professores e colegas em razão da aparência, do comportamento etc. Então, sem a possibilidade de concentração em um único tópico, o aluno pode se tornar apático a informações e questionamentos trazidos durante a aula, pois mentalmente ele não estava concentrado no momento presente, mas sim nos fatos que rondam sua vida. A agitação mental tem se tornado um problema dentro das instituições de ensino, sendo confundida continuamente com déficit de atenção e hiperatividade, dificultando a recuperação do aluno.

DESCONCENTRAÇÃO E ALIENAÇÃO EM SALA DE AULA

Com frequência, a realidade de uma turma é extremamente heterogênea, no entanto determinadas classes sociais são mais numerosas em alguns cursos que em outros. O curso de Odontologia, por exemplo, em sua grande maioria é frequentado por alunos com melhores condições financeiras devido ao valor da mensalidade e dos materiais necessários para sua execução, bem como à precariedade do ensino público, que dificulta o acesso dos mais pobres a cursos mais concorridos. Com certa regularidade, esses alunos não se identificam nem com o professor, nem com os colegas de classe, uma vez que sua vivência se difere em numerosos aspectos. Esse senso de deslocamento, por muitas vezes, desestimula o aluno, pela apresentação de um ideal muito longe da sua realidade e pela sensação de inferioridade que ambientes assim podem causar, especialmente nos mais jovens. Alunos desestimulados têm dificuldade de aprendizado e concentração no conteúdo, e reiteradamente se alienam em sala, como um modo de proteção para não chamarem atenção à sua condição diferente da dos demais. A alienação faz o aluno perder parte de sua identidade dentro da instituição, prejudicando seu desenvolvimento como estudante e profissional pensante, com metas e sonhos.

Dentro da universidade, um mesmo professor pode desempenhar diversos papéis, e a quantidade de alunos pelos quais é responsável, muitas vezes, provoca sobrecarga em seu trabalho, impossibilitando um contato mais individualizado. Apesar dessa barreira inerente ao sistema de educação atual, o professor ainda tem a capacidade de tornar a experiência em sala de aula mais agradável, se empregar algumas estratégias.

- Saiba como se comunicar assertivamente com o aluno, lembrando-se sempre de que, não importa suas características, trata-se de um ser humano biopsicossocial. Aprenda sobre as formas de expressão da diversidade humana, já que será seu papel orientar os alunos durante sua jornada acadêmica. Termos como transexual, cisgênero, orientação sexual, entre outros, que estão sendo ressignificados de um conceito histórico, devem ser de total domínio do professor. A partir do momento que você aprende como tratar o aluno de maneira que este se sinta confortável com sua presença, você deu o primeiro passo para acessar a verdadeira personalidade dele e orientá-lo de maneira correta.

- Comentários constrangedores ou opiniões que vão contra o princípio de igualdade e direitos humanos não devem ser realizados em sala de aula. Avalie seus ideais; a sociedade é um mecanismo vivo que evolui e continuará nesse processo com você ou não. Avalie sempre seus preconceitos com a lógica que todas as ideias devem ser avaliadas. Empregue a técnica da mesa redonda do Eu ao avaliar aquela sua ideia preconceituosa que pode ter vindo de uma vivência passada, ou simplesmente de costume social, e conseguirá entender que todo conceito sem comprovação ou sem vivência é somente um conceito, não um fato.

- Direitos individuais são invioláveis e indispensáveis para a saúde mental de cada um. Traços de personalidade, cor, comportamento, credo etc. são parte de cada ser humano, importante para a evolução tanto biológica quanto social de uma civilização. Mitigá-los não os destruirão, apenas os oprimirão.

- Não se afaste da realidade dos alunos. Anos de ensino podem colocar o professor em uma realidade totalmente diferente de seus alunos. Lembre-se das diferentes histórias que se apresentarão à sua frente e respeite-as. Sua realidade como professor universitário é somente uma bolha em uma sociedade desigual, que sofre com problemas básicos e crônicos. Aproxime-se do aluno como uma fonte de inspiração, não como uma entidade inalcançável e venerável, mesmo porque, no futuro, um daqueles alunos poderá ser professor ao seu lado ou até mesmo no seu lugar. Não subestime os problemas, seja empático, resiliente e cuide da própria saúde mental, uma vez que a profissão é exaustiva e exige uma grande carga de energia emocional.

- Estimule os alunos a serem mais proativos, autônomos, criativos e pensadores. A forma de ensino atual erra em pontos básicos que tornam o aluno alienado à instituição de ensino, sem questionamentos, seguindo um protocolo definido por terceiros, produzindo resultados medíocres e estando fadado assim ao desinteresse por parte do aluno.

- Pratique a técnica de duvidar, criticar, determinar (DCD) para ações que dominam seu dia a dia. Questione se sua rotina favorece seu bem-estar mental e físico. Hábitos, ideias inflexíveis ou vícios podem prejudicar o andamento de qualquer relação social. Como profissional que lida com o público, o professor não entrega apenas um trabalho, mas guia sonhos, futuros, conquistas. É possível desempenhar papéis expressivos na vida de muitas pessoas, podendo ser decisivo para a formação de um aluno brilhante ou de um repetidor de informações.

- Não julgue! Você é professor, escolheu essa profissão para ensinar pessoas – todas, sem exceções. Críticas e orientação devem somente tomar lugar em situações acadêmicas que beneficiarão o aluno de maneira construtiva. Críticas sem fundamento ou que possam desacreditar o aluno de sua capacidade devem ser evitadas de todas as formas.

- A formação acadêmica de um professor vem sendo drasticamente modificada com o passar dos anos. Com experiência e observação assertiva, pontos que antes não eram relevantes para um produtor de conhecimento, agora fazem parte da carga horária de qualquer universidade que tenha um bom programa de mestrado e doutorado. Porém, um desses pontos continua esquecido na formação dos educadores: a saúde mental. A universidade, junto com a iniciativa privada, é o principal alicerce da pesquisa científica em todo o mundo. Um ambiente como esse pode ser estressante e desgastante devido à sua importância para a evolução de uma sociedade, sendo a cobrança de produção, de prazos, além de outras situações traumáticas comum para qualquer aluno que deseja se formar como professor universitário. A gestão da emoção vem para questionar a capacidade de controlar o próprio Eu, não se deixando dominar por situações e traumas que na maioria das vezes prejudicam o desempenho profissional e a vida social de uma pessoa. Com o preparo de mentes fortes e donas de si, como professores, podemos contribuir ativamente para a formação de outros seres humanos, afinal o pensamento antigo de sociedade feudal não deve ofuscar o verdadeiro objetivo da humanidade – a evolução, a qual só será alcançada através do conhecimento.

BIBLIOGRAFIA

BERMÚDEZ, A. C. et al. Brasil é o 7º país mais desigual do mundo, melhor apenas do que africanos. *UOL*, São Paulo; Brasília; Maceió, 09 dez. 2019. Disponível em: <https://noticias.uol.com.br/internacional/ultimas-noticias/2019/12/09/brasil-e-o-7-mais-desigual-do-mundo-melhor-apenas-do-que-africanos.htm>.

CINTRA, G. Brasil continua sendo o país que mais mata travestis e pessoas trans no mundo, alerta relatório da sociedade civil. *UNFPA Brasil*, 31 jan. 2020. Disponível em: <https://brazil.unfpa.org/pt-br/news/brasil-continua-sendo-o-país-que-mais-mata-travestis-e-pessoas-trans-no-mundo-alerta-relatório>.

FARIAS, L. *Relatório final CPI assassinato de jovens*. 2016. Disponível em: <https://www12.senado.leg.br/noticias/arquivos/2016/06/08/veja-a-integra-do-relatorio-da-cpi-do-assassinato-de-jovens>.

FAT – Fundo de Amparo ao Trabalhador. *Características do emprego formal.* Relação anual de informações sociais 2014. *Rais*, 2014. Disponível em: <https://portalfat.mte.gov.br/wp-content/uploads/2016/03/Características-do-Emprego-Formal-segundo-a-Relação-Anual-de-Informações-Sociais-2014-31082014.pdf>.

IBGE – Instituto Brasileiro de Geografia e Estatística. População chega a 205,5 milhões, com menos brancos e mais pardos e pretos. *Agência IBGE Notícias*, Editoria Estatísticas Sociais, 12 fev. 2019. Disponível em: <https://agenciadenoticias.ibge.gov.br/agencia-noticias/2012-agencia-de-noticias/noticias/18282-populacao-chega-a-205-5-milhoes-com-menos-brancos-e-mais-pardos-e-pretos>.

MARTINS, L. N° de alunos negros sobe 52% na USP em 10 anos, mas eles representam só 15%. *UOL*, Educação, São Paulo, 21 dez. 2012. Disponível em: <https://educacao.uol.com.br/noticias/2018/12/21/alunos-usp-pretos-pardos-15.htm>.

SILVA, M. A. M. *Educar sob os princípios da alteridade ética de Lévinas.* 2015. 156 f. Tese (Doutorado em Educação, Arte e História da Cultura) – Universidade Presbiteriana Mackenzie, São Paulo, 2015.

TARAZONA-SANTOS, E. et al. Genetic differentiation in South Amerindians is related to environmental and cultural diversity: Evidence from the Y chromosome. *American Journal of Human Genetics*, v. 68, n. 6, p. 1485-1496, jun. 2001.

TOKARNIA, M. Após 7 anos em queda, diferença salarial de homens e mulheres aumenta. *Agência Brasil*, Brasília, 08 mar. 2020. Disponível em: <https://agenciabrasil.ebc.com.br/direitos-humanos/noticia/2020-03/apos-7-anos-em-queda-diferenca-salarial-de-homens-e-mulheres>.

AUGUSTO CURY

"Definitivamente não somos iguais, e é maravilhoso saber que cada um de nós que está aqui é diferente do outro, como constelações. O fato de podermos compartilhar esse espaço, de estarmos juntos viajando não significa que somos iguais; significa exatamente que somos capazes de atrair uns aos outros pelas nossas diferenças que deveriam guiar o nosso roteiro de vida. Ter diversidade, não isso de uma humanidade com o mesmo protocolo. Porque isso até agora foi só uma maneira de homogeneizar e tirar nossa alegria de estar vivos."

Ailton Krenak

Reconhecido em todo o mundo por seus discursos acerca da cosmovisão indígena, o filósofo brasileiro da etnia Krenak, Ailton Krenak, discute intensamente em sua obra, muitas vezes poética, sobre a diversidade dos povos. Por meio dessa epígrafe, emprestada de seu best-seller, *Ideias para adiar o fim do mundo*, conseguimos compreender a relevância da diversidade e necessidade da quebra de padrões de homogeneização do ser humano para que possamos viver em uma sociedade emocionalmente saudável e livre, justa para todos. Em seu outro livro, *O amanhã não está à venda*, Krenak vai mais além ao afirmar que vivemos "numa abstração civilizatória que suprime a diversidade, nega a pluralidade das formas de vida, de existência e de hábitos".

Em tese, estamos na era do respeito pelos direitos humanos; mas na prática, porque ainda não alcançamos a compreensão do funcionamento da nossa vida interior, dificilmente conseguiremos visualizar como esses direitos foram sistematicamente violados nas sociedades ditas democráticas.

Vamos pensar juntos sobre a seguinte questão: somos realmente livres? De acordo com o filósofo francês Jean-Paul Sartre, o ser humano está condenado a ser livre. *Agora ficou mais confuso...*, você pode pensar. Como estaríamos presos e livres ao mesmo tempo? Se olharmos para o mundo exterior, mesmo um presidiário em uma solitária é livre, pois sua mente pode alcançar os lugares mais longínquos, sendo livre para sonhar, imaginar e fantasiar. No entanto, por não ter sido ensinado a refletir sobre seus erros passados, a punição recebida não terá sentido pedagógico algum.

A tese de Sartre serve de fundamento para a instituição de direitos e deveres dentro de uma democracia, onde, de fato, temos liberdade de expressar nossos pensamentos. Entretanto, apesar de nosso empenho para construir uma sociedade igualitária, isso dificilmente se tornará palpável enquanto não estivermos libertos de nossas masmorras internas, de nossos julgamentos, nossos medos, nossas intolerâncias e nossas críticas. E a libertação acontece por meio do controle dos pensamentos e do gerenciamento das emoções pelo Eu.

A cultura representa a identidade de um povo, mas se ela nos imobiliza com padrões a ponto de não enxergarmos as características individuais, nos tornando duros e nos impedindo de nos colocar no lugar do outro, essa cultura é totalmente escravizante. O Mestre da Galileia, Jesus, nos deu grandes lições de tolerância, e mostrou ao mundo como a empatia pode suportar o peso de nossas emoções, aliviando nossa carga emocional na jornada.

Nossa formação cultural nos brinda com informações passadas de geração em geração, aprendizados que advêm de livros e dos nossos pais, e não há dúvida de que toda essa bagagem pode ser usada da maneira que quisermos, inclusive como atitudes que acusam ou analisam, culpam ou acolhem, criticam ou aceitam, amam ou odeiam. Mas não obstante a liberdade que o Eu tem de acessar e utilizar informações para construir pensamentos e, em sequência, tomar decisões e atitudes, existem fenômenos inconscientes que constroem pensamentos e fortalezas emocionais sem nossa autorização. E isso muda completamente nossa compreensão sobre quem somos, pois a falta de compreensão acerca do protagonismo do nosso Eu permite que sejamos invadidos por pensamentos perturbadores, com os quais não aprendemos a lidar. Entretanto, isso não nos exime de nossas responsabilidades se cometermos violações e abusos contra outros. Se não recebemos de nossos pais e professores instrução socioemocional para gerenciar o que entra e o que sai de nossa mente, de fato somos uma ameaça para nós mesmos e para a sociedade. É chocante declarar, mas esta é a verdade: a escravidão não terminou, apenas mudaram as formas de se escravizar. Antes as pessoas tinham pés e mãos algemados, agora, são suas mentes. Havia carrascos que fustigavam escravos com chicotes, hoje sofremos com a autopunição. Durante a Revolução Industrial, a jornada de trabalho de doze ou quatorze horas era considerada exploratória, hoje, para sobressair no trabalho e se promover sobre outros, muitos não descartam horas extras, trabalhos nos fins de semana e levar tarefas para casa.

Em vários livros que escrevi, afirmo que a escola deve ser um complemento à educação que se recebe em casa. Professores precisam obter a formação socioemocional adequada para trabalhar a inteligência emocional de seus alunos, a fim de que eles sejam capazes de filtrar o que ouvem, leem e assistem e tomar decisões mais assertivas sobre como agir em sociedade. Vejamos o caso da Alemanha nazista, quando um homem chamado Hitler, sem potencial algum para liderar um país, conseguiu dominar a mente da juventude alemã, comprometendo sua consciência crítica após os anos difíceis do pós-primeira guerra mundial. Ao ter sua mente governada por ideias de *marketing* de massa, um simples jovem alemão que poderia ser o que quisesse na vida, acabou se tornando torturador e assassino de judeus, marxistas, eslavos, ciganos, homossexuais e outras minorias.

Quem imaginaria que o país que viu nascer Kant e Hegel seria palco de tanta atrocidade? Trazendo para nossa realidade, será que os jovens de hoje, assombrados pelos sintomas da síndrome do pensamento acelerado (SPA), repetidores de informações e viciados em redes sociais estariam preparados para enfrentar uma nova batalha pelas suas mentes? Se respondermos honestamente a essa pergunta, diremos não. Por isso, a educação socio-emocional é tão urgente em nossa sociedade.

ANSIEDADE NO MEIO ACADÊMICO

LAÍS RANIERI MAKRAKIS
THIAGO NAVES QUEIROZ COSTA

A ansiedade tem recebido atenção na psicopatologia contemporânea devido à prevalência mundial de pessoas afetadas com essa condição. Entretanto, não é de hoje que esse sintoma é conhecido e abordado. Seus efeitos no corpo e na mente humana remontam à antiguidade e passaram por grandes mudanças conceituais ao longo do tempo. Na história, os primeiros achados sobre o estado ansioso podem ser encontrados em escritos e relatos desde o período antes de Cristo, como por exemplo, no poema *Ilíada*, de Homero (928-898 a.C.), sendo a ansiedade uma consequência da possessão espiritual por deuses. Ou na obra do filósofo Platão (428-347 a.C.), *Timeu*, e do médico Hipócrates (460-377 a.C.), *Corpus hippocraticum* – ambos acreditavam que a ansiedade, associada a quadros histéricos que acometiam as mulheres na época, era desencadeada pela movimentação do útero dentro do corpo, como se este fosse um órgão autônomo e pudesse se deslocar até o cérebro, propiciando essas emoções. Embora naqueles tempos já fosse vista como uma enfermidade, sua concepção de doença era ontológica, ou seja, motivada por entidades naturais ou sobrenaturais. Somente no final do século XIX, o assunto apresentou maior destaque na área médica, sendo relacionado como uma condição fisiológica – primeiro atribuída como neurastenia, por George Miller Beard (1839-1883), passando por várias outras concepções de origem e definição. Atualmente é considerada como transtorno ou doença mental (a depender do grau e do tipo), e catalogada pelo Manual Diagnóstico e Estatístico de Transtornos Mentais (DSM-IV) da Associação Americana de Psiquiatria.

Segundo a Associação Americana de Psicologia e a Associação Americana de Psiquiatria, a ansiedade é um sentimento de preocupação da mente, constituindo-se como uma emoção comum, desencadeada em situações de estresse, a fim de nos preparar e nos alertar para possíveis perigos. No entanto, pode representar um problema de saúde mental quando os sentimentos apresentam-se excessivos, constantes e geram reações fisiológicas, tais como sensação de falta de ar, aumento da pressão sanguínea, palpitações, sudorese, tremores, entre outras. Na literatura, encontram-se descritores como "medo" e "angústia" empregados como sinônimos dessa emoção, e embora estejam relacionados, esses termos apenas variam em níveis de um mesmo estado, desencadeados por diferentes agentes causadores.

O *medo* é um intenso estado de alerta que pode ser desencadeado por um agente externo conhecido, muitas vezes caracterizado como uma ameaça real – uma reação de sobrevivência diante a esse perigo. Por exemplo, ao nos depararmos com algum animal perigoso, como uma cobra, o medo faz nos afastarmos para evitar um possível ataque. A *ansiedade*, no entanto, pode não ter um agente específico ou claro. Ou seja, não é necessário um estímulo conhecido ou presente no momento, pois a emoção é gerada pela imaginação associada ou não a fragmentos de memórias. Por exemplo, durante uma prova, não sabemos o que nos espera, por isso ficamos ansiosos. Além disso, o ato de imaginar a possibilidade de um mau desempenho no exame, principalmente quando se trata de um assunto novo, pode nos deixar inquietos. Essa inquietação não é totalmente ruim, pois, uma vez presente, ajuda a nos preparamos melhor para ter um bom desempenho. Entretanto, há pessoas que apresentam ansiedade constante, que pode resultar de gatilhos como traumas passados, situações estressantes (por exemplo, o consumo excessivo de informações e a dificuldade para administrá-las) ou o impasse para aceitar situações irreversíveis ou inevitáveis, como acontecimentos passados ou futuros, deixando a pessoa em um estado de preocupação constante e medo irracional. Assim, com a exacerbação do estado ansioso, reações fisiológicas podem ser liberadas no corpo, o que indica estado de *angústia*.

Desse modo, na presença simultânea e em demasia de um, dois ou dos três quadros – ansiedade, medo e angústia –, quando são primários, ou seja, não derivados de outros problemas psiquiátricos, como depressão ou psicose, por exemplo, esses sentimentos podem ser caracterizados como transtorno. No entanto, na presença de outras condições psiquiátricas, a ansiedade seria apenas um sintoma. Existe também a possibilidade de o indivíduo apresentar mais de um transtorno ao mesmo tempo, sendo muitas vezes difícil de identificar qual a característica primária para cada um deles e, portanto, mais de um diagnóstico pode ser dado.

Há vários tipos de transtorno de ansiedade, os mais comuns são:

1. Transtorno de ansiedade generalizada (TAG), caracterizado por uma preocupação constante e irracional nas mais diversas situações do cotidiano.
2. Síndrome do pânico, provocada por crises de ansiedade instantânea acompanhadas de sintomas que se assemelham a de um ataque cardíaco.
3. Fobias específicas, causadas por um medo irracional de algo em particular, como de um animal, por exemplo.
4. Agorafobia, medo intenso de estar em situações ou locais que possam dificultar o escape, como em multidões, elevadores etc.
5. Transtorno da ansiedade social, que leva o indivíduo a apresentar uma ansiedade intensa ao estar em sociedade, principalmente pelo medo de ser julgado ou pela possibilidade de passar por situações embaraçosas.
6. Transtorno de ansiedade de separação, comum na infância e representado pela criança como uma ansiedade excessiva pelo afastamento dos pais, podendo acontecer tanto em situações corriqueiras (como ir para a escola, por exemplo) ou especiais (como nos casos de separação dos pais, acidentes e sequestros).

Transtornos mentais afetam cerca de 790 milhões de pessoas em todo o mundo, de acordo com artigo *Our World in Data*, publicado em 2018 por Ritchie e Roser. O Brasil ocupa o primeiro lugar no *ranking* de transtornos de ansiedade, e o quinto em depressão, sendo os jovens brasileiros os mais afetados por essas condições. Além disso, esses transtornos apresentam um crescimento preocupante entre os alunos do ensino superior. A sobrecarga emocional pode ser significativa para os estudantes universitários, uma vez que estes estão em transição para uma vida autônoma com grandes responsabilidades, acrescida da demanda de atividades e cobranças dos cursos, os quais são especialmente maiores na pós-graduação, pois exigem que o aluno participe de eventos, exposições, desenvolvimento de projetos científicos, publicações, e tenha alta produtividade acadêmica para manter sua bolsa até o final do curso.

Dentro do ambiente acadêmico, há relutância em se falar sobre o assunto. Embora o sofrimento mental dos estudantes da pós-graduação seja de conhecimento geral e até mesmo mencionado na literatura, as agências de fomento à pesquisa e os programas de pós-graduação não abordam alternativas que possibilitem auxiliar na adaptação dos alunos diante dos desafios da vida acadêmica, ou mesmo uma discussão sobre a grade curricular dos cursos e os requisitos para a avaliação da produtividade. Nesse cenário, os estudantes optam por sofrer calados por medo de represália de colegas, professores e autoridades dos cursos. Além disso, um dos pontos que mais os preocupam, especialmente na pós-graduação, é o fornecimento da bolsa para frequentar o curso, uma vez que é exigido do bolsista dedicação exclusiva pelas agências de fomento, e com isso o aluno não pode assumir outras atividades profissionais remuneradas. Desse modo, a bolsa se torna a única fonte de renda com a qual o aluno deve cobrir seus gastos mensais, e às vezes até mesmo da pesquisa, levando-o a desenvolver um medo constante de perdê-la, especialmente diante da atual situação de cortes significativos de gastos no orçamento destinado para bolsas científicas, que geraram a suspensão de cerca de 5.613 mil bolsas de mestrado, doutorado e pós-doutorado, em 2019 (Carvalho, 2019). A distribuição de bolsas recebidas pelos programas de pós-graduação é de responsabilidade do próprio programa, o qual estipula metas de produção científica que podem ser inviáveis para alguns alunos.

As cobranças no âmbito da pós-graduação são demasiadamente estressantes e intensas, especialmente por que muitas das atividades envolvidas exigem um elevado nível de envolvimento cognitivo, emocional e até financeiro. Assim, alguns alunos podem não conseguir acompanhar esse ritmo, sendo candidatos predisponentes a um alto número de distúrbios mentais, principalmente aqueles indivíduos que já estão em estado de vulnerabilidade psicológica, os quais podem inclusive apresentar um impacto maior em seu estado emocional.

Os acontecimentos no decorrer da vida pessoal e acadêmica de um indivíduo não podem ser desvinculados. Diante de várias fontes pessoais de estresse, a vida acadêmica pode ser afetada, e vice-versa. A origem do estresse pode ser uma ocorrência ou mesmo um estímulo, e por isso, na literatura, os eventos da vida são diferenciados entre si, e serão abordados aqui para compreendermos melhor a relação entre estressores e o estresse resultante, o qual poderá ser gerado pela ansiedade ou desencadeá-la.

Os eventos da vida podem ser definidos como acontecimentos vitais estressores, acontecimentos diários menores e situações de tensão. Vejamos, então, cada um deles.

1. Acontecimentos vitais estressores são aqueles que podem ocorrer de modo dependente do indivíduo, quando os eventos que se tornam estressores resultam da maneira como ele se porta diante da sociedade e também como lida com o próprio comportamento. Na pós-graduação, é bem comum o aluno se colocar em situações prejudiciais a si mesmo – por exemplo, quando na dificuldade em manejar sua ansiedade, este passa a ter problemas para lidar com os estudos, procrastinando e deixando algumas atividades a serem resolvidas no calor da última hora, levando-o a receber uma intensa sobrecarga emocional. Os acontecimentos vitais estressantes podem também podem ser independentes do indivíduo, ou seja, situações que fogem do controle humano, como a perda de um ente querido. Na pós-graduação, representam as próprias atividades do curso, como a qualificação, o cumprimento dos créditos das disciplinas e a defesa, pois são etapas do processo as quais o aluno não pode evitar e que costumam trazer fortes emoções, uma vez que nesses momentos o aluno estará sob avaliação e julgamento dos professores. Além destas situações, o aluno deverá enfrentar também eventos pessoais estressantes acontecendo concomitantemente à vida acadêmica, como dificuldades financeiras e problemas familiares.

2. Os acontecimentos diários menores são situações que ocorrem rotineiramente, podendo ser ou não problemáticas ao indivíduo, relacionadas ao ambiente, como a quebra de um equipamento importante durante a coleta de dados da pesquisa, a espera pela manutenção do equipamento; ou até mesmo outras situações mais simples e comuns, como a poluição sonora diária.

3. As situações de tensão são circunstâncias vivenciadas por um longo período pelo indivíduo, como por exemplo, um relacionamento abusivo entre orientador e aluno. Esse tipo de relacionamento em longo prazo torna o indivíduo mais vulnerável ao desenvolvimento de alguma doença mental, como ansiedade e depressão, uma vez que estará frequentemente presenciando a provocação de um tipo de estresse.

Os eventos estressores e os exemplos dados anteriormente não estão longe da realidade da pós-graduação no Brasil. Um levantamento de 2018 publicado pela *Revista Latinoamericana* e escrito por Costa e Nebel sobre as condições mentais de pós-graduandos brasileiros demonstrou que uma quantidade esmagadora relatou sofrer de ansiedade (74%). Esse é um dado preocupante e que precisa de mais atenção das autoridades e das instituições. Deve-se também refletir sobre como os pós-graduandos podem enfrentar as adversidades pessoais e do meio acadêmico, e modificar a maneira de gerir suas emoções para não sofrerem um impacto tão grande em situações as quais não se pode evitar, mas que se bem encaradas no aspecto emocional e na lida comportamental, não mais os afetarão de maneira significativa como tem acontecido.

Diante dos eventos de estresse, o tipo de resposta de um indivíduo pode depender da intensidade e da frequência do evento no seu cotidiano. Além disso, fatores ambientais e genéticos também representam um papel fundamental no resultado do seu comportamento. Inclusive, a resposta de enfrentamento do próprio indivíduo para determinado evento pode ser um motivador dos transtornos citados e de outros transtornos mentais. De acordo com Margis (2013), o aparecimento de doenças tem relação direta com a resposta do indivíduo perante situações que ele avalia como estressoras, assim, alguns dos sintomas da ansiedade podem vir antes do transtorno definido. Esses eventos assumem papéis de coparticipação para o aparecimento de transtornos de curto, médio e longo prazo no teatro mental. Por isso, o manejo das emoções é fundamental para auxiliar os estudantes nesse período desafiador, prevenindo também o desenvolvimento de problemas psicológicos no decorrer do curso.

As emoções humanas podem revelar sensações únicas e indescritíveis. Ao mesmo tempo que são prazerosas, podem nos trazer a sensação de derrota e destruição. O sofrimento psíquico, por exemplo, muitas vezes leva a pessoa a acreditar que esse é um estado irreversível, pois está tão enraizado que parece fazer parte do corpo, como um "órgão defeituoso". De fato, as emoções fazem parte do comportamento biológico humano, mas quando proporcionam sofrimento intenso são prejudiciais para a saúde mental e física, para os relacionamentos sociais e para a produtividade. No entanto, as emoções são passíveis de regulação quando buscamos percebê-las e compreender seu papel na mente. Por essa razão, não podemos ser passivos a elas, mas usá-las sempre a nosso favor. Na busca pelo controle sobre as emoções, alguns pensadores têm apresentado teorias acerca do desenvolvimento da inteligência emocional. Hoje em dia, muitas doenças psíquicas têm se demonstrado prevalentes na sociedade como uma possível resposta à modernização desacelerada, principalmente acerca dos meios digitais, os quais são associados com o desenvolvimento da ansiedade. Portanto, é necessária uma adaptação cultural e também emocional às novas tecnologias.

A busca pela compreensão da ansiedade no meio acadêmico desperta interesse não só por ser uma condição que tem apresentado elevada incidência nesse ambiente, mas pelo fato de que esta pode influenciar diretamente na qualidade de ensino e aprendizagem do aluno. Estudantes em formação no ensino superior na área da saúde, por exemplo, precisam desenvolver habilidades para o autoaprendizado, possibilitando seu maior poder de decisão diante de conhecimentos adquiridos pelo estudo teórico para aplicação na prática clínica, bem como uma formação continuada proporcionada pela autonomia nos estudos ao longo da carreira, mesmo após a conclusão do curso, uma vez que esta é uma área que está em constante renovação de técnicas, abordagens científicas e melhoramentos. A autonomia do estudante é fundamental, especialmente quando ingressa na pós-graduação *stricto sensu*, uma vez que ele deverá se preparar para a desafiadora carreira docente, a qual exige grande responsabilidade para consigo e exerce influência sobre a vida de pessoas envolvidas com o processo de ensino (alunos, outros docentes, funcionários etc.). No entanto, essa autonomia pode ser negativamente motivada por fatores emocionais com os quais o pós-graduando não consegue lidar (como o sofrimento com conflitos pessoais internos e a dificuldade em gerenciá-los) e os eventos estressores mencionados anteriormente. Essas limitações nas habilidades socioemocionais podem impactar na produtividade ou até na atenção às atividades executadas, gerando um estado de ansiedade, uma vez que o aluno, apresentando fragilidade emocional, verá obstáculos para resolução ou enfrentamento das situações cotidianas do meio acadêmico. Isso pode acarretar preocupações constantes em sua mente, levando-o também a apresentar problemas no relacionamento social e comprometendo sua comunicação com colegas, funcionários da instituição, orientadores e até mesmo com seus clientes. Ademais, a demanda curricular também pode influenciar o estado emocional do aluno quando o sobrecarrega intensamente, comprometendo seu sucesso acadêmico.

Além da dificuldade no gerenciamento das emoções decorrentes dos conflitos pessoais ou da sobrecarga emocional resultante de uma intensa grade curricular, de acordo com Setzer (2012), a ansiedade tem sido associada à elevada quantidade e velocidade de informações hoje fornecidas pelos meios digitais, ilustrados por redes sociais e noticiários, e à facilidade de acesso às pesquisas científicas realizadas no mundo todo, as quais podem tirar o foco e o interesse do estudante nos próprios estudos, impossibilitando a retenção de informação e deixando-os dispersos, comprometendo o aprendizado, e podendo consequentemente gerar estresse pela dificuldade de relaxar e manejar essas situações diante de tantas informações.

Diante de uma rotina atribulada, a preocupação com as atividades futuras é frequente, principalmente porque estamos sempre buscando bons resultados nos trabalhos que executamos. É importante ressaltar que a ansiedade geralmente aparece em situações do cotidiano como uma maneira de nos preparar para uma situação futura, e quando passageira e de curta duração, seu aparecimento é normal. Trata-se de uma emoção adquirida pelos processos adaptativos do ser humano diante das grandes mudanças comportamentais e exigências do mundo contemporâneo. Não é incomum apresentarmos certa inquietação antes de alguma avaliação, como uma prova ou entrevista de emprego, ou mesmo quando estamos prestes a realizar um sonho tão esperado, como uma viagem para o exterior, por exemplo. Essa inquietação nos proporciona uma condição de preparo perante as possíveis adversidades que podem surgir no caminho. O que as pessoas fazem quando estão inquietas com alguma situação futura? Elas se preparam! Revisam a matéria para a prova, treinam em frente ao espelho um possível diálogo de uma entrevista ou organizam a mala de viagem prestando atenção aos detalhes.

Ainda assim, a preocupação intensa com o evento futuro pode acabar exercendo um papel completamente inverso, nos deixando tão agitados esperando o momento futuro, que temos problemas para focar em nossas atividades diárias e passamos a procrastinar ao longo do dia, em decorrência dos pensamentos repetitivos de sofrimento diante do desconhecido e pela intensificação da sensação de angústia, nos deixando num estado de estafa emocional. De acordo com o autor Augusto Cury, em seu livro *Ansiedade: como enfrentar o mal do século*, esses pensamentos, quando repetitivos, podem levar à síndrome do pensamento acelerado (SPA), uma condição caracterizada pela inundação da mente com pensamentos constantes e preocupantes, os quais levam à baixa concentração e à distração quanto as atividades diárias. Não conseguimos nos concentrar até mesmo numa breve leitura: pensamentos invadem a mente com vários desfechos, como se o amanhã fosse uma cena de filme de terror no qual o ansioso será a vítima. Essa agitação pode proporcionar reações impulsivas: pensamos menos em nossas atitudes, pois queremos sanar a inquietação de maneira imediata, e perdemos controle do próprio Eu. Outra reação do estado de preocupação prolongada pode ser a exacerbação das atividades, o indivíduo passa a se atolar com tarefas ou atividades físicas durante o dia. Isso também pode estar associado à procrastinação, pois, uma vez que se quer fugir de uma tarefa específica, a pessoa deixa outra para trás. Percebe-se que não existe um meio-termo nessas situações, e que todos os rodeios que os ansiosos fazem são justamente para fugir e não encarar a verdade de fato: a ausência de controle que temos sobre o futuro/passado, sobre os acontecimentos inevitáveis da vida ou mesmo sobre o pensamento e o julgamento dos outros. Por isso, o medo descontrolado torna-se ansiedade, porque tememos constantemente o que não está sob nosso controle. Na pós-graduação, por exemplo, muitas das atividades executadas passam pelo crivo de professores ou de alunos e colegas do curso. O medo de não corresponder às expectativas do que é solicitado, aliado às crenças pessoais, acabam por empacar o aluno durante a execução das atividades, afetando seu desempenho acadêmico de maneira significativa.

Muitos acreditam que o sucesso acadêmico e profissional está diretamente relacionado ao bom desempenho nos exames, mas a atuação das habilidades emocionais é tão importante quanto o resultado das provas, senão mais. O renomado estudioso da inteligência emocional Daniel Goleman refere que esta se concentra na maneira como lidamos com nossos relacionamentos intrapessoais e interpessoais, ou seja, em nossa habilidade de lidar com as emoções perante a sociedade, as situações do cotidiano e a nós mesmos. Os elementos relacionados às habilidades emocionais podem ser enquadrados em quatro domínios:

1. Autoconsciência das próprias emoções: quando percebemos o impacto que as emoções podem ter em nossas atitudes e quando enxergamos padrões emocionais em determinadas situações. Assim, passamos a nos controlar e nos policiar para não deixarmos que elas controlem nosso comportamento e as tomadas de decisão importantes da vida.
2. Autogestão das emoções, ou seja, o controle das emoções identificadas. Não adianta apenas perceber as emoções limitantes, é preciso trabalhá-las e achar maneiras ou ferramentas que nos auxiliem nesse manejo emocional. Uma pessoa que sabe lidar bem com as emoções torna-se mais calma, mais consciente de suas atitudes, e passa a ter mais facilidade para lidar com os problemas e as pessoas em volta. Todos saem ganhando quando cuidamos das emoções em nossos relacionamentos. Mas é importante ressaltar que o controle emocional não se trata da supressão das emoções, mas de um gerenciamento para que elas possam ser utilizadas sempre a nosso favor. Nesse aspecto, a automotivação pode utilizar a emoção para conseguir

alcançar metas pessoais, como a sensação de ansiedade para elaborar um projeto do qual você tem esperado tanto para realizar. Quando usada a favor da busca pela realização dos objetivos, e de maneira controlada, a ansiedade proporcionará um resultado funcional ao se conseguir finalizar a tarefa.
3. Consciência social, ou seja, reconhecer as emoções dos outros, ser empático. Se uma pessoa tem dificuldades para lidar com as próprias emoções, outras pessoas provavelmente também terão. Enxergar isso no outro é essencial para um bom relacionamento social, a fim de evitar julgamentos que nos distanciam socialmente. Assim, é importante ter um cuidado na maneira como transmitimos nossas interpretações de realidade para os outros.
4. Gerenciamento de relacionamentos, ou seja, a responsabilidade em ser um emissor de emoções e reações positivas para o outro.

Na ansiedade, o sentimento de medo diante de uma situação futura pode ser desencadeado de acordo com a maneira como enxergamos o mundo através das experiências passadas. Segundo a teoria da inteligência multifocal, abordada na obra *Inteligência multifocal*, de Augusto Cury, o sentimento de ansiedade pode ser desencadeado pelo que o autor denomina de representações psicossemânticas (RPSs). Elas ocorrem devido a interpretações das experiências pessoais vivenciadas no passado e que podem influenciar imediatamente na interpretação de uma situação atual ou que irá acontecer. Essas interpretações ainda podem ser divididas em diretivas, ou seja, associada diretamente ao estímulo que desencadeou a percepção; ou associativas, interpretações que podem estar apenas relacionadas.

No caso em tela, podemos pensar a dinâmica de "leitura da memória" como um resultado da falta de abordagem crítica sobre o pensamento gerado. Por exemplo, num momento passado você teve uma experiência negativa com uma apresentação oral na faculdade. Independentemente do motivo pelo qual você não obteve um bom desempenho naquele dia (seja por falta de prática ou falta de estudo do tema), esse acontecimento ficou registrado no inconsciente, e diante de uma nova situação (que pode ou não ser semelhante), a primeira interpretação que temos é feita baseada na experiência passada. Nesse cenário, ter de encarar novamente aquilo que nos desestabilizou emocionalmente, mesmo que por um curto período de tempo, pode intensificar o medo e desencadear um estado de ansiedade e/ou angústia. Tendemos ainda a acreditar fielmente na percepção negativa da experiência, fazendo com que fujamos dessas situações; ou, quando incapacitados de fugir (em meio à obrigatoriedade de uma apresentação oral, como é o caso de muitas disciplinas da pós-graduação, por exemplo), criamos pensamentos autodestrutivos, como a crença na incapacidade pessoal, a qual pode levar à baixa autoestima e desconfiança de si mesmo, bem como à glossofobia (medo de falar em público). Assim, é fundamental realizar uma reflexão crítica diante dessas situações.

Augusto Cury, em seu já mencionado livro *Ansiedade: como enfrentar o mal do século*, ressalta a importância da higiene mental como hábito diário, a fim de prevenir que a inquietação da mente nos afogue em pensamentos e emoções autodestrutivas. O autor explica, através de uma metáfora, que devemos atuar como protagonistas do teatro da mente, ou seja, sair do modo espectador, o qual está sempre a assistir e a reagir às cenas, e confrontar o que está acontecendo naquele cenário. Então saímos da plateia e vamos para o palco a fim de fazer uma "limpeza" da cena. Essa limpeza é feita por meio da contestação dos pensamentos, técnica denominada de duvidar, criticar, determinar (DCD).

Na mente ansiosa, os pensamentos podem ser extremamente destruidores, uma vez que nos colocam em certo nível de inferioridade, nos fazendo acreditar que somos incapazes de executar ou buscar o que almejamos. Portanto, a técnica DCD é aplicada para colocar à prova esses e outros pensamentos. O ato de duvidar do que a mente pensa é o primeiro passo para abri-la a novas possibilidades. Por que acreditar que se é incapaz de ser um ótimo docente no futuro, por exemplo? Muitos sofrem durante a pós-graduação por não terem uma ou outra habilidade motora ou intelectual, e acreditam que lhes falta experiência. Mas o professor não tem a obrigação de saber tudo. Quando alunos, partimos sempre do princípio de que os professores são detentores de todo o saber, quando na verdade o saber é construído ao longo de toda a vida. Além disso, na pós-graduação, ainda estamos nos construindo como profissionais, construindo nossas filosofias de ensino, nossas metodologias. É possível que numa primeira oportunidade de praticar a docência, ainda sejamos incapazes de dar uma aula maravilhosa e que mantenha todos os alunos 100 por cento atentos, pois mesmo conhecendo todas as técnicas didáticas, somente a vivência e a aquisição de experiência pessoal nos levarão à desenvoltura profissional.

Não existe um estereótipo de "recém-professor" perfeito. São pensamentos assim que costumam passar pela cabeça dos alunos de pós-graduação. Portanto, precisamos ter humildade para compreender nossas limitações pessoais e profissionais, e acreditar em nosso potencial de sempre poder ser mais, de buscar o aperfeiçoamento, no nosso tempo. Por isso, não só devemos duvidar do que pensamos, da nossa "incapacidade", mas criticar nossos pensamentos regularmente, confrontando-os! Além de duvidar, precisamos colocar à prova o que a mente nos faz acreditar, reconhecendo nossas características positivas, por exemplo, e sobrepondo-as às concepções negativas criadas. E assim, determinamos a posição das emoções. Quando escolhemos duvidar e criticar, trazemos a racionalidade à tona, deixamos de ser passivos às emoções.

Um dos principais motivos para cairmos nas tentações da mente é que nós não somos livres dos pensamentos; eles são criados sem nossa "autorização", e podem ser constantes, como um interminável filme da vida. Eles são inconscientes e produzidos pelo que Augusto Cury chama de autofluxo. No entanto, temos a liberdade de escolher dar-lhes ou não relevância, de criticá-los, e também de usá-los a nosso favor se forem criativos. Mas quando são pensamentos que podem nos desestabilizar, deve haver urgência em criticá-los, pois, uma vez que passamos a lhes dar crédito (acreditar), eles passam a ser arquivados na memória através do registro automático da memória (RAM). Nossas experiências ou percepções negativas também são registradas pelo RAM, criando janelas traumáticas (*killer*) que podem ser reabertas em situações semelhantes. Por isso, a técnica DCD pode ser uma ferramenta de extrema importância diante de pensamentos ansiosos, pois ao contestar as inquietações da mente, nos conduziremos a um estado de maior presença e percepção de que esses pensamentos são apenas "histórias da mente", e que não fazem parte da realidade. Com a utilização dessa técnica, a mente irá registrar uma forma produtiva de se pensar, pois a importância dada para os pensamentos negativos e ansiosos terá diminuído, e assim, não terão registros na memória. Isso possibilita a abertura de mais janelas *light* em uma circunstância futura. A mente sempre "procura" oportunidades para introduzir um pensamento, e é bem provável que aqueles fragmentos "negativos" de memória armazenados possam ser resgatados em algum momento e reproduzidos, por isso a execução imediata da técnica DCD não vai dar espaço para a história transmitida, mas vai viabilizar a memorização de pensamentos mais positivos e produtivos. Essas abordagens permitirão resgatar, com o tempo, a autoestima e a autoconfiança, e na presença de ambas, a ansiedade será combatida com maior facilidade.

Por todas as razões citadas, a gestão da emoção é de extrema relevância para o ambiente acadêmico, e deveria estar presente como uma disciplina na grade curricular dos cursos de graduação e pós-graduação. Conforme mencionado, o meio acadêmico pode ser muito desafiador, sendo necessário estimular os alunos a desenvolverem sua autoconfiança para enfrentar os entraves do curso, e também para aprimorar o senso crítico geral. Cabe aos docentes compreender que os alunos têm limitações e progressos individuais, e que, portanto, o tempo e o nível de aprendizado podem ser diferentes para cada um, especialmente quando há fatores emocionais envolvidos. Entretanto, é importante que o aluno também aprenda a ter autonomia sobre as emoções para que possa utilizá-las a seu favor e alcançar objetivos acadêmicos e pessoais, pois o docente representa um papel limitado em algumas situações cuja intervenção pode não ser significante e só dependerá de o aluno perceber e querer mudar e progredir. É preciso ser ativo nas decisões da vida!

O sistema de ensino vigente, focado na informação, não está adequado para a formação de pesquisadores inovadores, pois a informação deve ser captada pelo aluno que, trazendo seus conhecimentos prévios, precisa adquiri-la e moldá-la para que seja melhorada, buscando, então, um conhecimento inclusivo, no qual sua capacidade técnica e emocional será levada em consideração durante o processo. A partir daí o professor é capaz de guiar o aluno para que ele possa compreender e tirar maior proveito da sua formação. No atual sistema de ensino, por exemplo, a divisão que ocorre dentro das salas de aula, em que os alunos considerados "mais dedicados" se organizam sentados nas primeiras fileiras, e os "menos dedicados", ao fundo, muitas vezes dificulta o processo de ensino-aprendizagem, pois esse distanciamento físico pode ser interpretado pelo docente como falta de interesse. No entanto, outros fatores podem estar envolvidos com o "afastamento" dos alunos. A literatura ainda não apresenta uma abordagem sobre a investigação dessas causas. Independentemente dos motivos que levam os alunos a permanecerem no fundo, é importante que as crenças pessoais do docente sobre essa situação sejam limitadas apenas a uma impressão pessoal, se for o caso, e deixadas de lado quando em sala de aula, pois a influência delas sobre seu comportamento poderá impactar na inclusão dos alunos. Portanto, é essencial que os professores tenham um bom preparo emocional. A atitude do docente deve ser de inclusão para todos os alunos no processo de ensino, e precisa acontecer de maneira ativa. Alguns professores acabam por antipatizar com os alunos do fundo, e vice-versa, e assim, nessa formação convencional e centrada no professor, esses alunos tendem a ser menos motivados a aprender e o educador menos motivado a ensinar. Para alguns alunos apresentarem interesse pela matéria é importante que tenham simpatia pelo professor, a fim de estabelecer um vínculo de confiança com quem está transmitindo conhecimento. Nesse cenário, aluno e docente que não se conectam tendem a ter dificuldades na matéria. É muito comum os alunos sentirem medo ou ansiedade de serem questionados por professores que demonstram condutas punitivas ou de julgamento. Assim, é importante que o profissional exerça o papel de educador e traga o aluno para seu convívio social, buscando solucionar o atrito para que esse aluno não desenvolva futuros gatilhos com a disciplina, por associar a disciplina ao professor.

A Figura 1, a seguir, demonstra uma síntese sobre as questões abordadas neste texto para que o leitor possa compreender melhor os diversos fatores que influenciam suas respostas diante das condições de estresse, revisadas pela literatura, e a importância do Eu como principal ator do palco da mente, sendo que este poderá desempenhar um papel diferente de acordo com a maneira como cada indivíduo lida com seus pensamentos (gerente, desconectado, engessado, autossabotador, flutuante etc.). O tópico logo após o fluxograma, que apresenta os passos da técnica de gerenciamento da ansiedade, se baseia na obra de Augusto Cury *Ansiedade: como enfrentar o mal do século*, sendo que alguns desses itens foram mencionados ao longo deste texto.

De maneira resumida e acompanhando o quadro da Figura 1, os eventos estressores podem ser caracterizados por fatores ambientais, como a influência das atitudes dos pais, das metodologias de ensino, do convívio social e das experiências de vida; por fatores genéticos e crenças pessoais e de personalidade do indivíduo, os quais, a depender também da sua intensidade e frequência, poderão gerar determinada resposta. Todos os eventos estressores estão relacionados com os fenômenos da mente, pois estes são experiências "gravadas" na memória. Por isso, reconhecer a influência de tantas variáveis sobre nossa resposta emocional, permite que compreendamos melhor que podemos exercer um papel de "gerente" sobre nossos pensamentos. Apesar das questões genéticas ou de traumas passados poderem representar gatilhos importantes e fortes sobre a condução de um pensamento negativo, por exemplo, a atitude de entrar no palco da mente, e questionar as crenças limitantes, e abrindo janelas *light*, permitirão que a influência desses fatores seja mínima ao longo do tempo.

Figura 1. Fluxograma representando as influências no comportamento e o inter-relacionamento entre os fenômenos da mente e a resposta do indivíduo. A seguir, encontram-se os tópicos essenciais para o gerenciamento da ansiedade.

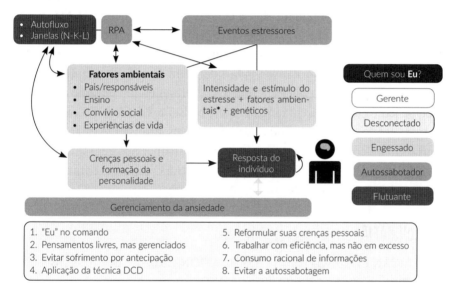

IMPACTO DA AUTOGESTÃO EMOCIONAL NA HISTÓRIA SOCIOEMOCIONAL

A modernidade deste século parece estar muito avançada para os nossos processos cognitivos, por isso as ciências comportamentais têm e terão um papel fundamental diante do desenvolvimento emocional e comportamental para que possamos acompanhar todo esse progresso e evolução da humanidade. Há muitos recursos materiais, mas pouca desenvoltura emocional para lidar com seus impactos em nossa vida. As emoções estão tomando conta das nossas atitudes. A razão e o pensamento crítico estão perdendo espaço para a experimentação contínua das emoções, dos pensamentos negativos e autodestrutivos e para a exacerbação do ego. Cabe também ressaltar a grande influência da internet e dos meios digitais de comunicação sobre o comportamento humano, que se relaciona também com o assunto aqui tratado, por isso a gestão da emoção traz uma percepção de possibilidade de intervenção sobre nossas respostas diante de todos esses estímulos.

As emoções são o presente que recebemos da vida para usarmos com sabedoria. Muitas vezes nossas crenças pessoais nos limitam em determinados aspectos da vida, principalmente em se tratando de pensamentos negativos de autocrítica e da ânsia de fazer tudo perfeito. Esses pensamentos destroem sonhos e realizações, pois vivendo submerso neles e nas emoções, deixamos de acreditar na possibilidade de executar aquilo que queremos. Mas nossa história não se resume a isso. De certa maneira, esses "obstáculos" fazem parte da vida, do nosso processo de evolução pessoal e da "autodescoberta". Podemos enxergar alternativas para lidar com as emoções, aproveitando o momento presente, pois ele é único. É o presente que devemos usufruir, pois se temos objetivos em longo prazo, precisamos do atual momento para alcançá-los. Se quisermos mudar os pensamentos, precisamos estar presentes, entrar no palco da mente e atuar. É preciso trabalhar nos pensamentos para que nós possamos dominá-los, e não o contrário. O essencial para nossa vida é o agora, portanto, não desista!

BIBLIOGRAFIA

AMERICAN PSYCHOLOGICAL ASSOCIATION. *Anxiety*. 6 nov. 2008. Disponível em: <https://www.apa.org/topics/anxiety>.

BORLOTI, E. et al. Uma análise etimológico-funcional de nomes de sentimentos. *Rev. Bras. Ter. Comport. Cogn.*, São Paulo, v. 11, n. 1, p. 77-95, jun. 2009.

CARVALHO, L. Capes corta 5.613 bolsas a partir deste mês e prevê economia de R$ 544 milhões em 4 anos. *G1*, 02 set. 2019. Disponível em: <https://g1.globo.com/educacao/noticia/2019/09/02/capes-deixa-de-oferecer-5613-bolsas-a-partir-deste-mes-e-preve-economia-de-r-544-milhoes-em-4-anos.ghtml>.

COSTA, E. G.; NEBEL, L. O quanto vale a dor? Estudo sobre a saúde mental de estudantes de pós-graduação no Brasil. *Polis Revista Latinoamericana*, n. 50, 2018.

CURY, A. J. *Ansiedade*: como enfrentar o mal do século. São Paulo: Saraiva, 2017.

CURY, A. J. *Inteligência multifocal*. São Paulo: Cultrix, 1998.

CURY, A. J. *Inteligência socioemocional*. Rio de Janeiro: Sextante, 2019.

DUBUC, B. *When fear takes the controls*. The brain from top to bottom, 2002. Disponível em: <https://thebrain.mcgill.ca/flash/a/a_04/a_04_p/a_04_p_peu/a_04_p_peu.html>.

GOLEMAN, D. *O cérebro e a inteligência emocional*: novas perspectivas. Rio de Janeiro: Objetiva, 2012.

GONZALEZ, L. A juventude negra brasileira e a questão do desemprego. Resumo apresentado na Conferência Anual do AFRICAN HERITAGE STUDIES ASSOTIATION. Painel: The Political Economy of Structural Unemployment in the Black Community, 2., Pittsburgh 28 abr. 1979. Pittsburgh, 26-29 abr. 1979. Disponível em: <https://banhodeassento.files.wordpress.com/2011/11/juvent_negra_e_desemprego.pdf>.

JOHNSON, D. R. Emotional intelligence as a crucial component to medical education. *International Journal of Medical Education*. v. 6, p. 179-183, 2015.

MARGIS, R. et al. Relação entre estressores, estresse e ansiedade. *R. Psiquiatr. RS*, v. 25, n. 1, p. 65-74, abr. 2003.

PAREKH, R. Anxiety Disorders. *American Psychiatric Association*, jan. 2017. Disponível em: <https://www.psychiatry.org/patients-families/anxiety-disorders/what-are-anxiety-disorders>.

RITCHIE, H.; ROSER, M. Mental Health. *Our World in Data*, 2018. Disponível em: <https://ourworldindata.org/mental-health>.

SETZER, V. W. O que a internet está fazendo com nossas mentes? IME USP, 2012. Disponível em: <https://www.ime.usp.br/~vwsetzer/internet-mentes.html>.

VIANA, M. B. *Mudanças nos conceitos de ansiedade nos séculos XIX e XX*: da "Angstneurose" ao "DSM-IV". Tese (Doutorado em Filosofia) – Programa de Pós-graduação em Filosofia, Universidade Federal de São Carlos, São Carlos, 2010.

WORLD HEALTH ORGANIZATION. *Depression and Other Common Mental Disorders*: Global Health Estimates. Geneva: WHO, 2017.

AUGUSTO CURY

Há alguns anos, em meus estudos, descobri a síndrome do circuito fechado da memória, a qual tem sido apontada como responsável por males sociais como *bullying*, agressões domésticas, guerras, suicídios, entre outros. De fato, a pessoa vítima dessa doença não consegue encontrar alternativas em seu consciente para agir de maneira inteligente e lógica diante de situações que merecem reflexão acurada. O antídoto? Renunciar à perfeição. Na sequência, dando continuidade às pesquisas sobre a mente e refletindo sobre o mundo hiperagitado de hoje, pude delimitar, de acordo com minhas observações, um distúrbio epidêmico formado no núcleo da sociedade moderna: a síndrome do pensamento acelerado (SPA). Com tristeza, obtive a constatação de que praticamente todas as pessoas do planeta sofrem em diferentes níveis com essa doença, mesmo crianças bem pequenas.

Uma máquina não pode trabalhar 24 horas por dia, durante os sete dias da semana, sem que isso provoque consequências danosas em seus circuitos, como aumento da temperatura interna e queima de suas peças. Não permitimos que isso ocorra com nossos computadores, tablets ou celulares, mas deixamos que nosso corpo e nossa mente passem por esse vale de sombras e morte, nos mantendo conectados e ligados tempo demais para que suportemos, a um custo físico e psíquico muito caro.

Todos nós estamos em algum nível de esgotamento mental neste momento. Crianças, jovens, pais, estudantes e professores acordam todos os dias cansados e sem saber como conseguir ânimo para passar por mais um dia. Já é de conhecimento do profissional da educação que os estudantes estão cada vez mais desconcentrados, agitados, irritados e desrespeitosos, e assim perderam o prazer pela aprendizagem. Durante as aulas, ainda que o conteúdo seja de grande interesse e o professor, mesmo fatigado, se esforce para torná-lo atrativo para seus alunos, a quantidade e a velocidade de informações transmitidas geram um desgaste cerebral intenso, dando origem a um nível preocupante de ansiedade – a mente hiperacelerada está adoecendo a humanidade.

Hoje, a maioria das pessoas é capaz de entender que há diversos tipos de ansiedade, como a pós-traumática, o transtorno obsessivo compulsivo (TOC), a síndrome de *burnout*, o transtorno do pânico, entre outras. Entretanto, a SPA abrange muito dos sintomas de todas elas, e como atinge a população de maneira massiva, seus diagnósticos se confundem em muitos momentos. Por exemplo, uma pessoa acometida por algum nível de SPA terá sintomas físicos, como cansaço ao acordar pela manhã, mesmo depois de dormir por várias horas; tédio; dor de cabeça e dor muscular; queda de cabelo; taquicardia; aumento da pressão arterial; déficit de concentração e memória; insônia; e ainda sintomas psíquicos, como mente inquieta; insatisfação; irritabilidade e impaciência; dificuldade de lidar com pessoas lentas; limiar baixo para frustrações; entre outros.

Mas como a SPA vem causando todos esses sintomas? De que maneira a sociedade contemporânea está produzindo pessoas cada vez mais esgotadas física e emocionalmente? Vamos observar a vida de profissionais cujo trabalho intelectual é contínuo e copioso, para então verificar que estes sofrem intensamente de altos níveis de estresse – por exemplo, psicólogos, advogados, professores etc. Ao usar o trabalho desses profissionais como ponto de partida, podemos chegar a uma conclusão sobre algumas causas da SPA, que incluem excesso de informação, atividade intelectual, preocupação, cobrança externa e interna, e abuso de aparelhos eletrônicos.

Mesmo aqueles que não estão inseridos no grupo de pessoas que exercem grande esforço mental em suas profissões têm a sensação de acordar cansados, uma vez que na SPA o sono deixa de ser reparador por causa das preocupações do estado de vigília. Sentimos dores físicas porque o cérebro desgastado faz uma varredura pelas partes do corpo a fim de nos alertar para o perigo iminente do esgotamento. Esquecemos onde guardamos coisas simples e habituais dentro de casa porque o cérebro, percebendo que não somos mais capazes de gerenciar os próprios pensamentos, usa mecanismos instintivos de bloqueio na tentativa de que, ao pensar menos, possamos poupar mais energia, em vez de gastá-la de maneira irracional.

Tenho o hábito de, para descontrair, em congressos de educação que realizo país afora, perguntar à plateia quem tem algum tipo de déficit de memória. Evidentemente posso ver muitas mãos levantadas. Nesse momento, eu pergunto: "Queridos professores e professoras, se vocês estão todos esquecidos, como, então, têm coragem de exigir que seus alunos se lembrem da matéria nas provas?". A audiência cai na gargalhada, mas também utilizo do humor para que os educadores possam refletir sobre esse grave problema de saúde na geração atual. Sobre esse aspecto, os professores precisam trazer à tona a virtude da empatia e entender que, não somente os adultos, mas crianças e jovens estão sendo acometidos por altos índices de SPA. Isso prejudica a assimilação e retenção do conteúdo, a organização espacial e mental, e o bom desempenho do raciocínio.

Alertados pelos profissionais das escolas, pais e responsáveis, agora com mais uma preocupação em mente, buscam a opinião de neurologistas, psiquiatras e psicopedagogos, os quais, em muitos casos, fazem um diagnóstico errado de hiperatividade ou transtorno de déficit de atenção ao depararem com crianças e jovens rebeldes, irritados, inquietos e frustrados. De fato, os sintomas da SPA e das diversas síndromes de hiperatividade são semelhantes, mas as causas não o são. Por exemplo, existe uma questão genética na hiperatividade, em boa parte dos casos um dos pais é hiperativo, bem como suas características mais evidentes, como inquietação e dificuldade de concentração, se manifestam muito cedo na criança. Mas se analisarmos a SPA, esses elementos são construídos ao longo dos anos e podem aparecer em qualquer fase da vida, atrelados à questão dos excessos, da falta de equilíbrio na vida social e psíquica.

Decerto, há solução para os portadores de SPA, e, como venho mencionando enfaticamente, ela está ligada a como protegemos e gerenciamos nossas emoções, a fim de não repetir erros, desacelerar o pensamento e suportar frustrações e contrariedades. Existem algumas técnicas que estruturei em meus estudos sobre o cérebro humano capazes de mitigar e controlar a SPA. Dessa maneira, professores e pais preocupados com a qualidade de vida de crianças e jovens sob sua responsabilidade precisam aprender com urgência acerca das causas, dos sintomas e de como tratar da SPA. Mesmo grandes educadores, ao não compreender de fato o processo de construção do pensamento, não conseguem alcançar a gravidade de se ter alterado o ritmo dessa construção em crianças e jovens, uma vez que o processo de pensar precisa ser realizado com calma, elaborando as ideias com tranquilidade. Por essa razão, empresas, instituições, famílias e salas de aula estão repletas de pessoas doentes. E não se pode apontar o dedo para os pais e professores, uma vez que toda a sociedade é responsável e ao mesmo tempo vítima desse círculo vicioso.

A BUSCA INCANSÁVEL PELA REALIDADE: A VERDADE COMO FIM INATINGÍVEL DE ACORDO COM A TEORIA DA INTELIGÊNCIA MULTIFOCAL

MAILLE FERREIRA NUNES ROCHA
MARIA DE PADUA FERNANDES

Desde o início de nossa racionalidade, nós, seres humanos, buscamos meios de alcançar a verdade absoluta. Somos escravos de nós mesmos, de nossos pensamentos, medos, erros e acertos. Enxergamos nossa situação atual como realidade definitiva e, por vezes, imutável.

No mito do homem da caverna, observamos que o indivíduo tinha ali sua realidade e sua verdade; por vezes, duvidando que houvesse vida fora daquele espaço, e entendendo como louco aquele que ousou sair da escuridão e caminhar rumo à luz solar que entrava todos os dias na caverna.

Temos nessa situação um exemplo de que realidades estão intimamente relacionadas com a verdade, com a busca incansável de conquistar algo que de certa forma não pode ser conquistado. É preciso compreender a constante metamorfose pela qual passamos diariamente e que resulta em grandes transformações ao longo da história.

Ao observar a linha histórica da humanidade, podemos notar que de tempos em tempos "verdades absolutas" passam por modificações ou adaptações, como, por exemplo, a Teoria da Relatividade, de Albert Einstein, na Física; e a Teoria da Evolução, de Charles Darwin, na Biologia; que sofreram modificações, foram adaptadas e complementadas com novas descobertas que surgiram ao longo dos anos.

Dessa maneira, podemos refletir sobre a busca por uma realidade com a verdade absoluta inatingível, no entanto devemos nos questionar: por que vivemos atrás dessa realidade? Sabemos de fato o que é essa busca? O que é realidade? E qual o conceito de verdade?

As definições dicionarizadas nos dizem que a palavra *realidade* é um substantivo feminino que se refere à qualidade ou a uma característica do que é real, do que realmente existe; um fato real; uma verdade, ou seja, um conjunto de coisas e fatos reais. Já a palavra *verdade*, que também é um substantivo feminino, pode ser descrita como uma propriedade de estar conforme os fatos ou a realidade; afirmação, ideia, princípio ou julgamento aceito como autêntico; honestidade; harmonia passível de ser estabelecida por meio de discurso ou pensamento entre a lógica do intelecto humano e fatos, eventos e objetos da realidade.

Observamos que realidade e verdade estão intimamente relacionadas, novamente, com a vivência do ser e entre si, sendo um conjunto de fatos e fatores. A perspectiva que temos é antiga, e buscamos pela realidade como verdade desde sempre; o que tem gerado traumas no ser.

E por que somos seres capazes de buscar por algo e aceitar situações que causam tanto desconforto? Frustramo-nos constantemente ao notarmos que o ambiente ao redor é mutável, que nossa verdade pode não ser a do outro e que existem milhares de realidades associadas com as mais diversificadas verdades.

A resposta a esse questionamento pode ser encontrada através do estudo da teoria da inteligência multifocal, que tem como intuito investigar o funcionamento da psique humana. Trata-se de uma teoria sobre a construção de pensamentos que visa explicar como eles são formados dentro da mente humana. Sendo assim, pode-se dizer que é o produto do funcionamento de um vasto conjunto de estruturas psicodinâmicas, em outras palavras, a capacidade de ter consciência, pensar e se emocionar.

A teoria da inteligência multifocal se baseia em pilares que englobam: construção dos pensamentos, transformação da energia psíquica, formação do Eu e organização da história consciente e inconsciente na memória. Esses alicerces nos permitem conhecer um pouco sobre como o Eu atua de modo ativo na mente, sendo gestor dela, nos ajudando a exercitar a consciência crítica e a capacidade de observar e analisar os acontecimentos ao redor.

Através do estudo dos mecanismos da mente notamos a presença do Eu que, por vezes, é urgente, irresponsável, sem comprometimento para consigo e com os outros, sendo emergente e evidenciando fraquezas e rigidez.

Emoções fluem de modo inconstante, a cada momento nos sentimos e agimos de um jeito, e, em consequência, enxergamos o mundo de um jeito. Temos necessidade de que "o outro" siga nosso ritmo, em vez de aprendermos a conviver com o outro em sua totalidade. E esse Eu que olha apenas para si e exige que o outro seja igual a si, se reflete no modo como lidamos com a vida, com nossas buscas e incertezas; gerando ciclos de ansiedade e insônia, bem como distúrbios.

De acordo com a Organização Mundial da Saúde (OMS), os transtornos mentais estão entre as principais doenças que acometem o ser humano. O Brasil ocupa o primeiro lugar entre os países com mais indivíduos que sofrem com a ansiedade, sendo o índice em torno de 9,3% da população. Julgamos ser mais importante ter qualquer resposta do que ter uma de resposta de qualidade. O fato de não sermos "donos" da verdade absoluta e da realidade idealizada contribui para o considerável crescimento das doenças da mente.

É necessário caminharmos rumo à "paz interior". O Eu precisa compreender que, embora seja o líder, não pode limitar nossa evolução. Precisamos aprender a desconstruir verdades para começarmos a soltar as amarras das expectativas não correspondidas, dos medos, dos erros e dos fracassos. Além disso, é fundamental aprender a pensar antes de agir, pois muitos são os momentos em que o Eu é guiado pelas emoções, permitindo que tenhamos ações baseadas unicamente no sentimento, sem nenhuma análise crítica.

Sem o processo de entendimento e de reflexão pré-ação, as chances de tomarmos decisões assertivas para nós e para todos ao nosso redor diminuem, bem como nossa capacidade de compreender o que de fato buscamos e esperamos. Contudo, a tomada de decisões dessa maneira aumenta a possibilidade de traumas e frustrações.

Se o que pensamos e sentimos sofre alterações, concluímos que sofremos mudanças e passamos por processos de "reciclagem". Nesse processo, algumas vezes somos capazes de ativar janelas *light* da mente, as quais são capazes de neutralizar traumas já vivenciados, diminuindo a capacidade de asfixiar sentimentos humanos.

Ao lidarmos com as janelas *light* conseguimos caminhar rumo à nossa libertação, pois assumimos o papel de seres pensantes, que sentem e buscam no seu sentir o equilíbrio entre o racional e o emocional. Começamos a ter consciência dos muitos aspectos que envolvem a mente humana, damos o primeiro passo para nos livrarmos dessa busca incansável pela realidade com a verdade inatingível.

A gestão da emoção, nesse aspecto, funciona como gatilho, porque através dessa prática é possível se perceber passando por algumas fases: primeiro estamos perdidos em meio às situações; depois nós nos reconhecemos como seres que apresentam inquietação da mente, ansiedade, medos, receios e traumas que perduram por gerações e nos atingem. No momento seguinte, começamos a compreender as razões dos nossos sentimentos e, então, os questionamentos chegam até nós trazendo reflexões, e assim um processo de desconstrução do ser se inicia.

Observamos que muito do que somos, pensamos e sentimos tem correlação familiar e social. Desejamos coisas que nos ensinaram a buscar. Por vezes, vivemos em modo automático, apenas reagindo diante das situações, sem lidar – de fato – com nossas frustrações. Por sua vez, as desilusões só crescem, pois depositamos certa expectativa sobre o outro e sobre nós mesmos sem analisar o intuito dessa expectativa e sua necessidade. Não equilibramos nosso senso crítico.

Através da gestão da emoção somos capazes de sair do passivo e entrar no modo ativo. Tomamos as rédeas do nosso Eu, pois iniciamos o processo de desvendamento da mente e descobrimento do ser. Nesse instante, estaremos começando a ser empáticos conosco e com os outros.

Ao desenvolver a empatia, encontramos o perdão, a aceitação e a responsabilidade. O perdão vem por termos nos maltratado, exigindo que agíssemos feito "robôs" que se orientam em uma estrada que de fato não existe. Ampliamos a capacidade do autoperdão por sermos quem de fato não somos e de perdoar o outro por querer impor seu ritmo sobre o nosso, bem como aprendemos a pedir perdão por impormos nossas pseudovontades sobre o outro.

Durante o processo de aceitação, somos capazes de enxergar quem somos, de compreender o Eu complexo que guia e habita cada um de nós. A aceitação faz com que as amarras do passado sejam desfeitas para que o presente se torne leve e o futuro não cause mais medo ou ansiedade. É nesse momento que as janelas *light* são abertas e atuam de maneira intensa, amenizando traumas e receios. É durante a aceitação que olhamos com respeito e carinho para nós, quando notamos que as verdades absolutas não existem e que buscar por elas é uma jornada sem destino, que nos mostra uma realidade distorcida e dolorosa.

No instante em que a consciência se expande e temos o perdão consolidado e a aceitação íntima concretizada, entramos no âmbito da responsabilidade, ou seja, passamos a entender que somos responsáveis por todo esse ciclo, bem como somos o agente causador. A partir daí, compreendemos a real responsabilidade que temos com nossa vida, nossa realidade, nossa busca e nossa verdade; sem esquecermos que somos responsáveis – dadas as devidas proporções – pelo próximo, por aquele que compartilhou sua história e por aqueles com os quais dividimos experiências.

Ao trazer essa responsabilidade para o âmbito acadêmico, notamos que influenciamos diretamente alunos e colegas de profissão. A maneira como transmitimos um conteúdo ou empreendemos um diálogo se entrelaça com a expectativa depositada sobre aquele ambiente, assim como reflete nas expectativas que cada aluno passa a nutrir durante a vida universitária.

Se desejamos romper com o padrão de alunos que apenas recebem conhecimento, aceitam uma verdade e caminham toda a vida em busca de uma única realidade, precisamos, através do nosso exemplo, da nossa "gestão da emoção", não depositar expectativas frustradas sobre eles. É essencial ir além da teoria e dialogar sobre saúde mental e emocional, bem como demonstrar que vivemos uma busca incansável pela realidade em vão, porque cada um tem o próprio ritmo e as próprias verdades, e então cria suas realidades. Desse modo, libertamos os alunos para serem brilhantes.

Nesse processo, nós, professores, nos tornamos auxiliares, trazemos parte do conhecimento que se soma a diversas situações e ritmos presentes em uma sala de aula. Alunos e professores universitários, juntos, são capazes de construir o saber, o profissional e um novo perfil de uma geração.

Profissionais mais capacitados emocional e profissionalmente resultam em indivíduos melhores, capazes de questionar, analisar, compreender sentimentos e situações. Partimos do micro, que se refere ao "Eu", e chegamos ao macro, "nós", auxiliando-nos mutuamente durante as constantes desconstruções e construções do ser.

Tornando-nos pessoas mais ativas, passamos a somar conhecimentos e verdades. Deixamos de criar e depositar expectativas desnecessárias sobre nós e sobre os outros, vivemos dia após dia com sabedoria, minimizando frustrações, nos permitindo ser quem somos. Buscamos entender cada pensamento que vem à mente, analisar cada atitude e refletir sobre padrões de ações e sentimentos.

Assim, saímos de uma busca pela realidade que tinha a verdade como fim inatingível e passamos a construir uma realidade com a verdade atingível, pois através do estudo da teoria da inteligência multifocal, presente na gestão da emoção, acionamos a mente para dela retirarmos o melhor.

Compreendendo que a psique humana é repleta de detalhes e surpresas que abrangem não só o consciente, mas também o subconsciente, somos capazes de lidar de maneira adequada em cada situação para que, em vez de frustrar o aluno, possamos dar asas ao seu Eu, permitindo voos libertadores e encantadores. Desse modo, estaremos incentivando crianças sonhadoras; adolescentes sedentos pelo conhecimento e pela vida; e adultos sábios e realizados com suas escolhas.

BIBLIOGRAFIA

A TEORIA DE DARWIN. *Só biologia*. Virtuous Tecnologia da Informação, 2008-2021. Disponível em: <https://www.sobiologia.com.br/conteudos/Seresvivos/Ciencias/bioselecaonatural2.php>.

CURY, A. *Gestão da emoção*: técnicas de coaching emocional para gerir a ansiedade, melhorar o desempenho pessoal e profissional e conquistar uma mente livre e criativa. Adaptação: Ana Rita Silva. [on-line]. Disponível em: <9789896874575.pdf (fnac-static.com)>.

CURY, A. *Teoria da inteligência multifocal*. [on-line]. Disponível em: <www.academiadegestaodaemocao.com.br>.

EINSTEIN, A. *Teoria da relatividade especial e geral*. Rio de Janeiro: Contraponto, 2007.

FERREIRA, A. B. de H. *O Dicionário Aurélio da Língua Portuguesa*. 5. ed. [on-line]. Aplicativo Aurélio Digital.

LUCENA, C. Y. F. *Depressão compreendida como distúrbio e doença do século*. 2019. 34 f. Trabalho de Conclusão de Curso (Bacharelado em Medicina) – Centro de Formação de Professores, Universidade Federal de Campina Grande, Cajazeiras, 2019.

PLATÃO, *A República*, 428-347 a.C.

AUGUSTO CURY

Por mais de vinte anos venho aperfeiçoando a teoria multifocal do conhecimento (TMC), a qual desenvolvi empregando o conteúdo de teorias que se cruzam no campo da Psicologia, da Filosofia e da Educação. Por ser abrangente, a TMC está fundamentada na produção intelectual, histórica, emocional e social concebida na trajetória da humanidade, e seu objetivo é estimular a formação de pensadores, e não meros repetidores de ideias, uma vez que pensar, para o ser humano, não é uma opção, mas uma rota inevitável que não poderá ser interrompida. Ao estudar o processo de construção dos pensamentos, que envolve experiências intrinsecamente humanas de observação, análise, questionamento, dúvida, crítica e interpretação, é possível compreender minimamente por que o estudo da TMC e a aplicação de suas técnicas na formação de seres pensantes são capazes de banir certas bizarrices que vemos no mundo moderno como preconceitos, discriminações, violações de direitos, violência e todo tipo de crise no aprendizado de milhares de alunos em escolas de todo o mundo. Esse argumento se evidencia no fato de que a inteligência multifocal, ao contrário de seu "rival", o conhecimento unifocal, aprimora a arte de ouvir, duvidar e criticar, e uma pessoa com essas características é capaz de considerar o todo, a humanidade, em detrimento de apenas a si, em sua individualidade.

Para trazer a TMC ao cenário da educação, tomo emprestada a afirmação do antropólogo, sociólogo e filósofo francês Edgar Morin em seu livro *A cabeça bem-feita*, cujo argumento fundamentará este comentário:

> Atualmente, os problemas da educação tendem a ser reduzidos a termos quantitativos: "mais créditos", "mais ensinamentos", "menos rigidez", "menos matérias programadas", "menos carga horária". Tudo isso, claro, é necessário. É preciso haver mais créditos, mais ensinamentos. É preciso [...] que o professor possa conhecer cada aluno individualmente e ajudá-lo em sua singularidade. É preciso haver reformas de flexibilidade, de diminuição da carga horária, de organização, mas essas modificações sozinhas [...] camuflam ainda mais a necessidade da reforma de pensamento. [...]

O ponto crucial que Morin aponta com brilhantismo é que, para "reformar" a educação e, em consequência, os educadores, é necessária uma "reforma de pensamento", isto é, uma remodelação na base de toda a estrutura. Assim, a teoria multifocal e suas técnicas, se aplicadas corretamente e com a seriedade necessária, são ferramentas extremamente eficazes para lançar essa fundação.

Naturalmente, qualquer governo reconhece a relevância da educação como um pilar para o progresso da nação, pois através dessa base poderá edificar "andares" mais altos, como patamares econômicos e sociopolíticos. Nesse sentido, o professor exerce um papel de extrema importância na sociedade. E esse papel precisa ir muito além do que postulam os ministérios oficiais de educação de seus países, os quais delimitam currículos que viciam a mente dos estudantes no raciocínio lógico, o qual, como bem disse Morin anteriormente, é igualmente relevante, principalmente na realização de provas e na comunicação de modo geral, porém não abrangem importantes questões socioemocionais que as crianças vão deixando para trás à medida que avançam os anos letivos, e que se relacionam com a ousadia, a criatividade e a espontaneidade. A escola está bem preparada para produzir alunos que recebem seus diplomas com honras e exercem profissões muito estimadas pelos pais e pela sociedade, ao empregar métodos de ensino facilmente manipuláveis, no estilo que hoje chamamos de "copia e cola", formatados para ser facilmente reproduzidos em avaliações que são meramente memorizações e repetições de conteúdos impressos em livros – os quais, se refletirmos por um instante, são conteúdos essencialmente mortos e que precisam ser "vivificados" e reconstruídos na interpretação do leitor.

Quantos de nós, pais, ao auxiliarmos nossos filhos em algum momento com suas tarefas, não nos pegamos pensando algo como, *não me lembro dessa fórmula*; *não sei mais fazer esse cálculo*; ou *não me recordo desse fato histórico*? Isso acontece porque em nossa vida socioprofissional, ao tentarmos resgatar memórias da educação escolar, não trazemos de volta as cadeias exatas de informações, mas sim processos intelectuais e situações antidialéticas que se formaram em nossa mente a partir das informações que recebemos de nossos professores. É provável que mais de noventa por cento do conhecimento que arduamente adquirimos durante todos aqueles anos sentados em nossas carteiras não seja aproveitado em nossa vida adulta. Por essa razão, os métodos educacionais precisam contar com menos *quantidade* de informações e mais da *qualidade* de informações, principalmente aquelas que inspiram nos alunos a arte da reflexão.

Desse modo, a transmissão de conhecimento não deve ser despersonalizada, padronizada, unifocal. Trata-se de um processo que deve incluir o estímulo à crítica, à dúvida, ao debate, ao questionamento, isto é, o emprego do processo de pensar com base na inteligência ampla, multifocal. É a propagação do raciocínio unifocal que hoje está fabricando retransmissores de conhecimento, e não pensadores criativos. Esse tipo de raciocínio tem como características altas taxas de objetividade e linearidade, em detrimento de interferências pessoais, sentimentos, paralelismos e visões multiangulares. Alunos com raciocínio unifocal funcionam como uma plateia passiva dentro da sala de aula.

Por outro lado, embora tenhamos conhecimento do abismo das desigualdades sociais, qualquer pessoa está habilitada a desenvolver sua inteligência multifocal, do mais vulnerável ao mais abastado, mas isso não significa ter uma inteligência qualitativamente desenvolvida. A qualidade da inteligência é alcançada através de um conjunto sofisticado de procedimentos intrapsíquicos e socioeducativos. Por exemplo, há pessoas com diplomas de doutor e elevada cultura, no entanto elas não foram capazes de ampliar eficazmente a inteligência multifocal, e assim expõem ideias medíocres que não se distanciam da esfera de suas dificuldades pessoais. É preciso questionar e criticar; ao fazê-lo, conseguimos proteger emoções, administrar pensamentos e fortalecer aptidões socioemocionais. Essas são as atitudes básicas de alguém que desenvolveu sua inteligência multifocal e, como resultado, se tornou um ser humano de pensamento livre, tendo seu Eu como líder de si mesmo e planejador de novas ideias. A inteligência multifocal é resultado dos fenômenos que constroem todos os nossos pensamentos e sua real inserção no ambiente escolar e acadêmico é um fundamento imprescindível para a reforma na educação.

O DESENVOLVIMENTO DAS HABILIDADES SOCIOEMOCIONAIS NA PÓS-GRADUAÇÃO

LUCAS MOREIRA MENDONÇA

Desenvolver o autocontrole é necessário para uma vida emocional equilibrada. Quanto mais nos conhecemos e sabemos lidar com nossas emoções, mais longe podemos chegar em nossa jornada. Naturalmente, ao longo da vida, esse processo vai se desenrolando, através do aprendizado de métodos de controle dos pensamentos que nos chegam, tornando-nos ativos no processo de pensar e de fato fazer o que nosso pensamento nos "manda". Atuamos como juízes do que de fato é relevante.

A inteligência multifocal do conhecimento fundamenta-se em quatro fatores importantes para autoativar o processo de pensar: 1) construção do pensamento; 2) papéis do consciente e do inconsciente da memória; 3) formação do Eu; e 4) transformação da energia psíquica. Através de uma visão crítica, exercitamos a inteligência multifocal e modificamos nossa forma de viver para aprender a lidar com os pensamentos que a mente nos impõe.

A memória é ativa em todos os aspectos da vida. À medida que há mudanças ou se reproduz a lembrança de uma situação traumática, a mente faz as modificações naquele momento, pois aquele momento é diferente e a mente também, fazendo com que sua reação seja diferente, pois seu processo de interpretação se torna diferente. Todo o arcabouço mental do ser humano é preparado para a superação, entretanto existem situações em que, ao invés de a dor diminuir, pode haver uma exacerbação da dor, tornando-a crônica.

Com isso, é possível perceber que manter o controle é essencial, mesmo que por alguns momentos a memória nos leve ao inconsciente e nos faça agir de maneira impulsiva, é necessário ter compreensão e saber julgar o que devemos trazer ou não para nossa vida, a fim de viver de forma mais plena, controlada e saudável.

A inteligência emocional é o que difere o indivíduo que controla sua vida daquele que é controlado pela própria mente, que por mais evoluída que seja, apresenta gatilhos para nos transportar a momentos que não tragam problemas, como pequenos traumas vividos ao longo da vida. É preciso inteligência para fazer releituras dos eventos ao longo da vida. Há situações difíceis que podem acarretar grandes problemas no futuro, e saber interpretá-las de modo saudável, com maior compreensão emocional é de suma importância para o crescimento pessoal do indivíduo.

Em suma, nós temos que ter controle dos fatos vividos para evitar as janelas *killer*, dando espaço para que a mente possa conviver mais com as janelas *light* e assim formar a felicidade consciente, a qual não depende que tudo em volta dê certo, e sim que o autoconhecimento nos guie para isso.

Durante o curso de pós-graduação, o aluno deve adquirir o controle do intelecto, mantendo o pensamento focado e bem definido, para que assim possa empregar suas habilidades socioemocionais, seja durante uma aula, ao desenvolver um projeto de pesquisa ou mesmo ao defender o trabalho acadêmico.

Dentro dessas habilidades socioemocionais, o aluno precisa, em primeiro lugar, focar a mente no hábito da resiliência, aprendendo a trabalhar perdas e frustrações, que, durante o curso, podem ser constantes, algumas vezes fazendo-o refletir sobre se o caminho que está seguindo é o correto. Entretanto, esse aprendizado é para toda a vida, pois sempre haverá obstáculos, e saber lidar com eles é uma habilidade que poucos conseguem adquirir, mas o pós-graduando necessita disso para se manter focado em seu objetivo, que é desenvolver seu trabalho e fornecer resultados científicos que possam colaborar para o desenvolvimento da sociedade em que vive.

A resiliência é definida por Kenneth J. Anusavice como a "quantidade relativa de energia elástica por unidade de volume liberada ao remover a carga de um corpo-de-prova", ou seja, a resiliência está relacionada à energia elástica de um corpo, que se liga diretamente à capacidade desse corpo de receber cargas e voltar ao seu formato original. Trazendo essa teoria para o campo acadêmico da pós-graduação, imagina-se que durante o percurso, diversas forças (problemas) atingirão o pós-graduando, entretanto ele deve se manter elástico, voltando sempre ao normal, mantendo a calma e aprendendo com essas forças, para que assim possa continuar na jornada do aprendizado.

Em se tratando de resiliência, podemos pensar que devemos nos manter inabaláveis e imutáveis, entretanto uma coisa não se relaciona diretamente com a outra. Há ainda outra grande habilidade a postos, a autocrítica, que nos permite não repetir os mesmos erros, a fim de alcançar nossos objetivos de forma mais eficiente. Albert Einstein afirmava que não podemos esperar resultado diferente fazendo as mesmas coisas. A fim de ter resultados diferentes e melhores, devemos treinar nossa autocrítica e assim poderemos de fato modificar a maneira como realizamos nossas tarefas.

Se não trabalhada com cuidado, a autocrítica pode produzir uma janela *killer*, escravizando-nos. A ideia é sempre evoluir de forma saudável, tornando a vida mais prazerosa e simplificada, a construção da autocrítica deve ser feita com calma, sem representar um ataque a nós mesmos, mas sim uma janela de autoajuda.

É possível perceber que as habilidades têm um relacionamento entre si, pois desconstroem janelas *killer* para construir janelas *light*. Naturalmente isso acontece quando as desenvolvemos de maneira saudável, procurando traçar para nós um plano positivo.

A terceira habilidade que um pós-graduando deve fortalecer para estar bem consigo mesmo e com seu trabalho, é a capacidade de se reinventar dentro das dificuldades. Pode parecer incompatível com a resiliência, uma vez que esta ajuda a nos manter estáveis sem grandes modificações, mas na natureza do ser humano está a capacidade de mudar, pois somos adaptáveis, seja a condições climáticas ou mesmo à pressão do dia a dia.

Reinvenção exige planejamento, não adianta querer mudar as regras se nem ao menos conhecemos o jogo. Isso significa que devemos pensar em mudanças que de fato façam a diferença, para isso nos ajuda a autocrítica, aliada à vontade de fazer diferente e ao emprego da quarta habilidade: o empreendedorismo. Direcionando isso ao pós-graduando, com essas ferramentas ele se torna um transformador de experiências em ideias, fazendo com que as modificações de sua vida, junto com as janelas *killer* e *light* criadas até então, também ajude a gerar novos planos, pois a grande qualidade de um empreendedor é criar, a partir dos problemas, oportunidades de crescer.

Naturalmente, todas essas habilidades são trabalhadas ao longo de muitos anos, e para desenvolvê-las de modo eficaz, devemos ser gestores da nossa mente, não nos deixando ser controlados pelos estresses diários, que diz respeito à quinta habilidade que devemos desenvolver para protagonizar nossa história: a capacidade de gerir o estresse.

A quinta habilidade exige de nós o autoconhecimento, desde para as coisas mais simples, como, por exemplo, saber do que gostamos e do que não gostamos e saber dizer não, até nos "blindarmos" contra situações que podem derrubar nossa autoestima.

No andamento do curso de pós-graduação, o aluno deve ter um pensamento que o impulsione para a frente, planejando sua pesquisa e seguindo à risca a metodologia que se propôs a desenvolver. Para isso precisa pensar antes de agir, que é outra habilidade necessária para prosseguir com seus estudos.

Consequentemente, as habilidades socioemocionais não podem ser empregadas apenas para benefício próprio. Então é de suma importância que se tenha empatia para cumprir seu curso com um objetivo maior, procurando se colocar no lugar do outro, tornando sua pesquisa não apenas direcionada para o recebimento de um título, mas para contribuir com o progresso da sociedade e proporcionar inovação e bem-estar, a fim de melhorar a vida das pessoas.

É possível perceber que as habilidades socioemocionais não são fáceis de serem alcançadas. Em diversos momentos enfrentaremos inimigos que lutam dentro de nós. O importante é persistir, atentando para as recomendações dos mais experientes e filtrando situações que podem derrubar a autoestima, dessa maneira é possível ser pessoas melhores e, em consequência, alunos melhores.

Nossa vida pessoal está conectada com nosso trabalho, e em muitos momentos problemas domésticos chegam no ambiente de trabalho e vice--versa. Essa é mais uma situação para se ter controle, e o desenvolvimento das habilidades socioemocionais auxiliará nesse processo.

Em resumo, as habilidades socioemocionais de resiliência, para suportar problemas; autocrítica, para de fato melhorar a nós mesmos; empreendedorismo, para empregar os conhecimentos adquiridos; se reinventar nas dificuldades, para que nunca paremos no tempo; gerenciar o estresse, de tal modo que possamos tomar o controle de nossa vida; pensar antes de agir, para que nosso planejamento seja seguido; e, por fim, empatia, pois de nada vale uma mente trabalhadora se não observarmos os problemas do outro e tentamos melhorá-los; são pontos-chave para um indivíduo desenvolver qualquer atividade, principalmente a acadêmica, de maneira bem-sucedida, potencializando o desempenho de suas funções mentais.

BIBLIOGRAFIA

CHIBÁS, F.; BRAZ, A. L. N. A gestão das emoções na educação. *Revista de Educação*, v. 15, n. 19, p. 95-109, 2012.

ESPIRITO SANTO, A. L. do; SOUSA, J. H. M. de. Gestão emocional: o desenvolvimento e a importância da emoção para as organizações. *Destaques Acadêmicos*, Lajeado, v. 12, n. 1, p. 236-258, 2020.

AUGUSTO CURY

Em várias ocasiões tive a oportunidade de dizer o quanto me deixa satisfeito testemunhar que a teoria multifocal do conhecimento (TMC), a qual criei e venho aperfeiçoando há décadas, nos dias de hoje já faz parte do currículo de cursos máster internacionais e também pós-graduações diversas em universidades brasileiras. É interessante notar que o público que frequenta esses cursos não apenas está buscando a especialização com objetivos de ascender na carreira profissional, mas do mesmo modo realizando um investimento em sua saúde psíquica. Então já podemos vislumbrar um futuro de novas possibilidades apenas com essa evidência. Nesse sentido, isso nos diz muito sobre o que boa parte dos alunos hoje estão buscando. Em outras obras que publiquei, afirmei que só se acha perfeito aquele que nunca se arriscou a sair da superfície. E isso é uma opção de modo de vida – permanecer na superfície ou se arriscar em camadas mais profundas da mente e alcançar outros patamares na esfera socioemocional. A partir dessa ideia, podemos concluir que quem busca conhecer os mecanismos básicos da formação do Eu, do processo de construção de pensamentos e do gerenciamento da emoção tem grande chance de obter um sucesso efetivo e integral em sua vida.

Além do interesse pessoal e profissional, o conhecimento da TMC favorece a expansão da mente, uma vez que foi concebida para explicar, criticar e reciclar outras teorias, como a psicanalítica, a cognitiva e a comportamental, amplificando ainda mais o leque de conhecimentos. Ainda assim, há diferenças entre teorias psicológicas, filosóficas, psicopedagógicas, sociológicas etc., uma vez que estas foram produzidas usando o pensamento como base, enquanto a TMC estuda o "recheio" contido nessas bases, a saber: os fenômenos que possibilitam a construção dos pensamentos. E por se ocupar desse "recheio", melhor dizendo, de todas as variáveis contidas em outras teorias, esta teoria recebeu a denominação de multifocal, pois é capaz de alcançar uma variedade de ângulos da construção da inteligência humana.

Entretanto, ainda vemos uma grande parcela da juventude recebendo seu diploma universitário para simplesmente pendurá-lo na parede do quarto, pois, ao deixar a universidade, seu Eu encontra-se fragilizado, destituído de raciocínio complexo, crítico e questionador, características de quem só aprendeu a raciocinar unifocalmente, o que lhes concede mentes radicais, estreitas, com baixo limiar para frustrações e dificuldade para lidar com situações inesperadas, nas quais precisará se reinventar.

Direcionando-se para o mercado de trabalho, um profissional de excelência é aquele que optou por aprender e desenvolver em si o raciocínio complexo proposto na TMC. A evidência está em nossas empresas modernas, que se esmeram em realizar um apanhado de testes para selecionar profissionais pelo desempenho técnico, pela formação acadêmica e pelos treinamentos, no entanto 80% desses profissionais deixam a empresa, que despendeu esforço e capital para contratá-lo, por deficiências socioemocionais que deveriam ter sido trabalhadas muitos anos antes, entre elas a utilização de seu cargo para controlar subordinados e a necessidade de ser o centro das atenções. Para esses casos, a aplicação de técnicas abrangidas pela TMC colabora para eliminar as três grandes dificuldades do indivíduo que não se formou como um pensador de raciocínio complexo:

1. Dificuldade de realizar perguntas e criticar.
2. Dificuldade de aceitar a dúvida e deixar de lado a perfeição.
3. Dificuldade de diminuir o nível de ansiedade de produzir respostas.

Devo esclarecer que todos os tipos de raciocínios, sejam simples ou complexos, exigem do cérebro o mesmo esforço para produzir fenômenos altamente sofisticados para a efetivação do pensamento; dessa maneira, aquele que se perde em prolixidade, em detalhamento desnecessário, gasta energia e ainda sai perdendo em objetividade. E isso, definitivamente, não o fará um pensador brilhante.

Para concluir este tópico, em uma das minhas publicações sobre o assunto da unifocalidade e da multifocalidade do raciocínio, elaborei uma lista bem sistemática que pode facilitar nosso entendimento da diferença entre ambos, que eu trago aqui em forma de tabela para consultas posteriores e em breve resumo para uma chuva de ideias.

Raciocínio unifocal/simples	Raciocínio multifocal/complexo
Egoísta; enxerga-se somente a própria necessidade.	Há preocupação sobre o que o outro sente, e suas necessidades são levadas em consideração (empatia).
Toda ação provoca uma reação.	Toda ação provoca a razão.
Odeia-se o fracasso e ama-se o sucesso.	Ninguém obtém sucesso se não usar seus fracassos para conquistá-lo.

Raciocínio unifocal/simples	*Raciocínio multifocal/complexo*
Busca-se elogios e aplausos.	Sabe-se que tragédia e comédia, aplausos e vaias fazem parte da história humana.
Produz a necessidade neurótica de estar em evidência social.	Liberta o Eu para o prazer do anonimato.
Quer controlar os outros.	Busca o autocontrole.
Pune um comportamento errado.	Oferece uma nova oportunidade.
Anseia pelo fim da trajetória.	Desfruta o processo.
Abusa da quantidade de eventos para sentir migalhas de prazer.	Contempla as pequenas coisas.
É sequestrado pela ansiedade.	Administra a ansiedade.
Pensa como indivíduo.	Pensa como humanidade.

ANALFABETISMO DA EMOÇÃO NA DOCÊNCIA

VALÉRIA BEATRIZ DO VALLE

"As decepções de uma criança percorrem as artérias do adulto."
Augusto Cury

Adriana[1] foi uma excelente aluna e desde cedo, decidiu ser professora. Formou-se em Pedagogia e foi lecionar em um grande colégio particular da cidade onde vivia. Mais tarde, passou em um concurso público e também começou a dar aulas em um colégio estadual próximo a sua casa.

Como todo professor, Adriana estava sempre atarefada. Mesmo em seu tempo de descanso, eram provas e atividades complementares para elaborar, aula para preparar, leitura de textos para se atualizar, correção de atividades e pilhas de papéis, passando noites em claro para dar conta de tudo, excedendo em muito sua jornada de trabalho.

Certa vez, Adriana passou um mês se preparando para ministrar uma aula para uma de suas turmas. Elaborou uma apresentação no computador e imprimiu um pequeno resumo para entregar aos alunos. Por ser muito perfeccionista, treinou em frente ao espelho para que ministrasse uma aula de qualidade e excelência. Quando chegou o grande dia, Adriana estava

---

[1] Personagem fictício.

ansiosa. Levou seu computador, arrumou o aparelho multimídia, esperou todos os alunos entrarem na sala e se acomodarem. Começou com uma breve apresentação sobre si e qual era o objetivo da aula e de sua disciplina. Ao passar o *slide* para o início do conteúdo teórico, Adriana notou que a sala estava lotada, muito mais do que estava acostumada. Em questão de segundos, ela começou a suar frio, não conseguia se lembrar do conteúdo que tanto havia se preparado para apresentar naquele dia. Escutava vozes ao longe, perguntando se estava bem; mas ela estava realmente em choque. Adriana simplesmente saiu correndo até a coordenação e caiu no choro. Logo que se acalmou, foi para casa descansar, sem ter ministrado a grande aula para a qual tanto havia se preparado, e não queria pisar na sala de aula de maneira alguma. No entanto, ao chegar em casa, ela não conseguiu descansar, pois estava com o pensamento voltado para o que havia acontecido naquele dia. Adriana não se conformava!

Esse episódio pode ser comum entre professores e alunos, entretanto é mais um indicativo do quanto estamos analfabetos de nossas emoções.

Muito se fala, na alfabetização, das mais variadas técnicas e metodologias, e dos grandes influenciadores no processo de aprendizagem, como Vygotsky, Piaget, Montessori e Paulo Freire. No entanto, na alfabetização da emoção, a arte de pensar é pouco ensinada nas escolas e universidades. Nos cursos de pedagogia, não se preocupam em formar professores brilhantes para se ter alunos brilhantes, pensadores de conhecimento. A construção da inteligência vai muito mais além do que preparar uma aula e transmitir o conteúdo para os alunos.

O analfabetismo da emoção pode gerar desmotivação e desilusão profissional ao ser associado ao sofrimento psíquico e a doenças mentais. Segundo o estudo transversal realizado no XXIII Congresso Estadual de Educação da Apeoesp, dentre as principais doenças relacionadas ao afastamento, indica-se que as doenças mentais são as maiores responsáveis por licenças médicas de docentes.

Dentre as patologias psiquiátricas, a mais predominante é a síndrome de *burnout*, além dos altos níveis de ansiedade e depressão entre os docentes que, quando doentes, comprometem a ação educativa, interferindo na relação professor-aluno, sendo um grande motivo para os alunos abandonarem a escola.

Todos os dias somos bombardeados por pensamentos, sonhos, medos, ansiedades, prazeres e tristezas, e nossas experiências são registradas involuntária e automaticamente pelo fenômeno registro automático da memória (RAM). Não temos a capacidade de escolher o que queremos registrar ou não em nossa mente. O RAM arquiva em maior intensidade as experiências relacionadas à emoção, seja uma vitória, uma derrota, um elogio ou uma ofensa, influenciando na formação da nossa personalidade desde o nascimento.

Segundo a teoria psicológica e filosófica da inteligência multifocal do conhecimento (TMC), existem cinco grandes áreas do funcionamento da mente:

1. O processo de construção de pensamentos.
2. O processo de organização da consciência existencial e da estruturação do eu.
3. Os papéis conscientes e inconscientes da memória e da formação da história intrapsíquica.
4. O processo de transformação da emoção.
5. O processo de interpretação e de formação de pensadores.

Como o próprio significado da palavra multifocal, essa teoria visa à formação do indivíduo por meio de vários focos, o qual será capaz de executar a arte de ouvir, de duvidar, de criticar, de expor ideias, de pensar antes de agir, além de saber lidar sabiamente com angústias, perdas, dores e frustrações, sendo apto a transformar dificuldades em desafios, talentoso em se autoconhecer emocionalmente e competente para se colocar no lugar do próximo.

Nossos pensamentos conscientes são construídos basicamente por dois tipos: pensamento dialético e pensamento antidialético. Já os pensamentos inconscientes são produzidos por quatro fenômenos a fim de serem arquivados na memória, são eles: o fenômeno do gatilho da memória/da autochecagem, da janela da memória, da âncora da memória e do autofluxo. Esses fenômenos, associados a outros fatores, estão diretamente relacionados com o processo de construção da inteligência.

Adriana passou por aquela situação na escola por causa da atuação dos quatro fenômenos do pensamento inconsciente que fizeram com que ela sentisse uma mudança fisiológica e tomasse a atitude de sair correndo. Ela estava em um nível de autocobrança e ansiedade tão elevado, associado aos dias exaustivos de trabalho em excesso, que, ao chegar em sala de aula e ver aquela quantidade de alunos, automaticamente abriu-se uma janela traumática, resgatando uma memória de quando era criança, na qual apresentava-se para uma grande plateia e imaginou que todos estavam rindo e debochando de sua apresentação. A lembrança era tão forte em seu pensamento que foi além da âncora da memória, pois ela ficou lendo e relendo aquela janela traumática, fenômeno conhecido por autofluxo, fechando o circuito em sua mente (janela duplo P) até que ela conseguiu sair do cenário que era o gatilho inicial para esse pensamento. Adriana, a partir das duas memórias, uma de quando criança e outra de quando era adulta, em episódios parecidos, despertou um sentimento com o qual não soube lidar e não se sentia emocionalmente capaz enfrentar, tornando claro para nós, leitores, o analfabetismo da emoção.

Por não saber lidar com tudo o que estava passando, Adriana teve que pedir afastamento do trabalho e procurar ajuda especializada. Ao buscar ajuda, ela deparou com a técnica de duvidar, criticar, determinar (DCD) e da mesa redonda do Eu como complementação do tratamento.

A arte de duvidar e questionar está baseada na psicologia, e depende dos próprios recursos humanos e da capacidade que o indivíduo tem de agir. Essa técnica deve ser realizada várias vezes ao dia, durante os focos de tensão, e sem grandes reflexões, ajudando na reedição das janelas *killer* e contribuindo para que o indivíduo supere sua zona de conflito, a fim de que seja capaz de escrever a própria história. Já a mesa redonda do Eu é mais complexa, prolongada, profunda e penetrante que a DCD, pois permite criar janelas paralelas que se vinculam com a janela traumática. Ao realizar o questionamento inúmeras vezes, como um treinamento, duvidando da ansiedade, da situação que passou e da insegurança, o indivíduo criará uma série de experiências no palco da mente que serão registradas nos bastidores da memória, sendo capaz de liderar seu Eu reeditando as janelas traumáticas e construindo belíssimas janelas paralelas.

Após o tratamento, Adriana se sentia livre para pensar e entender a construção dos pensamentos que bloqueiam e debilitam a inteligência, tendo domínio dos pensamentos, exercendo liderança de si mesma, tendo uma mente tranquila, relaxada e sem pensamentos agitados. Agora ela se sentia autoconfiante e voltou para o ambiente escolar transformada, sabendo gerir suas emoções, como ela mesmo disse: "alfabetizada das minhas emoções", e quis compartilhar com seus alunos todo esse aprendizado que a ajudou a passar por esse momento, capacitando os alunos a serem líderes de si, pensadores de conhecimento em uma disciplina que ficou conhecida como Gestão da Emoção, pois viu o quanto é importante que o indivíduo saiba geri-las.

BIBLIOGRAFIA

CODO, W. *Educação*: carinho e trabalho. Burnout, a síndrome da desistência do educador. Petrópolis, RJ: Vozes, 2002.

COSTA, L. S. T. et al. Prevalência da síndrome de *burnout* em uma amostra de professores universitários brasileiros. *Psicologia: Reflexão e Crítica*, v. 26, n. 4, p. 636-642, 2013.

GOULART JÚNIOR, E. G.; LIPP, M. E. N. Estresse entre professoras do ensino fundamental de escolas públicas estaduais. *Psicologia em Estudo*, Maringá, v. 13, n. 4, 2008.

OLIVEIRA, L. R.; LEITE, J. R. O perfil da saúde dos educadores: evidenciando o invisível. *Retratos da Escola*, v. 6, cap. 11, 2012.

SILVA, N. P. Ética, (in) disciplina e relação professor-aluno. In: JUSTO, J. S.; SILVA, N. P.; DE LA TAILLE, Y. *Indisciplina disciplina*: ética, moral e ação do professor. Porto Alegre: Mediação, 2005. p. 55-95.

AUGUSTO CURY

Até aqui foi possível um breve entendimento de que os fundamentos da teoria da inteligência multifocal (TMC) contribuem de maneira significativa para nos posicionar no entendimento das profundezas da inteligência humana. E a memória representa uma dessas estruturas profundas e misteriosas. O estudo da localização anatômica da memória no córtex cerebral está no arcabouço das neurociências, mas a memória como integrante do mundo intelectual é explicada pelas teorias de estudo da inteligência.

Em primeiro lugar, é preciso esclarecer que memória não é a mesma coisa que inteligência, e diferentemente do que pensam boa parte dos profissionais da educação, não existe lembrança. Nossos alunos simplesmente não se "lembram" do que "memorizaram", e sim reconstroem as informações que lhes são transmitidas. Com apenas esse argumento, cai por terra o padrão adotado da educação clássica, no qual os estudantes são enfileirados e ensinados a copiar e repetir informações para, então, realizar avaliações. Ressalto que a memória não é um depósito de informações, ela não tem a função de armazenar todas as experiências, fórmulas ou emoções que colecionamos ao longo da vida, desde o nascimento, ainda que ela seja um repositório para os segredos da nossa trajetória de vida.

Outro fato esclarecedor sobre a memória é que não há possibilidade de um indivíduo acessar uma memória que eu chamo de "pura", um evento, exatamente como aconteceu, por exemplo. Se precisamos "puxar pela memória" alguma informação, o que virá será uma edição dela. Não é e nunca será a informação propriamente dita. Dessa maneira, a leitura da memória é uma importante variável (aquele "recheio" de que falei no último comentário) na base da inteligência. A construção da memória é uma atividade intrincada, e ela é que nos diferencia de todas as outras espécies de seres do planeta. O registro das experiências é feito na mente pelo fenômeno RAM – registro automático de memória, que as "salva" na memória do córtex cerebral. Em razão dessa complexidade, a memória se divide em dois tipos:

- Memória existencial (ME): experiências registradas ao longo da vida.
- Memória de uso contínuo (MUC): informações que vão sendo usadas e rearquivadas em um ciclo contínuo (endereços, e-mails, fórmulas, palavras do nosso idioma, entre outros).

As informações que conseguimos lembrar facilmente são justamente aquelas que usamos com mais frequência (MUC), cujo conteúdo é arquivado e rearquivado em nosso dia a dia. Quando mudamos de residência, por exemplo, o antigo endereço será pouco a pouco esquecido. Por outro lado, na ME, as memórias do passado são reconstruídas e reinterpretadas, e sempre a cada nova recuperação desse "arquivo", isso poderá acontecer de uma maneira diferente, o que significa que temos uma leitura multifocal da nossa história intrapsíquica.

Dessa maneira, usando a personagem da professora Adriana, que passou por um trauma em razão de um deficiente gerenciamento de suas emoções no artigo anterior, de fato, seu problema não foi causado pela memória resgatada em si, pela essência de sua ferida emocional, mas pela reconstrução dessa memória em sua mente. A história existencial de Adriana basicamente estava morta, o que ela fez foi reconstruí-la para confeccionar seus pensamentos.

Com a breve explanação que apresentei aqui sobre memória, é imprescindível que educadores em todo o mundo atentem para o fato de que, se do que aprendemos na escola pouco se consegue reter através do método cartesiano de ensino, utilizando-se de repetição, a memória não deve ser empregada com essa finalidade, e sim com o objetivo de dar suporte para produção de novas experiências e informações a partir da releitura do passado. Na verdade, grande parte das informações aprendidas em sala de aula se perde, apenas sendo mantido seu significado "na memória".

A INFLUÊNCIA DAS EMOÇÕES NO PROCESSO DE ENSINO E APRENDIZAGEM

HIAN PARIZE

Todo aluno, independentemente da área de estudo, é um ser em construção e, portanto, apresenta certa vulnerabilidade diante daqueles que detêm, transmitem e estimulam o conhecimento. Os métodos envolvidos na elaboração de novas conexões mentais permitem a associação de conceitos, inéditos e adquiridos, que levam a novos questionamentos e a promoção do senso crítico investigativo. Contudo, a vulnerabilidade do aluno pode provocar a predisposição a uma série de fracassos diante de eventos estressantes e negativos, gerando janelas *killer* traumáticas e persistentes. Como consequência, o desenvolvimento de ansiedade, depressão, desmotivação, baixa produtividade, entre outros, é amplamente observado. A necessidade de compreender como as emoções podem influenciar o processo de ensino e aprendizagem está diretamente relacionada à humanização do ensino. O mau desempenho de um aluno em um teste ou período de ensino pode ser interpretado de diversas maneiras, sendo influenciado por uma gama de fatores etiológicos. Atualmente, são insuficientes o debate e a conscientização da classe de docentes no ensino superior, os quais muitas vezes apresentam ampla experiência no desenvolvimento de pesquisas, mas carecem de técnicas e conceitos básicos para o manejo humanizado de seus alunos. Uma abordagem diferenciada e fundamentada na causa de maus desempenhos dos alunos se faz necessária e é fundamental para a humanização do ensino. As consequências do modelo de ensino tecnicista e reprodutivo também têm forte influência na relação aluno-professor e na maneira de encarar os desafios da carreira docente.

Um dos principais fatores envolvidos com a saúde mental dos indivíduos está na maneira de reagir aos eventos adversos que são expostos. Durante a jornada da vida, uma montanha-russa de emoções é percorrida, com momentos de êxito e aprendizado com os erros, quando a resiliência, o autocuidado, o respeito aos sentimentos e a procura por melhores condições psíquicas são fundamentais para uma vida equilibrada. O equilíbrio e o manejo das emoções do dia a dia resultam em maior satisfação, tanto pessoal quanto profissional. As diferentes relações interpessoais desenvolvidas durante a rotina podem influenciar a maneira como nos apresentamos e lidamos com as dificuldades.

O processo de construção de pensamentos está intimamente relacionado às emoções e reações ao meio em que vivemos. Adquirir independência para tomar as próprias escolhas, sem se deixar levar pelas consequências da vida, é resultado de um processo lento e gradual da formação do Eu. Os inúmeros eventos aos quais somos expostos moldam uma nova versão de nós a cada dia, permitindo que alcancemos novos objetivos à medida que progredimos no teatro da vida. Todos esses eventos são registrados pelo biógrafo do cérebro, que é capaz de catalogar uma quantidade incomensurável de dados, tanto no plano consciente quanto no inconsciente. Logo, a construção do Eu demonstra a complexidade e a fragilidade da mente humana. Por sua vez, a maneira como construímos o Eu está diretamente relacionada à capacidade de reter novos conhecimentos.

Os eventos negativos e traumáticos promovem a formação de janelas *killer*, capazes de desencadear uma série de consequências e repercussões negativas para a formação de novas concepções fundamentais ao processo de ensino e aprendizagem. A modulação de como lidamos com essas janelas *killer*, que são danosas à paz interior, resulta no desenvolvimento de resiliência e autoconfiança. A resiliência é fundamental para o aluno, pois os longos períodos estáticos de leitura e reflexão requerem que ele desenvolva uma série de novas conexões mentais necessárias para o seu desenvolvimento e para a compreensão de novos conceitos. Por sua vez, a autoconfiança está diretamente relacionada ao desempenho de alunos em atividades que requerem exposição pública, como apresentações, interação em grupos e nas atividades avaliativas, pois a necessidade de comprovar seu conhecimento em determinado momento pode ser facilmente influenciada por uma série de fatores que dificilmente são percebidos por outros, além do próprio eu. A falta de autoestima, mediante comportamento retraído e pouco participativo de certo aluno, muitas vezes é considerada como fracasso do professor no seu papel de formador de mentes pensantes. Contudo, poucas vezes nos questionamos se todos os alunos estão aptos, física e mentalmente, para participar de atividades de ensino em determinados dias. Essa situação é especialmente importante quando o aluno é submetido a testes e atividades avaliativas. A instabilidade emocional é um dos principais fatores que levam alunos a apresentar baixo rendimento e aproveitamento das atividades de ensino. A capacidade de desenvolver e manter o foco em uma atividade pode ser comprometida pelas emoções, tanto positivas quanto negativas. Assim, a influência das emoções no processo de ensino e aprendizagem se dá, também, pelo comprometimento do foco do aluno.

No âmbito da educação, devemos estimular o pensamento criativo e crítico dos alunos, não reprimindo respostas "erradas", mas estimulando a solução de problemas com embasamento criativo e científico. Desse modo, o Eu do aluno começa a adotar um comportamento de protagonista do seu aprendizado, e não mais um mero receptor e reprodutor do conhecimento transmitido pelo docente. Práticas como reflexão, indagação e questionamento são essenciais para a construção de mentes livres e alunos brilhantes, sendo estes capazes de desenvolver ideias e encontrar soluções inovadoras e inteligentes para as mais variadas situações do cotidiano. Em contrapartida, uma mente que apenas reproduz conhecimentos e comportamentos está fadada a viver na estagnação; o mesmo acontece com docentes que muitas vezes se encontram estacionados no tempo, sem variar os métodos de ensino e sem atualizar a abordagem com os alunos. O ritmo no qual a sociedade se desenvolve, com avanços tecnológicos e comportamentais, deve ser levado em consideração quando um professor propõe sua dinâmica de ensino. A compreensão do perfil dos alunos e as necessárias adaptações são fundamentais para que o docente possa "conversar na mesma língua" da classe que o ouve. Um descompasso na relação aluno-professor resulta em um ambiente emocional inadequado e desinteresse por parte dos alunos, o que está diretamente relacionado ao desenvolvimento da aprendizagem.

A alienação da sociedade contemporânea, com aumento dos processos automáticos, automatizados, otimizados e cada vez menos intuitivos e mais pragmáticos traz uma série de consequências e sequelas para a formação de mentes inovadoras e protagonistas da própria história. Essa situação é agravada quando os indivíduos afetados estão nos dois lados do teatro da vida; por exemplo, o professor e o aluno. Nesse sentido, a educação continuada dos docentes compõe uma medida fundamental para a atualização do ensino e para o aprimoramento de seus métodos, aumentando a taxa de conversão de aulas em conteúdos adquiridos pelos alunos.

O pensar antes de agir sempre foi considerado uma das mais vitais reflexões da mente humana. Contudo, refletir antes de reagir a eventos estressantes que resultaram em janelas *killer* tem especial valor, pois as consequências são geralmente mais danosas, podendo até ser irreversíveis. O professor, em sua posição superior ao aluno, pode ser fonte responsável por uma série de experiências negativas. Em consequência, os alunos apresentarão dificuldade para assimilar os conteúdos ministrados. Essa situação é agravada quando o próprio aluno traz consigo problemas familiares para o local onde o ensino deveria prevalecer. A dificuldade de comprovar a assimilação de conteúdos em dias em que os alunos se encontram indispostos física e mentalmente é um dos principais fatores para questionar os modelos de educação atualmente implementados.

Habilidades socioemocionais específicas podem ser consideradas um dos grandes fatores para o sucesso em qualquer empreitada, especialmente no ensino e aprendizagem. O relacionamento aluno-professor, calcado na compreensão do outro como um ser limitado, que apresenta suas particularidades sociais e diferentes resiliências emocionais durante sua trajetória, proporciona a humanização da habilidade mais essencial que temos, que é de aprender e ensinar.

Para um harmonioso relacionamento aluno-professor, é imprescindível que ambos tenham respeito e admiração um pelo outro, pois assim o sentimento de empatia instaurado caracteriza um grande facilitador na compreensão do outro e da reflexão do eu. Assumir o papel de protagonista na formação de alunos brilhantes está intimamente relacionado ao nível de compreensão e empatia do professor. Alunos infelizes dificilmente apresentaram resultados positivos. A compreensão de que a diversidade de alunos em uma sala de aula consiste em um dos principais desafios ao professor demonstra o nível de complexidade a que esses profissionais estão submetidos. Os alunos, por sua vez, são submetidos a uma rotina árdua de estudos, e a necessidade de relacionamento interpessoal e comprovação dos assuntos assimilados estão intimamente relacionadas a diferentes níveis de ansiedade que resultam em diferentes desempenhos com ampla variabilidade. Dessa maneira, compreende-se a relevância da higiene mental, tanto dos alunos quanto dos professores, para um harmonioso relacionamento aluno-professor. O manejo dos sentimentos angustiantes e estressantes e das janelas *killer* é fundamental para que o processo de ensino e aprendizagem possa ser efetivo, saudável e durador.

A simplicidade do aprendizado da gestão da emoção e sua relevância para a formação docente no ensino superior superam as barreiras da atual concepção de muitos profissionais, demonstrando sua aplicabilidade e sua importância. Ainda, o estudo da mente humana focado na atuação docente, relaciona a capacidade de ensinar e aprender com o sentimento de empatia e senso crítico aos acontecimentos que podem afetar o estado psicológico de alunos e professores, e assim, todo o processo de ensino e aprendizagem. Compreender a si mesmo é o primeiro passo para compreender o outro, e permite a humanização do ensino e a valorização de cada indivíduo como um ser único, que apresenta inúmeras qualidades, as quais muitas vezes passam despercebidas pelos modelos ultrapassados de docência.

BIBLIOGRAFIA

CASASSUS, J. *Fundamentos da educação emocional*. Brasília: UNESCO; Liber Livro Editora, 2009.

HALE, J.; FIORELLO, C. *Scholl neuropsychology*. New York: Guilford Press, 2004.

AUGUSTO CURY

Na educação clássica, professores e alunos ensinam e aprendem – em uma ordem que pode e deve ser proporcionalmente inversa – uma série de ciências, sendo uma das mais intrincadas para nossa sociedade a matemática. No entanto, há uma matemática muito mais complexa que a dos números, e ao mesmo tempo bela e lógica, que também precisa ser ensinada e aprendida: a matemática da emoção. O resultado da influência da emoção na construção do nosso pensamento e do raciocínio é que teremos mais alegria, tranquilidade, prazer, encanto e afeto, ou, por outro lado, angústia, ansiedade, irritabilidade e intolerância em nossas experiências, refletindo em comportamentos e atos individuais benéficos ou prejudiciais ao desenvolvimento pessoal.

A origem dessa premissa está no fato de que o ser humano compreende o mundo através do que chamamos de *janelas da memória*. Todas as experiências vivenciadas durante a formação de nossa personalidade são arquivadas na mente, mais precisamente no córtex cerebral. Esse é o local onde são formadas essas janelas tão pequenas quanto grãos de areia, mas extremamente sofisticadas a ponto de guardar milhares de informações sobre quem somos e o que sentimos, e também como reagimos e interpretamos as circunstâncias que nos cercam.

Os computadores nos permitem acessar todos os campos da sua memória, entretanto a memória humana só nos dá acesso às janelas que se abrem em momentos existenciais específicos. Ainda que esses pequenos arquivos não se abram em sua totalidade, à medida que isso acontece, mais informações ficam disponíveis na mente e mais chances se tem de dar respostas inteligentes a situações difíceis.

No cérebro humano, há pelo menos três grandes tipos de janelas: 1) janelas neutras, que não têm carga emocional, apenas conhecimentos mecânicos e técnicos; 2) janelas *killer*, que abrangem arquivos de traumas, fobias, fracassos, tensão e ansiedade; e 3) janelas *light*, com seu conteúdo prazeroso, lúcido e pacífico.

No campo da emoção, as janelas *light* propiciam atitudes de agradecimento, gentileza, tolerância e resiliência, as quais são a base da maturidade e da capacidade de resposta de cada um de nós. Por outro lado, as janelas *killer*, do inglês "assassino", apresentam conteúdo sombrio, mas ainda assim especialmente eficaz para desenvolver um Eu maduro, capaz de administrar todo tipo de emoção e trabalhar perdas, decepções, erros e crises. Para que isso ocorra, no entanto, essas janelas precisam ser adequadamente desenvolvidas no processo formativo, do contrário produzirão sofrimento e com frequência causarão traumas que serão obstáculos gigantescos no futuro. Nesse último caso, as janelas *killer* não exercem sua função pedagógica, e dão origem a diversos conflitos na formação da personalidade.

O futuro de um indivíduo e de toda a sociedade depende do equilíbrio dessas janelas, capazes de proporcionar o desenvolvimento saudável de nossos alunos. É preciso, então, promover uma educação menos cartesiana, que enfatize não apenas funções cognitivas, como memorização e raciocínio, mas também aquelas que dizem respeito à vida socioemocional e criativa do ser humano.

O sistema educacional de hoje adoeceu e vem formando pessoas igualmente doentes dentro de um conjunto social doente, uma vez que pouco se conhece (ou se aplica) as ferramentas fundamentais para alcançar uma mente livre e saudável. Enquanto os conhecimentos da matemática, da física, da química e das línguas e as competências técnicas são altamente valorizados, a importância da emoção na formação do Eu como protagonista da própria história e nas funções complexas da inteligência, como a resiliência, a contemplação e a capacidade de gerenciar emoções, é relegada ao segundo plano na formação dos alunos.

O ser humano não racionaliza adequadamente quando está ansioso ou deprimido, por exemplo. Assim, um eficaz gerenciamento das emoções é essencial para resolver problemas, visualizando-os sob vários ângulos, e, então, expandir nossa sabedoria. Ao contrário da matemática dos números, não há fórmulas prontas para a tarefa de proteger e valorizar nossas emoções, ou seríamos escravizados por elas. Entretanto, conhecer o funcionamento do processo de construção do pensamento nos capacita para empregar nossa inteligência com êxito.

Portanto, é imprescindível reciclar a educação clássica a fim de que se possa administrar a emoção e formar indivíduos criativos, autênticos e inteligentes, capazes de construir com dignidade a própria história; do contrário, os jovens permanecerão com dificuldades para tomar decisões e avaliar fatos criticamente, sendo escravos mesmo dentro de uma sociedade democrática.

SÍNDROME DE *BURNOUT* NO AMBIENTE UNIVERSITÁRIO: FORMAÇÃO DE JANELAS *KILLER* QUE ENCARCERAM A EMOÇÃO

FERNANDA THAÍS PONPEO

A síndrome de *burnout* consiste em um distúrbio psíquico caracterizado por estresse, tensão emocional e esgotamento oriundos de condições de trabalho desgastantes. A incapacidade de lidar com situações estressantes pode provocar reações no indivíduo como: carência de energia, falta de entusiasmo, sentimento de esgotamento de recursos, diminuição da realização pessoal no ambiente de trabalho, tendência de autoavaliação negativa, sentimento de infelicidade consigo próprio e insatisfação com o desenvolvimento profissional. A síndrome de *burnout* tem uma evolução progressiva, individual e de efeito cumulativo, processo que passa despercebido pelo indivíduo na maioria das vezes, ou até mesmo é negado ou negligenciado.

Esse mal atinge indivíduos de várias profissões, sendo a categoria docente relatada em pesquisas com dados alarmantes, pois consiste numa profissão alvo de inúmeros estressores psicossociais presentes no contexto de trabalho. Quanto ao ambiente em que o docente está inserido, é possível verificar que o educador sofre muitas críticas, é cobrado demasiadamente em seus fracassos e pouco valorizado pelo seu sucesso, fatores que irão desencadear sobrecarga mental e emocional.

O ambiente acadêmico exige dos docentes um alto nível de comprometimento, e a depender do local de atuação, requer dedicação exclusiva e alta produção. Para estar à altura dessas demandas, o indivíduo necessita realizar um grande investimento em formação quanto à titulação e à experiência profissional. Assim, tornam-se extremamente preparados para administrar conteúdo técnico e aprendem a lidar com tarefas burocráticas, porém não desenvolvem autoconhecimento suficiente e não investem nessa área a fim de obter ferramentas necessárias para gerenciar as próprias emoções e o bem-estar no local de trabalho.

A relação professor-aluno é um ponto desafiador no âmbito docente, e torna-se estressante se o profissional apresenta dificuldades para lidar com os aspectos sociais e emocionais dos alunos e equilibrar a instrução acadêmica com seu papel disciplinante. A falta de autonomia e de participação na construção das políticas de ensino é apontada também como influenciadora nessa síndrome.

As consequências desse prognóstico em professores afetam não só o campo profissional e pessoal, mas também se refletem no relacionamento com alunos e colegas. O *burnout* desencadeará a adoção de atitudes negativas, causando transtornos na instituição a qual o educador está vinculado. Pode desencadear até mesmo ideias de abandono da profissão.

O Eu representa a autoconsciência sobre quem somos, onde estamos e sobre nossos desejos. Em um ambiente competitivo e de alta cobrança ou conflitos, o autoconhecimento servirá para reconhecer situações que prejudicam o Eu, realizando correta gestão das emoções, administrando bem pensamentos de ansiedade e nutrindo, portanto, emoções saudáveis e estáveis.

Você pode querer saber: "por que, mesmo reconhecendo que estou passando por situações estressantes, apresentando um quadro de extrema ansiedade, não consigo mudar com facilidade minha postura em relação a isso, vivendo num círculo vicioso?". Porque, para que isso aconteça, precisamos compreender o funcionamento do cérebro através o fenômeno do registro automático da memória (RAM), espaço que registra todas as nossas atividades e vivências, e também as emoções oriundas de nossas experiências. As atividades pelas quais passamos são arquivadas em janelas distintas:

1) as janelas neutras consistem em informações sem conteúdo emocional significativo; 2) nas janelas *light* armazenamos todas as memórias positivas que contêm coerência, prazer e alegria; 3) já as janelas *killer*, são responsáveis por armazenar toda experiência traumática e emoções angustiantes, fóbicas, tristes e depressivas. Essa última janela é preocupante, pois bloqueia o acesso às outras janelas responsáveis pelo resgate de memórias para a resposta inteligente que necessitamos ter mediante situações estressantes.

Quando não temos consciência desse processo, nos tornamos vítimas da síndrome do circuito fechado da memória, que obstrui o acesso do nosso Eu aos milhares de recursos disponíveis em nossas janelas *light*, os quais poderiam auxiliar na mudança de quadros de ansiedade, medo e pânico, e a lidar de maneira inteligente com fatores provenientes do ambiente universitário em que estamos inseridos. Quando exposto a um gatilho que acesse a janela *killer*, nosso Eu não consegue racionalizar para sair sozinho dessa sensação, tornando-se prisioneiro da mente.

O Eu age como gerenciador da psique, e constrói pensamentos com base nas informações que constam em nossa memória. É necessário ter consciência de nossa saúde emocional. Uma autoanálise das janelas *killer* mais significativas e que roubam nossa saúde emocional e nosso autocontrole irá ajudar a reescrever essas janelas traumáticas, uma vez que não é possível deletá-las. Para realizar esse processo, recomenda-se o cultivo de atitudes e pensamentos positivos a fim de alimentar janelas *light*, gerando recursos para desenvolver funções complexas da inteligência, pensando antes de reagir, sendo resilientes e demonstrando empatia, sendo estas as habilidades para recomeçar e modificar um pensamento traumático.

Ao modificar um pensamento e um comportamento, criamos uma janela solitária que ainda não tem força para alterar totalmente o comportamento. Com a constância dessa ação, passaremos a buscar essa janela de maneira automática, e não mais a janela *killer*, em situações de conflito. A persistência nas modificações em prol da saúde emocional terá papel fundamental na criação de um novo comportamento, e passamos a agir como autores da própria história, de modo consciente, e não mais em piloto automático.

Para lidar com a síndrome de *burnout*, precisamos ter conhecimento dos fatores subjetivos implicados, além dos fatores ambientais. Recomenda-se para isso a utilização de ferramentas úteis na gestão da emoção. A mesa redonda do Eu consiste em uma autoanálise crítica dos fatores que estão controlando a mente, como emoções negativas, zonas de conflito e identificação das armadilhas mentais. Podemos realizar questionamentos sobre qual é a nossa essência (e notarmos, portanto, se estamos nos afastando dela). Por exemplo: Será que dou o devido valor à minha saúde mental? Quais traumas me controlam? Estou me permitindo ser influenciado por cobranças inviáveis de perfeccionismo? Tenho um sentido existencial além do trabalho docente? Sei lidar com críticas? Tenho foco e disciplina para realizar as atividades delegadas a mim? Sou pessimista ou otimista? Sei lidar bem com frustrações? Até que ponto coloco o trabalho à frente de minhas necessidades pessoais? Esses questionamentos profundos servirão como um automapeamento, guiando-nos de maneira crítica em direção ao nosso íntimo, e então veremos nossas fragilidades emocionais e psicossociais como combustível para a realização de mudanças.

Um indivíduo, quando não realiza esse automapeamento através da mesa redonda do Eu, está sujeito a sentir demasiadamente as influências externas e negativas do ambiente universitário, tendo tendência a reclamações constantes, insatisfação com a prática docente, pessimismo, angústia, impulsividade, quadros depressivos, autocobrança excessiva, e a desenvolver a síndrome do pensamento acelerado (SPA), cujos sintomas são mente inquieta, dificuldade de concentração e tomadas de decisão que influenciarão negativamente as atividades diárias. É preciso educar o Eu para não "comprarmos" coisas que não nos pertencem nesse ambiente.

Notamos que, em decorrência da cultura do imediatismo, o professor universitário sofre grande pressão para entregas de resultados. A busca pela excelência profissional não deve ocorrer em detrimento da saúde psíquica, mas devem ser interligadas, fazendo uso da gestão da emoção como base para um desempenho profissional na prática docente.

Então como prevenir a síndrome de *burnout* no ambiente universitário? Inicialmente, identificando características do perfil de risco e sinais precoces de seu desenvolvimento a fim de fazer intervenções preventivas. As ferramentas para gestão da emoção não devem ser usadas apenas em momentos críticos de tensão no ambiente universitário. Precisamos incluir essa prática mais vezes no dia a dia. Por meio dessa análise profunda e constante, iremos reconhecer limites, contestaremos janelas *killer* que encarceram emoções e nos limitam, e chegaremos ao desenvolvimento da liberdade, da autoconfiança e da autoestima. Com essas ferramentas, também conseguimos subsídios para identificar e confrontar limites pessoais, não mais exercendo um papel passivo enquanto nos deterioramos, pois, por meio delas, edificaremos a inteligência para lidar com situações conflitantes da prática docente no ambiente universitário.

BIBLIOGRAFIA

CARLOTTO, M. S. Síndrome de *burnout* em professores: prevalência e fatores associados. *Psic. Teor. e Pesq.*, Brasília, v. 27, n. 4, p. 403-410, dez. 2011.

CARLOTTO, M. S.; GONÇALVES CÂMARA, S. Preditores da síndrome de *burnout* em professores. *Psicologia Escolar e Educacional*, v. 11, n. 1, p. 101-110, 2007.

CURY, A. *Gestão da emoção*. Rio de Janeiro: Ediouro, 2009.

CURY, A. *O código da inteligência*. Rio de Janeiro: Ediouro, 2009.

AUGUSTO CURY

De modo semelhante à maioria dos distúrbios psíquicos modernos, os quais estão ligados a aflições mentais em razão de insuficiência no gerenciamento das emoções, a síndrome de *burnout* se manifesta através de exaustão (como a própria palavra inglesa indica) e esgotamento emocional, ocasionado, literalmente, a paralisação e o impedimento da vítima para a realização de suas tarefas, principalmente em ambiente profissional.

Tendo essa breve definição em mente, podemos traçar um paralelo entre a síndrome de *burnout* e os demais distúrbios psíquicos que acometem o ser humano nos nossos dias, que se percebe incapaz de assumir o protagonismo da sua vida por meio da disciplina das emoções. Não é difícil notar que atualmente há um grande número de pessoas atravessando um período de desordem mental, que pode ter se iniciado muito cedo, no feto, e se aprofundado na vida escolar e acadêmica – constituindo-se, então, em um círculo vicioso no qual pais e educadores são algoz e vítima ao mesmo tempo. No caso específico da educação, o que antes era uma profissão almejada pela sua satisfação pessoal, hoje é um ambiente extremamente burocrático, mecânico e sem criatividade. Por outro lado, os alunos se tornam cada vez mais resistentes ao aprendizado em sala de aula, tendo em vista a maneira como ele é transmitido; desse modo, professores se tornam ainda mais desmotivados. Eis o nosso círculo vicioso.

Em meu livro *20 regras de ouro para educar filhos e alunos* (2017), tratei sumariamente daquilo que chamei de síndrome do esgotamento cerebral (SEC) ou síndrome do soldado cansado (SSC), quando nos sentimos como soldados em uma batalha mental extenuante. Associada à síndrome do pensamento acelerado (SPA), a SEC traz sérios comprometimentos à saúde emocional e mesmo física. Para um embasamento sobre esse debate, vale relembrar rapidamente alguns aspectos da memória, especialmente de seus tipos: a memória existencial (ME) registra as experiências ao longo da vida; já a memória de uso contínuo (MUC) armazena informações do cotidiano. Um fato relevante a respeito dessas características é que todos nós temos um Eu viciado em algumas respostas repetitivas da memória, o que nos torna incapazes de expandir nossa leitura da memória e deixar a prisão do raciocínio unifocal, como já mencionado. É possível tornar nosso Eu prisioneiro de certas leituras da memória, abrindo insistentemente as mesmas janelas para responder a questões semelhantes. Isso vicia o cérebro em construções de pensamentos simples e estreitos, enquadrando dimensões intelectuais, emocionais e filosóficas de grande relevância para o nosso desenvolvimento.

Trata-se de uma triste realidade, se vislumbramos as grandes possibilidades da mente e para onde ela pode nos levar. Entretanto, durante toda a minha vida como pensador nesse campo de estudo, me pautei pela ideia de que o ser humano não é imutável, desse modo, existem oportunidades extraordinárias de transformar esse caos mental, que leva ao esgotamento e à paralisação, em uma atitude de liderança do Eu por meio do reconhecimento de erros, da reedição da memória e do desenvolvimento do raciocínio multifocal. Esses distúrbios específicos de exaustão acontecem porque quando nos viciamos na abertura de certas janelas da memória, reduzimos a capacidade do cérebro de trabalhar com outras respostas mais complexas e assertivas, interpretando qualquer situação de maneira simplista, o que consome menos energia. Por exemplo, alguém que se destaca em determinada área tem a tendência de focar em resultados que lhe trarão elogios e aplausos, sufocando a interação com outros circuitos da memória, e como isso irá se arriscar menos e deixar de se aventurar por outros caminhos, engessando a mente para novas respostas. Para desenvolver habilidades fundamentais, precisamos ampliar a visão, tornando-nos mais generalistas que especialistas. De fato, se o Eu não for capaz de construir essa base, o indivíduo acabará preso em alguns paradoxos, como:

- Doenças psíquicas, mesmo que não tenha passado por nenhum trauma grave na infância ou na adolescência.
- Fragilidade excessiva, mesmo que ande com um guarda-costas ou tenha compleição física forte.
- Bloqueio da criatividade no trabalho e na vida social, ainda que seja reconhecido como altamente produtivo e inventivo.
- Autodestruição, mesmo sendo alguém altruísta.
- Ainda que seja um cônjuge/pai/mãe apaixonado, poderá destruir o casamento e causar traumas psíquicos aos filhos.

Lidar com o que produzimos em nossa mente, isto é, com pensamentos e emoções, não é uma opção, é um dever e uma questão de sobrevivência. Vale dizer que, há décadas, o raciocínio complexo vem sendo bloqueado pela educação unifocal e cartesiana, produzindo indivíduos cujo Eu se torna dependente de pensamentos simplistas, intolerantes e medíocres, uma vez que é vítima de uma mente viciada e estressada, incapaz de raciocinar claramente sobre os acontecimentos ao redor e em seu interior.

O IMPACTO DA DITADURA DA BELEZA NOS TRANSTORNOS DISMÓRFICOS CORPORAIS

JULIANA DIAS CORPA TARDELLI
THALES ROSOLEN

Você já se olhou no espelho hoje? Se sim, como foi? Esse simples ato rotineiro proporciona em muitas pessoas um gatilho para sentimentos de angústia e sofrimento, podendo comprometer a qualidade de vida do indivíduo desde sua esquiva ao espelho até sua reclusão em casa.

São 150 mil novos casos anuais de transtornos dismórficos corporais registrados no Brasil, em sua maioria associados a outras patologias como: depressão, anorexia, transtorno obsessivo-compulsivo (TOC) e ansiedade social, estabelecendo-se a ideia de que o perfeccionismo está relacionado com psicopatologias que podem repercutir ao extremo – o suicídio.

Transtornos dismórficos corporais são caracterizados como uma preocupação excessiva com um defeito imaginário na aparência física, que acarreta prejuízos afetivos e sociais na vida do indivíduo. Os portadores desse transtorno geralmente recorrem a cirurgias plásticas, pílulas emagrecedoras, dietas milagrosas e outros procedimentos cosméticos, sem nunca se sentirem satisfeitos, tornando-se viciados em intervenções por estarem psicologicamente alterados. A falta de consciência da sua real imagem faz com que sejam psicóticos e tenham pensamentos obsessivos a respeito de determinada área do corpo, a qual relatam de modo delirante como algo "monstruoso", mas que os outros ao redor não enxergam.

A fantasia de moldar o corpo a fim de se ajustar aos padrões "ideais" para ser aceito é uma ameaça ao equilíbrio físico e psicológico ao tornar o corpo um objeto moldável por regras impostas na sociedade de acordo com a cultura e os limites tecnológicos. O mercado brasileiro da beleza ocupa a quarta posição mundial em gastos dos consumidores, ficando atrás apenas de Estados Unidos, China e Japão. Assim, para assegurar a produção capitalista, são elaboradas propagandas com mulheres e homens "irreais", mas identificados como padrões (inalcançáveis) de beleza para a maioria dos espectadores, que se frustram ao fazerem comparações. No entanto, por trás de cada anúncio desses, há programas de edição de fotos e vídeos, que tornam o produto atrativo e perfeito na publicidade.

O padrão para as mulheres é ser magra, com corpo definido, cabelos sedosos, face impecável e livre de imperfeições, nariz arrebitado, olhos claros e sorriso harmônico com dentes brancos e alinhados. Enquanto para os homens é ser alto, bronzeado, musculoso e ter abdome "tanquinho". Para adquirir essas características, as mulheres necessitam, na maioria das vezes, de intervenções estéticas e cirúrgicas; e para os homens, o uso de anabolizantes. Esses recursos, em grande parte dos casos, são utilizados de modos impensáveis e sem levar em conta os efeitos colaterais para a saúde.

A necessidade de se ajustar a esses padrões para ser aceito em um grupo está associada à imposição do sistema capitalista, através do que se convencionou chamar ditadura da beleza, que induz uma verdadeira maquinaria cultural de vendas de corpos, tornando o Eu um mero repetidor, e não pensador, ao fazer com que muitos indivíduos se forcem a se identificar com determinados produtos para que assim possam fazer parte de um grupo. A pandemia da Covid-19, que começou em 2020, provou o quanto somos influenciados pela sociedade, pois estando em casa optamos por nos vestir da maneira como nos sentimos bem, por não estarmos à mercê de julgamentos alheios, ou seja, o indivíduo se comporta de certo modo em sociedade para ser aceito em um grupo, e não de acordo com o que seu Eu realmente gostaria – o que nos leva a pensar até quando seremos escravos de padrões e nos anularemos para nos sentirmos incluídos.

A escravidão imposta pela sociedade ao Eu torna o ser humano nada mais que um escravo de si mesmo ao recorrer a procedimentos cosméticos e endividamentos, apenas para adquirir transtornos de imagem com a busca insaciável pela perfeição inatingível. O ideal de "beleza" faz com que as pessoas recorram a profissionais da área estética, dermatologistas, cirurgiões plásticos, dentistas, esteticistas e cabeleireiros com queixas relacionadas à presença de um defeito estético, inobservável e pequeno aos outros, muitas vezes de modo psicótico e delirante. Esses profissionais devem ter discernimento e conhecimento para encaminhar essas pessoas a psiquiatras e psicólogos, por estarem elas com percepção alterada da autoimagem, ficando insatisfeitas e sendo vítimas da necessidade contínua de procedimentos estéticos repetitivos.

Esse comportamento obsessivo prejudica atividades diárias e é extremamente preocupante, uma vez que, em geral, está associado a psicopatologias depressivas e ansiedades, as quais interferem nas relações humanas desde através de uma timidez ao se expor, a utilização de curativos na face, uso de roupas para "maquiar" e esconder o que consideram "defeito", até a reclusão em casa, provocando o abandono do estudo e do trabalho e, por fim, chegando ao suicídio. Identificar o problema o quanto antes é essencial, pois sem tratamento médico e psicológico este pode persistir por anos como um transtorno crônico.

O diagnóstico precoce desses transtornos de imagem é essencial, pois em uma sociedade encarcerada pela ditadura da beleza, o ato compulsivo pode ser visto como vaidade, quando na verdade é uma doença. O tratamento permite ao Eu desenvolver habilidades socioemocionais para se tornar líder de si mesmo, e não escravo de pensamentos que o aprisionam, trazendo angústia, ansiedade, depressão, transtornos alimentares, fobias sociais, dentre outras questões clínicas. Assim, a terapia faz com que o Eu desenvolva um caso de amor com a própria história ao se apaixonar por si mesmo, pela sua beleza real, concreta, e não pelo desejo da beleza irreal, conseguindo se olhar de maneira única por meio da inteligência emocional, uma vez que somos únicos no teatro da existência, e não meros repetidores.

A beleza é uma variável dependente de época, etnia, cultura e nível socioeconômico. Por isso, muitos dizem que ela "está nos olhos de quem vê", pois é subjetiva. Particularmente, discordo dessa opinião, uma vez que nossa sociedade é escrava da beleza padronizada, a qual interfere diretamente na percepção de mundo de cada indivíduo. Esse entendimento pode ser comprovado pela atenção dada ao que recebemos dos veículos midiáticos, que transmitem informações ao inconsciente as quais serão consolidadas através do nosso registro automático da memória (RAM), o qual cria janelas com mensagens subliminares.

A síndrome do padrão inatingível de beleza (PIB) presente nas pessoas com transtornos dismórficos corporais surge no córtex cerebral através de uma guerra de janelas ativadas por gatilhos intra ou extrapsíquicos, que automaticamente abrem janelas *killer*, as quais ativam a âncora da memória e fecham o circuito. Este propicia o fenômeno do autofluxo, tornando os pensamentos aprisionados e obsessivos.

De acordo com a teoria multifocal do conhecimento (TMC), criada por Augusto Cury, a mente funciona como em um teatro, e devemos ser nossos advogados de defesa para sermos ativos e inteligentes emocionalmente, e não passivos na plateia, submissos aos nossos sofrimentos imaginários. O Eu sofredor da PIB, para se tornar ativo no palco da mente, necessita utilizar técnicas de gestão da emoção, tais como a mesa redonda do Eu e a técnica de duvidar, criticar, determinar (DCD), a fim de controlar a preocupação excessiva com a estética e valorizar mais os sonhos, os projetos e as conquistas, evitando assim a perda de tempo diante do espelho com pensamentos obsessivos e de autorrejeição.

Por isso, o Eu, em momentos de tensão emocional, deverá tentar desviar o foco da atenção de seu pensamento obsessivo e questioná-lo através da mesa redonda do Eu, a fim de tentar chegar o mais próximo da realidade que sua visão distorcida pelos pensamentos negativos não o permite enxergar. Outro modo de tratar esse transtorno é pela técnica do DCD, isto é, duvidando do pensamento negativo, criticando-o e determinando modos de evitá-lo e superá-lo, para que se possa, enfim, restabelecer a paz emocional.

O educador deve estar a par dos transtornos dismórficos corporais para que possa auxiliar o aluno a identificá-lo, estimulando-o a procurar tratamento especializado, pois na maioria das vezes este demonstra comportamentos de timidez, insegurança e fobia social através da "mania" de esconder partes do corpo da exposição direta, como, por exemplo, colocando as mãos no rosto e na boca ou usando roupas maiores que seu tamanho. Esses sinais podem ser identificados pelo professor durante atividades como: dinâmicas de grupo, apresentações de trabalhos e seminários. Portanto, o profissional atento pode contribuir orientando o aluno a procurar atendimento especializado e atuando na prevenção de consequências mais graves do distúrbio.

Desenvolver a inteligência emocional é de extrema importância para se aprender a gerenciar emoções, pois boa parte das pessoas está hipersensível, carecendo de qualidade de vida e estando desprotegidas emocionalmente, ora sofrendo com as críticas recebidas ora com a dor do outro. Há ainda os de personalidade difícil, que apresentam necessidade contínua de estar com a razão, não reconhecendo erros. Ambos os tipos não são felizes nem saudáveis, pois não sabem gerir emoções. Está claro que não existe ser humano completamente saudável, mas a compreensão da TMC e o processo de construção do pensamento permite melhorar o relacionamento com os outros e com si mesmo.

Nada em nossa vida é permanente, da mesma maneira, sentimentos de alegria e tristeza também não o são. Assim, a capacidade de nos reinventarmos e enfrentarmos os pensamentos que nos aprisionam é fundamental, pois, ao permanecermos isolados, fechados em sofrimento através de pensamentos angustiantes e ansiosos, jamais enfrentaremos a realidade nem seremos donos de nós mesmos; e é preciso coragem para viver a vida que queremos.

Cabe ressaltar ainda que, na dor, descobrimos um tesouro dentro de nós, pois é através dela que desenvolvemos ferramentas para nos tornarmos mais resilientes, uma vez que não somos o produto dos aplausos, e sim das lágrimas derramadas, das rejeições, das perdas – é isso que nos transforma em quem somos hoje.

No entanto, é importante ter em mente que nunca estaremos completamente livres dos nossos pensamentos. Desse modo, para alcançar a saúde mental é preciso aprender a exigir menos de nós e dos outros, a relaxar mais a fim de responder à vida de maneira inteligente e libertar nosso imaginário, bem como evitar ao máximo alimentar "fantasmas mentais" que nos impedem de pilotar nossa aeronave mental.

Para os professores é essencial compreender a necessidade do controle emocional para ser autoliderar, ou seja, ter seu Eu atuando como seu advogado, ativo no universo dos seus pensamentos e não passivo na plateia, pois formarão profissionais pensadores, que se baseiem em aprender a arte da dúvida para questionarem as verdades vigentes e tudo que os controla de modo a jamais terem medo de se perder ao caminhar, pois é preciso andar por áreas nunca antes caminhadas para evoluirmos e crescermos, sendo na ousadia que o conhecimento é adquirido. Portanto, o ser pensador apenas será sábio quando assumir que sabe menos do que acha saber e que deve se arriscar, através em busca do conhecimento, aproveitando de sua imaturidade no assunto, pois a maturidade, apesar de possibilitar elaborar ideias, não carece de ousadia e muitas vezes o impede de atingir um novo conhecimento.

A partir de tudo o que aqui foi discutido, esperamos contribuir melhor para a orientação de nossos alunos, os quais estão à mercê de distúrbios dismórficos corporais e suas consequências maléficas para a saúde psicoemocional. Para isso, o desenvolvimento de habilidades socioemocionais que nos transformem em líderes de nós mesmos é essencial para que nos apaixonemos pela vida e pela humanidade, sendo uma metodologia essencial ao futuro professor, que trabalha com vidas e deve olhá-las de modo único e empático a fim de cumprir seu papel como educador e impactar de modo positivo a vida dos alunos.

BIBLIOGRAFIA

BARACAT, M.; BARACAT, J. A influência social e cultural da idealização do corpo perfeito através dos meios de comunicação e seu impacto na formação da imagem corporal. *J Chem Inf Model*, v. 53, n. 9, p. 1689-1699, 2018.

BRITO M. J. A. de et al. Understanding the psychopathology of body dysmorphic disorder in cosmetic surgery patients: a literature review. *Brazilian J Plast Sugery*, v. 29, n. 4, p. 599-608, 2014.

CURY, A. *A ditadura da beleza e a revolução das mulheres*. Rio de Janeiro: Sextante, 2005.

MORIYAMA, J. D. S.; AMARAL, V. L. R. do. Transtorno dismórfico corporal sob a perspectiva da análise do comportamento. *Rev Bras Ter Comport e Cogn*, v. 9, n. 1, p. 13-25, 1969.

SILVA, M. L. de A. et al. Senses of body image in adolescents in elementary school. *Rev Saúde Pública*, v. 48, n. 3, p. 438-444, 2014.

AUGUSTO CURY

Vivemos em uma era em que tem sido amplamente difundido o discurso sobre direitos humanos, amor-próprio e diversidade de corpos, porque, de uma maneira ilógica, o ser humano não consegue evoluir intelectualmente em matéria de tolerância e empatia, a ponto de termos de investir em conhecimento para explicar violações de direitos individuais daqueles que se apresentam como "alvos fáceis" das armadilhas de uma sociedade perversa. Dentre as variadas formas de abuso, encontramos uma que vem ferindo de maneira muito significativa grupos sociais específicos, como mulheres e jovens em formação: a ditadura da imagem. A maioria de nós está familiarizada com o que eu chamo de padrão inatingível de beleza (PIB), por exemplo, um mal da sociedade moderna amplamente divulgado com o invólucro de "saudável" pelos meios de comunicação em massa, que provoca estragos muitas vezes irreparáveis à mente e mesmo ao corpo físico. Mulheres, adolescentes e mesmo crianças são vítimas do que é considerado corpo ideal, estilo de vida ideal e até pensamento ideal, mas que está muito longe de ser um modelo a ser seguido, uma vez que aniquila a originalidade, a autoestima e a diversidade humana. Em menor escala, adultos do sexo masculino também sofrem com seus efeitos, no entanto, essa luta é bastante significativa para mulheres e jovens, que precisam encontrar respostas em suas mentes administrando sentimentos e se reconhecendo como seres humanos imperfeitos, porém cheios de características únicas.

Nossa sociedade está sendo destruída por uma quantidade ímpar de distúrbios psíquicos originados pelas dificuldades de se lidar com a própria identidade e suas questões únicas. Ailton Krenak, em seu belo discurso publicado em *Ideias para adiar o fim do mundo*, faz a seguinte indagação: "Como justificar que somos uma humanidade se mais de 70% estão totalmente alienados do mínimo exercício do ser?". A alienação, isto é, o distanciamento do ser humano de sua essência única está causando adoecimento em massa. A delimitação de um parâmetro de magreza inalcançável, cabelos com uma única textura, face corrigida por intervenções cirúrgicas tão profundas que chegamos a desconhecer a pessoa por trás da "máscara", geram na mulher, na criança e no jovem de hoje alguns dos maiores conflitos de autoimagem existentes, ocasionando pensamentos de rejeição ao próprio corpo e de autodestruição, bem como ansiedade e doenças como anorexia, bulimia, vigorexia, dentre outras. As vítimas desse mal não são capazes de reconhecer o valor da inteligência, e não se importarão com absolutamente nada que diga respeito ao desenvolvimento intelectual.

Jovens desmotivados, inquietos, impacientes e intolerantes lotam salas de aula em escolas de todo o mundo, o que exige dos educadores urgência em conhecer teorias e práticas que lhes deem suporte para atravessar esse vale de sombras e alcançar a mente de seus alunos. Apesar de terem uma reconhecida responsabilidade sobre o futuro de toda a geração, professores não são valorizados como profissionais habilitados a atravessar as altas muralhas erguidas nas jovens mentes dos estudantes a fim de provocar uma bem-vinda revolução social. Esse papel precisa ser resgatado se quisermos sobreviver aos anos vindouros.

Problemas de autoestima e autorrejeição nos sobrevêm porque existe hoje uma injusta pressão pela (auto)perfeição. As pessoas cobram demais de si mesmas (e dos outros). E como essa virtude é inatingível, visto que muitos dos modelos de beleza apreciados em revistas, mídias digitais etc. são esculpidos pelas mãos de um cirurgião ou de um especialista em edição de imagens, não por vias naturais, essas pessoas se punem quando cometem um erro ou quando suas expectativas são frustradas. No cenário que expõe um belo artificial e plastificado, nosso Eu é amordaçado por fenômenos que leem a memória e fecham o circuito das janelas.

Em sala de aula, ainda que não pareça, os alunos anseiam por professores que resgatem suas mentes do padrão sequestrador. O professor atento precisa reconhecer isso e desenvolver métodos de transmissão de conhecimento cujo objetivo primordial seja formar pensadores, e não repetidores. Como isso é possível? No caso em particular de distúrbios de imagem, ajuda muito quando o aluno é levado a conhecer a vida real das personagens que figuram em seus livros, quer sejam inventores, matemáticos, biólogos ou filósofos. É de grande importância conhecê-los como seres humanos além de seus feitos, como pessoas que não somente obtiveram vitórias, mas também passaram pelo deserto das falhas e derrotas. A escola precisa humanizar o conhecimento, dando-lhe sabor e retirando-o da ficção, pois nos bastidores da vida de um grande cientista foram encenados grandes fracassos e dores tremendas. Por exemplo, o gênio da física, Albert Einstein, não pode ser apenas conhecido como o pai da Teoria da Relatividade, mas também como o pai de um jovem que ficou por mais de 20 anos internado em um hospital psiquiátrico sem nunca ter recebido a visita de seu ilustre genitor. Essa imagem nos diz que ninguém pode ou consegue ser perfeito, nem Einstein, nem nós.

Se por um lado a ditadura da imagem na qual estamos hoje submersos nos trouxe mais precisão estética da beleza, por outro, está nos afundando em padrões inalcançáveis. Aprisionar a imagem e a autoestima de cada indivíduo numa forma apertada demais para que todos caibam vem provocando uma evasão do senso de magia, leveza e encanto pela vida e pelo próprio senso de beleza, desgastando nossa saúde emocional e nossas relações sociais.

REFÉNS DE MÍDIAS SOCIAIS E PADRÕES: UMA INFLUÊNCIA EMOCIONAL DOENTIA

ANTÔNIO SECCO MARTORANO
STEPHANIE FRANCOI POOLE

A internet se tornou parte essencial de nossa vida, sendo uma ótima ferramenta de conhecimento e fruição. Essa inovação introduzida em nosso cotidiano proporcionou comunicação instantânea, fácil acesso a informações, divulgação de trabalhos e compra/venda de mercadorias, além de propiciar diversão e entretenimento com o surgimento das redes sociais.

Com o advento das mídias sociais, os usuários sentiram ainda mais necessidade de estar conectados e antenados com o que está acontecendo com o mundo e com a vida do outro. De acordo com a pesquisa de mídia brasileira em BPM, em 2015, 76% das pessoas acessam as redes diariamente, com uma exposição média diária de 4h59min, de segunda a sexta-feira; e de 4h24min nos finais de semana. Entre os principais motivos de acesso, foram encontrados: busca por informações (67%), diversão e entretenimento (67%), passar o tempo livre (38%) e estudo e aprendizagem (24%).

Certamente, as mídias e redes sociais têm seus pontos positivos, como maior interação entre as pessoas, mesmo distantes fisicamente umas das outras. No entanto, é preciso avaliar até que ponto o uso desenfreado, crescente e abusivo dessas ferramentas tecnológicas deixa de ser benéfico e torna-se um malefício na vida em sociedade?

Na pesquisa realizada em 2017 pela Royal Society for Public Health (RSPH), concluiu-se que:

> [...] o vício em mídias sociais afete cerca de 5% dos jovens, com as mídias sociais sendo descritas como mais viciantes do que cigarros e álcool. As plataformas que deveriam ajudar os jovens a se conectarem podem, na verdade, estar alimentando uma crise de saúde mental. Estudos recentes levantaram sérias preocupações sobre os possíveis efeitos prejudiciais que o aumento do uso cada vez mais frequente das mídias sociais está tendo sobre nossos jovens – e em particular, sua saúde mental.

É preocupante observar que algo aparentemente inofensivo, um meio de entretenimento e diversão, tenha um efeito destruidor na saúde mental das pessoas. O acesso ininterrupto a esses aplicativos desencadeia consequências imediatas produzidas pelo cérebro, que na maioria das vezes não são percebidas pelo usuário, como ansiedade, diminuição da autoestima, depressão, impulsividade (descontrole com o dinheiro devido ao acesso de compras, por exemplo). O indivíduo se torna facilmente influenciado por opiniões alheias, perdendo sua capacidade de pensar de maneira independente e, principalmente, desenvolvendo um sentimento constante de comparação entre o virtual e o real. "Um em cada seis jovens experimentará um transtorno de ansiedade em algum momento de suas vidas e as taxas identificadas de ansiedade e depressão em jovens aumentaram 70% nos últimos 25 anos. [...] quatro de cinco plataformas de mídia social mais usadas na verdade pioram seus sentimentos de ansiedade", evidencia a diretora-executiva da RSPH, Shirley Cramer.

Não apenas os jovens, mas os próprios educadores também se sentem pressionados pela influência das mídias sociais na sociedade e na educação contemporânea. Milton Santos, em seu livro *A natureza do espaço: técnica e tempo, razão e emoção*, afirma: "Para ter eficácia, o processo de aprendizagem deve, em primeiro lugar, partir da consciência da época em que vivemos" (2008, p. 115). A era tecnológica em que vivemos nos faz reféns dos lançamentos do mercado, os quais precisamos acompanhar para não ficarmos atrasados e ultrapassados em nossa geração.

Mas como acompanhar uma enxurrada de inovações intermitentes? Por querer estar atualizados com o que é produzido a todo instante, muitos professores se sentem cobrados e pressionados a seguir tudo o que é imposto pela sociedade atual. Está claro que o professor deve estar inteirado com as inovações, até porque muitas ferramentas virtuais e tecnológicas podem auxiliar e facilitar seu trabalho, e consequentemente atrair mais atenção dos alunos. Mas o limite de se empregar as ferramentas virtuais para aprimorar o trabalho é quando os indivíduos se tornam prisioneiros da tecnologia, afastando-se do equilíbrio saudável entre o virtual e o real.

Uma das causas de transtornos mentais provocados pelo uso indiscriminado de mídias sociais é que muito do que é publicado em suas plataformas não transmite a realidade. Um corpo sem imperfeições, a viagem dos sonhos, os bens materiais, o lazer a todo momento são imagens que camuflam a verdade. O corpo sarado pode ser obtido com o auxílio de uma ferramenta de edição ou de um "filtro"; o eterno sorriso nos momentos de lazer esconde emoções reais; a viagem dos sonhos desperta nos outros uma frustração por não conseguir obter aquilo que tanto almeja ou um sentimento de inferioridade por não ter aquilo que o outro mostra.

Pequenos sentimentos podem se tornar grandes muralhas na vida, impedindo que uma pessoa caminhe e alcance seus objetivos sem se comparar com algo irreal. Dessa maneira, desenvolver as habilidades socioemocionais é de suma importância para saber distinguir real e irreal, e se posicionar diante dessas situações, desses sentimentos e desses padrões; e para que isso não tome o controle da sua vida e o governe de maneira desenfreada.

Emoções e pensamentos podem influenciar positiva ou negativamente nosso dia a dia, assim como nossa formação como seres humanos. A maneira como esses elementos afetam nossa vida depende de como iremos conduzi-los e gerenciá-los, por isso é essencial saber administrar as emoções a fim de alcançar uma inteligência emocional livre de pensamentos cativos e opressores.

Para desenvolver uma mente livre e com pensamentos reciclados, é preciso trabalhar ativamente na formação do Eu, conseguida através da técnica da mesa redonda do Eu. Por meio dela, nos colocamos cara a cara com nossa saúde emocional, expondo todos os anseios e promovendo uma análise profunda de todos os pontos-chave que desencadeiam ansiedade, angústia e medo do que está por vir. Em seguida, o Eu atua como advogado de defesa, tomando a forma de protetor das emoções e permitindo que a mente fique livre de pensamentos que a estaciona e a paralisa. Quando o Eu é o piloto da aeronave mental, esta adquire capacidade de escolha, consciência crítica e autodeterminação. Um Eu passivo e adormecido, sem exercer seu papel, propicia memórias traumáticas, assim como sentimentos opressores e fantasmas mentais, que passam a governar a mente, entrando em janelas profundas e ancoradas, tornando-a prisioneira e com dificuldade de se libertar.

Quatro fenômenos da consciência são influenciados pela ação do Eu no desencadeamento de reações futuras do ser humano, e tudo começa assim: quando o gatilho da memória (primeiro fenômeno) é disparado, este realiza uma autochecagem, em que a mente vai tentar compreender o pensamento, abrindo a janela da memória (segundo fenômeno). Se abrir a janela errada, por exemplo, a janela *killer*, podem ser desencadeadas reações doentias e descontroladas. Com a janela da memória aberta, ocorre o terceiro fenômeno: a fixação da âncora da memória, onde a mente irá fixar tudo aquilo que determinada janela abriu. Por fim, acontece o autofluxo (quarto fenômeno), quando a mente lê e relê aquela janela aberta, mantendo o pensamento fixo no que foi exposto.

O Eu pode se tornar ativo nesses pensamentos e atuar discordando do sentimento negativo e reafirmando pensamentos positivos. Em casos de janelas traumáticas ou *killer*, o Eu pode intervir durante o processo ou antes do gatilho, e evitar que esses tipos de pensamentos sejam dominantes e controladores da mente, uma vez que exerce a função de proteger emoções para que possamos ser livres das janelas que nos aprisionam.

Se o Eu for o piloto da mente, quando surgirem pensamentos de comparação, frustração, ansiedade e depressão, ele irá direcionar a mente para o lugar correto e trazer à memória do indivíduo que o mundo virtual é bem diferente da realidade, e que não há razões para se comparar com algo irreal. O Eu tem condições de auxiliar no desenvolvimento de uma consciência crítica e da capacidade de escolha, para que o usuário das mídias sociais, por exemplo, não se torne refém dos padrões impostos. Entretanto, ao permitir que traumas passados, pensamentos negativos e falta de autoestima tomem conta da mente, essas pessoas automaticamente deixarão seu Eu inativo, dando oportunidade para que as janelas traumáticas permaneçam abertas e atuantes, promovendo com isso o desencadeamento de doenças psicoemocionais.

É crucial, portanto, formar janelas saudáveis que se tornarão núcleos de um Eu ativo. Essas janelas são alcançadas com perseverança e autoconhecimento, quando o indivíduo permite que o Eu atue como protetor das emoções, produzindo, se necessário, um choque de lucidez em situações nas quais pensamentos não saudáveis insistirem em se instalar e fazer morada. O autoconhecimento reafirma o Eu e o coloca no papel de gerenciador das emoções, mas é preciso ter ciência que todo esse processo é um exercício diário, no qual algumas vezes obteremos sucesso, e outras, talvez, iremos tropeçar. O importante é perseverar em manter o Eu ativo no comando para alcançar uma mente livre e saudável, sem se comparar com a ilusão da imagem alheia, vivendo intensamente o que temos para hoje.

Para se alcançar esse intuito, reforço a importância das várias técnicas que nos permitem manter o controle da mente, colocando o Eu como personagem principal em uma peça teatral chamada de Vida. Em especial, a famosa "mesa redonda do Eu", técnica que nos confronta com nossa saúde emocional, o que permite expor todos os nossos anseios e promove uma análise profunda de todos os pontos-chave, aqueles que nos levam a momentos de ansiedade, angústia e medo do que está por vir.

Mas, apesar de todas essas técnicas, é preciso entender de onde surgem todos esses pensamentos nocivos. As janelas *killer* são responsáveis pelas lembranças de momentos traumáticos que ficaram registrados na nossa memória e que, por meio de gatilhos, nos fazem recordar tais experiências, revivendo-as. São dessas janelas, na maioria das vezes, que desencadeia uma cascata de raciocínios irreais, que levam a surtos psicológicos.

Nesse sentido, portanto, é necessário refletir também sobre o quanto somos diariamente expostos de maneira abusiva a conteúdos capazes de abrir tais janelas tóxicas, como podemos observar em diversas mídias sociais. É impressionante o fato de muitas pessoas terem o hábito de acordar e, antes mesmo de colocar os pés no chão, verificar um arsenal de redes sociais, checar e-mails, notícias etc. Toda essa explosão de conteúdo acaba criando sentimentos de angústia, sofrimento e medo de não alcançar os padrões da sociedade atual. Em curto prazo, o usuário não compreende a relevância do risco para sua saúde mental e a ignora, mas a exposição prolongada causa prejuízos em nossa habilidade de lidar com as emoções, tornando a consciência um campo de batalha.

Transpondo isso para a área acadêmica, alunos e professores são prejudicados de formas distintas, no entanto há denominadores comuns, como a cobrança exagerada, a comparação de rendimento, o acesso limitado para uns enquanto outros têm diversas facilidades, entre outros. Por todas essas razões, é preciso saber utilizar de maneira positiva as plataformas digitais, e aproveitar os benefícios que elas podem oferecer como meio de comunicação, ferramenta de trabalho, entretenimento, busca de informações, inspiração e diversão. Trata-se de olhar para o conteúdo virtual produzido e ter consciência das diferenças, de que não é necessário adquirir tudo o que está sendo exibido em tela para ser feliz – a felicidade é alcançada por meio de uma mente saudável.

BIBLIOGRAFIA

ALMEIDA, N. *A influência das redes sociais e aplicação na vida dos jovens*. Instituto de Administração da Saúde. [201-?]. Disponível em: <https://iasaude.pt/index.php/informacao-documentacao/recortes-de-imprensa/919-a-influencia-das-redes-sociais-e-aplicacoes-na-vida-dos-jovens>.

INSTAGRAM rankedworst for youngpeople's mental health. *Royal Society For Public Health*, 19 maio 2017. Disponível em: <https://www.rsph.org.uk/about-us/news/instagram-ranked-worst-for-young-people-s-mental-health.html>.

MACKEY, R. Is social networking killing you? *The New York Times*, The Ledge [blog], 24 fev. 2009. Disponível em: <https://thelede.blogs.nytimes.com/2009/02/24/is-social-networking-killing-you/>.

SANTOS, M. *A natureza do espaço*: técnica e tempo, razão e emoção. 4. ed. São Paulo: Edusp, 2008. p. 115.

SOCIAL media and young people's mental health and well being. *Royal Society for Public Health*, maio 2017. Disponível em: <https://www.rsph.org.uk/static/uploaded/d125b27c-0b62-41c5-a2c0155a8887cd01.pdf>.

AUGUSTO CURY

Se fizermos uma busca, encontraremos muitos estudos acerca dos comprovados benefícios das novas tecnologias e da internet para a vida em sociedade. Reconheceremos as facilidades e os préstimos dessa rede global democrática que conecta todo o tipo de pessoa, esteja onde estiver, bem como estamos a par do que se passa à margem dessa estrada. O descontrole e o excesso são os principais atores do teatro do abuso nos meios digitais. Ao trazer esse cenário para o nosso palco, o da educação, fica evidente como o mundo virtual, especificamente as redes sociais, vem influenciando negativamente a vida de crianças e jovens, os quais já nasceram inseridos nesse contexto. Alterações de humor quando não conseguem acesso ou quando a "internet é lenta"; acessos de fúria quando se esgotam os dados do plano do celular; e isolamento social, vida sedentária, desempenho escolar insuficiente, ansiedade e depressão são alguns sintomas do vício em redes. Há estudos que se referem a "depressão do facebook" (angústia quando não se está conectado com outras pessoas) e o "toque fantasma" (quando se acredita estar ouvindo o toque, a vibração do celular ou as notificações das redes, embora isso não esteja acontecendo). É assustador presenciar a enormidade de pessoas dependentes de "likes", de seguidores virtuais e de engajamento – o marketing digital relata ainda a compra de "perfis" falsos para trazer certos "benefícios" ao detentor da conta. Vamos acrescentar a esse molho o uso indiscriminado da própria imagem, em uma disputa por quem cria mais polêmica e mais ilusão, construindo um mundo fantasioso, onde o próprio dono do perfil vive em uma bolha de mentiras. Evidências dos malefícios das mídias digitais não faltam para que pais e educadores tomem atitudes rigorosas a fim de proteger e instruir filhos/alunos acerca dos malefícios do vício em redes sociais para o gerenciamento de emoções e uma vida saudável do próprio Eu.

Eu é uma palavra usada indiscriminadamente para definir amor-próprio, ego e individualidade, mas incompreendida em sua profundidade e relevância para uma vida psíquica saudável. Na verdade, o Eu é o centro da nossa personalidade, o comandante do navio da psique; é nossa identidade essencial, que nos torna únicos no mar da diversidade humana. O Eu tem perto de vinte funções vitais, no entanto, creio que nem 10% delas são de fato exercidas, como autoconhecimento, autoconsciência e autocrítica; administração de pensamentos; proteção e seleção de relações; edição da própria história etc. O Eu bem desenvolvido é consciente de seus papéis e de sua heterogeneidade; desse modo, não se apresenta em comparação a qualquer outra pessoa, mas sim respeita e valoriza a singularidade. Nesse hiato entre a identidade do Eu e a dos outros é que penetram as mídias, exaltando uma minoria em detrimento de todo o resto, padronizando e manipulando a complexidade existente em cada indivíduo. Mas embora seja um aspecto da geração atual, o problema com o Eu não é novo. Técnicas para fortalecer e trazer o Eu de volta ao centro da psique são basicamente aquelas já apresentadas em meus estudos sobre inteligência, porém "atualizadas" para as aflições contemporâneas, pois pessoas de diferentes gerações têm diferentes expectativas, percepções, sensibilidades, visões de mundo e níveis de ansiedade.

Costumo dizer que da mesma maneira que precisamos cumprir com a higiene corporal e bucal todos os dias, precisamos higienizar a mente, pois há muito lixo e toxicidade poluindo-a, boa parte disso vindo das informações que recebemos das mídias digitais. Duas técnicas muito eficientes para retirar o Eu da esfera da virtualidade e estimulá-lo a exercer suas funções originais, são as de duvidar, criticar e determinar (DCD) e mesa redonda do Eu. A primeira é uma técnica cognitiva (percepção, representação e associações para a solução de problemas); a segunda, é analítica. Ambas questionam fundamentos, causas, dimensões e consequências, e possibilitam reeditar janelas *killer* e construir novas janelas *light*, isto é, áreas de leitura da memória em dado momento da existência – o Eu pode ler e utilizar as informações contidas nos arquivos das janelas para construir o pensamento. Ao praticar a técnica da DCD, por exemplo, pais e professores podem orientar jovens e crianças a fazer uma faxina diária na mente. O exercício consiste em confrontar e derrotar cada pensamento perturbador, cada ansiedade, através de ordens como: "exijo ser livre", "não preciso desse produto", "não tenho que sofrer por antecipação"; ou perguntas: "como surgiu esse medo e por que sou dominado por ele?". Ao final do processo, empregamos a autodeterminação e a autodisciplina a fim de se manter no caminho e não desistir na primeira dificuldade. Tanto a crítica como o questionamento são fundamentais como princípio da sabedoria. Há pessoas que amam criticar outras, tornando-se até mesmo insuportáveis, mas se colocarmos nossas lentes de aumento, veremos que elas não praticam a autocrítica, e apresentam um Eu engessado, incapaz de reelaborar pensamentos destrutivos. Vale lembrar também que todos aqueles que criaram, inovaram e quebraram paradigmas, antes tiveram que duvidar e questionar.

Duvidar de situações que nos aprisionam, criticar cada pensamento que nos fere e determinar estrategicamente aonde queremos chegar na vida são partes do leque de funções do Eu, mas para que essas técnicas funcionem cientificamente e não se trate de simples autoajuda, é preciso duvidar e criticar antes de determinar, bem como levar em conta que isso não substitui o tratamento psicológico. Jovens que são ensinados a intervir na própria mente têm mais chances de conseguir que seu Eu se torne protagonista do teatro da vida e deixarem de ser dominados por atores de uma mídia doente. As coisas em que acreditamos nos controlam, e se acreditamos em algo doentio, também adoecemos (o grande Mestre Jesus já dizia que onde está nossa riqueza, ali está também nosso coração). Duvidar do medo, da insegurança e da ansiedade que nos são incutidos é a atitude eficaz para superá-los.

O RADICALISMO, O INDIVIDUALISMO E EGOCENTRISMO COMO PROCESSOS DOENTIOS DO SISTEMA EDUCACIONAL

ALIA GOSSEN

Quando crianças, nos perguntavam o que queríamos ser quando crescêssemos. Algumas já tinham respostas concretas, como: escritor, cantor, bombeiro, ator, policial etc. Outras queriam seguir os passos dos pais: "Eu quero ser arquiteto igual ao meu pai!". Desde crianças somos ensinados a ter um projeto profissional para o futuro. Nossos pais argumentavam que precisávamos ser bons alunos na escola para sermos um bom profissional quando crescêssemos; alguns até decidiam a profissão dos filhos, na área da Medicina ou do Direito, ou recriminavam aquelas que eram escolhidas como sendo hobbies, e não profissões, como cantor, desenhista etc.

Esse tipo de situação parece comum e natural em nossa sociedade, pois sempre se diz que os pais querem o melhor para os filhos. De fato, muitos filhos são o meio para realizar os sonhos dos pais e se tornarem uma extensão deles. Não sendo respeitados como seres únicos e diferentes, seus sonhos acabam sendo esmagados e suas vozes são apagadas. Os pais decidem escolher pelos filhos como se eles fossem incapazes de tomar as próprias decisões, anulando assim um ser que veio neste mundo para brilhar com a própria luz.

Situações parecidas acontecem não somente no lar, mas também nas escolas e na sociedade. Desde que nascemos temos que nos moldar a regras e normas radicais, individualistas e egocêntricas criadas pela sociedade. E quem ousar não segui-las é considerado rebelde. A palavra rebeldia geralmente se associa à má conduta, mas nem sempre é assim. Precisamos de uma dose de rebeldia para defender nossos ideais.

Constantemente temos expectativas que são muito diferentes da realidade. Temos sonhos, projetos, metas, ideais, que muitas vezes ficam pelo caminho porque são diferentes e requerem muita coragem para serem levadas adiante, e a opinião alheia é mais forte. Então permanecemos moldados ao sistema que é aceito pela maioria.

Toda pessoa tem um potencial brilhante dentro de si, mas a educação que recebemos no lar e fora dele faz com que esse potencial não se desenvolva, então somente nos tornamos uma sombra daquilo que deveríamos ser. Tomemos como exemplo uma criança de dois ou três anos; quando quer muito alguma coisa, ela faz de tudo para conseguir. Com o tempo, de tantos "nãos" que recebe, essa força de vontade vai desaparecendo e se transforma em obediência, para a tranquilidade dos pais. Assim, perde-se esse encanto inato e tão precioso dos seres humanos.

Somos ensinados desde cedo a olhar para o futuro e não viver o presente, sendo o presente muitas vezes frustrado por um passado lamentável. Regularmente, repetimos esse ciclo de lamentar o passado e pensar no futuro. Vivemos uma vida sem vivê-la realmente, como acontece com "muitos jovens [que] têm crenças falsas que amordaçam sua inteligência, [e se] acham ser incapazes de atingir seus sonhos, inábeis para superar suas limitações, até pessoas invejáveis culturalmente têm seus lixos intelectuais doentios", como diz Augusto Cury, em *O código da inteligência*.

PROCESSOS DOENTIOS DIÁRIOS

Todos os dias ouvimos e lemos notícias desagradáveis que acontecem no mundo, como uma névoa de negativismo constante. Em algumas pessoas isso causa indignação; em outras, doenças psicossomáticas. E há as que são simplesmente indiferentes. No mundo moderno, estamos no auge dos grandes descobrimentos científicos e da tecnologia avançada. Tudo parece muito mais fácil que em épocas passadas, onde não existia vida virtual. Quem se imagina hoje sem a tecnologia? Há muito entretenimento por meio de diversas plataformas. Celulares e automóveis mais inovadores mudam suas tecnologias a cada ano. Estamos no auge de procedimentos estéticos que prometem beleza e juventude eterna. Ou seja, a terra está inundada de conhecimento, até o ponto de nos saturar, bem como uma suposta liberdade de expressão, especialmente no mundo digital.

Os avanços científicos e tecnológicos são realmente impressionantes! Mas o que não apresenta inovação é a mente humana. O tempo passa e continuamos cometendo os mesmos erros, e ainda acrescentando outros. A falsa ideia de liberdade de expressão e de que hoje tudo é mais fácil, nos aprisiona. Mais do que nunca estamos criando processos doentios em todas as esferas da vida, trazendo tragédias para o nosso cotidiano. Ainda pior: cresce o índice de pessoas indiferentes aos problemas atuais, em vez de pessoas mais conscientes em um mundo com tantos avanços científicos, alta tecnologia para fazer o bem e coisas extraordinárias. Temos mais problemas do que nunca! E por que tudo isso? De acordo com a teoria da gestão da emoção, de Augusto Cury, na verdade não aprendemos a usar a "tecnologia da mente humana", a qual não está acompanhando o progresso material. O autor afirma em sua obra *A fascinante construção do eu*:

> Não é sem razão que 27% dos jovens estão apresentando sintomas depressivos; mais de dois terços deles, 66%, têm sintomas de timidez; 50% das pessoas cedo ou tarde desenvolverão um transtorno psíquico; 90% dos educadores estão com três ou mais sintomas de estresse profissional; 80% das demissões dos executivos não ocorrem por problemas técnicos, mas por dificuldades em lidar com perdas, pressões, desafios e conflitos nas relações com colegas de trabalho; 50% dos pais não dialogam com seus filhos sobre eles mesmos. A maioria dos pais não consegue transferir a eles seu capital intelectual, suas experiências; eles transferem bens e dinheiro. Por isso, não poucos jovens se tornam torradores de herança, vivem à sombra desses pais, não são capazes de construir uma bela história socioprofissional. Também não é sem razão que estamos diante da geração mais frágil.

Em razão dessa discrepância no cenário familiar e social, lidamos com histórias trágicas todos os dias. Quantas tragédias precisamos ter para acordar desse pesadelo terrível em que vivemos a cada dia? Calcula-se que, por ano, o número de pessoas que cometem suicídio ultrapasse 800.000. Os efeitos sobre as famílias, os amigos e a comunidade são terríveis. Os suicídios são preveníveis, mas ainda assim, a cada quarenta segundos alguém o comete em alguma parte do planeta e outros tantos atentam contra a própria vida sem alcançar o objetivo. De acordo com a Organização Panamericana de Saúde, entre jovens de 15 a 29 anos de idade, em particular, o suicídio é a segunda principal causa de morte em nível mundial.

Mas o que podemos fazer com esses números, ou melhor, com as pessoas, para que não se agravem ainda mais esses índices? "Devemos aprender a gerir nossa mente, deixar de ser expectadores dos acontecimentos e atuar no palco da vida", responde o autor Augusto Cury. De fato, esta é uma situação que podemos prevenir, se deixarmos de lado o egoísmo que corrói este mundo, entendermos que vivemos em sociedade e que precisamos uns dos outros, se compreendermos que não somos seres individualistas e egocêntricos, tudo poderá ser diferente. Não podemos fechar os olhos para a terrível realidade que está levando a humanidade à completa escuridão. "Vivemos em sociedade, mas a solidão é muitas vezes nossa companheira. Os pais podem estar fisicamente perto dos filhos, mas em mundos tão distantes, igualmente um professor pode estar na mesma sala de aula com seus alunos, mas em mundos totalmente diferentes", afirma Cury, tratando de uma situação que pode se repetir no trabalho ou em qualquer ambiente social, e mesmo dentro de cada um de nós: quando parece que estamos vivendo o momento presente, na realidade estamos tão distantes, quem sabe em que época, talvez no passado ou no futuro, nem sabemos de onde bem tantos pensamentos que jamais imaginamos ter. O nosso planeta mente é muito complexo.

Somos o resultado daquilo com o que nos alimentamos a cada dia, das nossas experiências, do que vemos, do que lemos, de tudo de bom e ruim que passamos. Nossa memória grava tudo, até as coisas de que não somos conscientes, através do registro automático da memória (RAM). Cada pessoa tem uma maneira de ver o mundo, por mais que talvez possamos coincidir em algumas ideias. Cada indivíduo tem as cicatrizes das próprias feridas. Por isso não podemos julgar a dor de outra pessoa. Mas podemos ser uma boa influência. Como? Aprendendo a governar a própria vida, mesmo que não tenhamos o poder de mudar ninguém, conseguindo editar nossos pensamentos e, então, nossas ações, seremos uma inspiração para que outros queiram fazer o mesmo em suas vidas. Segundo Cury, em *O mestre dos mestres*, "O homem da sociedade moderna tem mais sintomas psicossomáticos do que o homem das tribos primitivas".

O sistema social em que vivemos está doente e precisa ser reformado, e essa reforma poderia começar em cada um de nós, ao aprender primeiro a reciclar nossos pensamentos antes de aprender a reciclar plásticos; aprender a como utilizar a tecnologia da mente antes de gastar até o que não temos para comprar um celular de última geração; aprender a ler nossos pensamentos antes de apontar erros na vida de outra pessoa; aprender a conquistar nosso espaço real, antes de querer conquistar o mundo virtual para chamar atenção; aprender a conversar com os fantasmas da mente antes de querer culpar alguém por nossos fracassos; aprender a respeitar nossos limites antes de querer transpassar os limites alheios; e ainda aprender que cada um é responsável pelos próprios atos, porque "o juiz mais severo é a própria mente que escraviza mesmo vivendo em uma suposta liberdade, mas na realidade ninguém é livre tendo uma mente aprisionada em si mesma", afirma Cury.

Quando aprendermos a nos governar, nos sentiremos realmente livres, e por mais desafios que possam surgir, será um mundo bem melhor para se viver. Temos que nos despertar e sair da corrente da dor que aprisiona e asfixia este mundo tão maravilhoso que Deus nos deu para cuidar e viver em paz, pois fomos criados para fazer o bem, mas enquanto se insistir em tomar outro caminho que não seja o do bem, seguiremos sofrendo as consequências e sem ter o privilégio de viver em um mundo melhor. "Uma mente pura conhece a verdade, associa a inocência com a força e não com a debilidade", completa a autora Helen Schucman, em *Un curso de milagros*.

CONSEQUÊNCIAS DOS PROCESSOS DOENTIOS NO SISTEMA EDUCACIONAL

> *"Todos erram, a maioria usa os erros para se destruir, a minoria para se construir, estes são sábios."*
>
> Augusto Cury

Para Augusto Cury, "o pior erro que um professor pode cometer é corrigir em público ao seu aluno, jamais se deve expor publicamente o erro de uma pessoa por pior que seja, pois provoca humilhação e traumas difíceis de superar". Essa é uma falha comum que presenciamos no sistema educacional, quando professores sem controle emocional humilham seus alunos. "Os pais ou os professores só devem intervir publicamente quando um jovem ofendeu ou feriu alguém em público. Mesmo assim, devem agir com prudência para não colocar mais lenha no calor das tensões", continua o autor em *Pais brilhantes professores fascinantes*.

Para ilustrar essa ideia, vejamos a situação hipotética de uma menina de 11 anos cursando o quinto ano. A professora a chama para fazer o exercício de matemática na lousa, e a aluna tem dificuldade de resolver o exercício. Paralisada, a menina não tem nem coragem de olhar para os lados. Por fim, a professora comenta:

— O que está acontecendo? Você está demorando muito para resolver essa multiplicação. Por acaso você não sabe? Você não estudou a tabuada?

— Estudei, mas esqueci... — respondei a aluna.

— Ah, esqueceu! Palmas para ela que esqueceu o que estudou. Você não estudou, por isso você não sabe! — gritou a professora.

Então, a menina responde de novo, agora com um tom nervoso:

— Claro que estudei, mas esqueci!

A professora, então, decide deixá-la sem recreio. A aluna se sente frustrada e envergonhada, pois sabe que depois também sofrerá *bullying* dos colegas, para piorar a situação. No futuro, a menina humilhada por não resolver o exercício de matemática não consegue superar o trauma e acaba se saindo mal na prova. Logo ela muda de escola, tem a sorte de estar na turma de uma brilhante professora, consegue tirar boas notas e se torna uma das melhores alunas da turma. Podemos aprender com isso que, segundo Cury, "os traumas levam muito tempo para serem superados e muitas vezes não são superados, eles reaparecem dependendo da situação". Apesar do que comumente se pensa, não é apenas em alto escalão dos governos mundiais que pessoas autoritárias, ditadoras e radicais ocupam lugares de destaque. Podemos encontrar pessoas assim em qualquer área, basta que exista um grupo a quem submeter sua autoridade.

Em outra situação hipotética, uma jovem ingressou na faculdade depois de muitas dificuldades. Ela estava tão feliz com a conquista que não imaginou ter de passar momentos tão tensos naquele ambiente. Longe de casa, se sentia só e muito vulnerável, e isso começou a se refletir em seu rendimento acadêmico, especificamente em uma matéria na qual o professor não era dos mais compreensivos.

Os professores mais renomados eram tão orgulhosos em seu pedestal que nem se davam conta de que em vez de encantar seus alunos lhes provocavam medo, e mais ainda naquela jovem sensível. Antes das provas, ficava apavorada, e durante as aulas não era capaz de fazer perguntas quando tinha dúvidas. Ela teve um desempenho ruim em todos os exames, e ao falar com o professor titular da cátedra para pedir revisão das provas, saiu ainda mais decepcionada pela indiferença com que foi recebida.

Tudo ficou muito pior e ela reprovou na tal disciplina. Frustrada, não sabia nem como contar para os pais, pois tinha consciência do sacrifício que eles faziam para que ela pudesse estudar. Perdeu o ano e também perdeu os amigos que havia conquistado. Com muita resiliência, mesmo triste e desanimada, ela insistiu, mas já havia desenvolvido pânico da matéria. Até tentou seguir tratamento psicológico, mas não deu certo, pois não tinha as ferramentas adequadas para que seu Eu pudesse atuar e vencer a situação.

Em uma das provas ela estava tão nervosa e inquieta que a professora chamou sua atenção, acusando-a de tentar colar, pois ela não conseguia ficar quieta. Ao término do exame, com as poucas questões que conseguiu responder, a professora insistia que ela tinha colado, mesmo que a aluna negasse. Revelada a nota muito baixa após a correção, ainda assim a professora, cada vez que a encontrava pelos corredores, e mesmo na frente de outros colegas, não perdia a oportunidade de humilhá-la, repetindo que havia colado na prova. Para Cury, em *Pais brilhantes, professores fascinantes*, "a nota baixa de um aluno tem que deixar de ser sinal de irresponsabilidade, e sim de um problema de fundo emocional que deve ser atendido e resolvido".

Mesmo com raiva da professora, a aluna enfrentou seus medos e conseguiu passar na matéria, sentindo-se livre da tortura que vivia. Concluiu seu curso na faculdade, mas ainda com o sentimento de que poderia ter se saído melhor e de que não fez o suficiente. Esse sentimento a acompanhou por muito tempo. Cada vez que se encontrava em situações que a faziam duvidar de sua capacidade, ela se via frustrada, chegando a adoecer. Desenvolveu glossofobia, que é o medo de falar em público, sentia, tinha dificuldade de realizar procedimentos de baixa pressão, sentia pânico de não dar conta e se cobrava muito. Todos esses fatores desencadearam um desequilíbrio em sua saúde, provocando uma ansiedade generalizada. O caso hipotético dessa jovem, revela que, conforme Cury em *Pais brilhantes, professores fascinantes*:

> O maior pecado capital que os educadores podem cometer é destruir a esperança e os sonhos dos jovens. Sem esperança não há estrada, sem sonhos não

há motivação para caminhar. O mundo pode desabar sobre uma pessoa, ela pode ter perdido tudo na vida, mas, se tem esperança e sonhos, ela tem brilho nos olhos e alegria na alma.

Quantas pessoas como a jovem dessa história passam por dificuldades que não conseguem superar? Pessoas como ela constantemente reabrem janelas *killer* duplo P que se tornam um fantasma na mente e não deixam o indivíduo seguir o curso normal da vida. A jovem estava numa camisa de força que a mantinha prisioneira. Segundo o autor Augusto Cury, na obra *A Fascinante Construção do Eu*,

> As pessoas podem adoecer em qualquer etapa da vida, ter uma infância saudável não quer dizer que se terá uma vida adulta saudável, como assim também uma infância cheia de traumas não quer dizer uma vida adulta doente. Assim como podemos adoecer em qualquer etapa, também podemos nos curar, e tomar as rédeas da nossa vida. Ser saudável é se colocar como um ser humano em construção, teu Eu sai da plateia e começa a debater, a questionar, impugnar, reciclar, dar um choque de lucidez em suas emoções.

Se consideramos a memória como uma árvore cheia de frutas frescas, o trauma produzido pela humilhação da professora é como uma fruta entrando em processo de decomposição. A mente da jovem leu continuamente o arquivo que continha esse trauma e produziu milhares de pensamentos e reações emocionais de conteúdo negativo, os quais foram registrados novamente, expandindo a estrutura do trauma. Desse modo, a fruta em decomposição na memória começou a contagiar o arquivo inteiro. Portanto, não é o trauma original que se torna o grande problema da saúde psíquica, mas sua realimentação. Cada situação que representava uma ameaça para a jovem era relacionada com um trauma. Com o decorrer do tempo, ela produziu milhares de frutas decompostas. Onde havia frutas frescas e saborosas no inconsciente só se achavam frutas podres, espalhando podridão por todos os lados.

"Quantos gênios perdemos pelo andar deste sistema?", desabafa o autor Augusto Cury em *A Fascinante Construção do Eu*. Esse tipo de situação vem se repetindo ao longo da história; memorizamos nomes e datas, mas nunca aprendemos a lição de que nenhum ser humano merece ser humilhado ou oprimido, ainda mais em uma instituição de ensino, onde deveriam ser acolhidos.

Uma reforma no sistema educacional é urgente para impedir que estudantes saiam deformados emocionalmente da universidade. A sala de aula deve se transformar em um lugar onde os alunos tenham espaço para se expressar, discutir ideias, e não ser oprimidos e rejeitados por não alcançar as expectativas impostas pelo sistema.

Em um estudo realizado com alunos do primeiro ano de Medicina da Universidade de Buenos Aires (UBA) e da Universidade Complutense de Madrid (UCM), foram analisados e comparados atos incorretos dos professores percebidos pelos alunos. As categorias mais destacadas nos dois grupos foram: maltrato verbal, falta de interesse pelo aluno e avaliação injusta. Os motivos mais indicados foram: arrogância e falta de compromisso. De acordo com os resultados, 79,1% dos alunos da UCM manifestou que os incidentes ocorriam durante o processo de ensino-aprendizagem; e 68,1% dos alunos UBA, em avaliação. Os resultados indicariam a necessidade de reforçar o compromisso dos docentes quanto ao respeito, a responsabilidade e a justiça. "Fui tratada como ignorante. Ouvia que não sabiam como passei no ensino fundamental e que não serviria como médica", verbalizou uma estudante. "Um professor chegou tarde na sala de aula, não conseguíamos escutar a aula porque o microfone dele estava com defeito, então não entendíamos o que ele estava dizendo. Ele perguntou se tinha alguém na sala. Não entendemos a pergunta, e não respondemos. Ele perguntou duas vezes, por fim, decidiu abandonar a sala e não voltou a repor a aula", declarou outro participante do estudo.

> *"Sistema doente, só pode formar profissionais doentes."*
> Augusto Cury

Há uma falta total de empatia no sistema educacional, uma falta de vocação e de amor pela educação, falta de respeito e muita ignorância. Acredito que para mudar o mundo a única esperança é a reforma do sistema educacional.

Nesse sentido, algumas premissas precisam ser consideradas para que esse processo de mudança ocorra:

1. Elogie sempre antes de criticar e apontar um erro. Primeiro conquiste o território da emoção depois o da razão.
2. Tenha reações generosas e surpreendentes.
3. Fale menos e aja mais, economize argumentos.
4. Humanize-se, revele capítulos de sua vida, conte sobre suas lágrimas, seus dias mais difíceis, suas aventuras.

5. Descubra quem você ama, interesse-se pelos interesses dessa pessoa, pergunte sobre as dificuldades dela, mostre preocupação com ele ou ela.
6. Se tiver necessidade de ser perfeito, de se defender compulsivamente e de estar sempre certo, reveja, pois isso destrói relacionamentos; você poderá ganhar o debate, mas perderá quem ama.

Estou convicto de que a maioria das correções que fazemos não só não educam nossos alunos, como invadem a privacidade deles e não os ajuda a amadurecer. É importante, portanto, pensarmos duas vezes antes de agir, pois, conforme Augusto Cury em *Pais Brilhantes Professores Fascinantes* "Nossas atitudes pioram nossa imagem na mente do outro, quando não pensamos no impacto dos nossos atos".

SONHO DE UM SISTEMA EDUCACIONAL MAIS CONSCIENTE

> *"O melhor educador não é o que controla, mas é o que liberta. Não é o que aponta os erros, mas o que os previne. Não é o que corrige comportamentos, mas o que ensina a refletir. Não é o que desiste, mas o que ensina a começar tudo de novo."*
>
> Augusto Cury

Partindo de algumas premissas formuladas por Augusto Cury, existem três grandes eras do sistema educacional das quais é necessário migrar pensando numa boa educação. São elas:

- Da *era da informação simples e pura* para a *era de formação do Eu como gestor da mente humana*: não se pode ser uma boa pessoa e ser um mal profissional, como também não se pode ser um bom profissional e ser uma má pessoa. Somos únicos onde quer que estejamos, e por meio da Gestão da Emoção pode-se formar pessoas excelentes, e, portanto, profissionais brilhantes.
- Da *era de repetidores de dados* para a *era de pensadores*: alunos que debatam, que construem, que escutam, que compreende que quem vence sem riscos triunfa sem glórias. Falhas fazem parte do processo, rejeições fazem parte do processo. Ninguém é digno do pódio se não utilizar suas falhas, seus erros e seus fracassos para conquistar o objetivo almejado.
- Da *era do apontamento de erros* para a *era de celebração de acertos*: erros fazem parte do processo, e seria excelente se os professores destacassem primeiro os acertos. Por exemplo: se um aluno foi mal na prova, o profes-

sor poderia apontar algum ponto positivo do desempenho dele no exame (*você errou muitas perguntas, mas nesta aqui você me surpreendeu, você tem capacidade, quem sabe na próxima prova você me surpreende mais*). Esse aluno registrou uma janela saudável, inesquecível. Primeiro se admira o professor, sua competência, suas habilidades socioemocionais, para depois amar sua matéria.

> *"Educar é ser um artesão da personalidade, um poeta da inteligência, um semeador de ideias."*
> Augusto Cury

Temos acesso a todas as ferramentas necessárias para uma transformação no sistema educacional, e para que isso aconteça temos que entender que cada ser humano é diferente do outro, que cada um tem uma capacidade, e que não se pode continuar tratando todos os alunos da mesma forma, querer que tenham os mesmos resultados; deve-se atuar com empatia. Temos que entender que cada um tem seu tempo e jeito de aprender, e que, por isso, não é possível impor ideias e fechar os ouvidos para opiniões, pois por mais conhecimento que o professor tenha, sempre haverá algo mais a ser aprendido. Além disso, é necessário aceitar que o aprendizado pode vir tanto de pessoas jovens inexperientes quanto de adultos com mais experiências. Uma boa dose de humildade faz com que bons professores se tornem brilhantes O professor é como um artista, e sua mais bela obra de arte é formar profissionais brilhantes, fazendo deste um mundo melhor através dos frutos do seu ensino. Augusto Cury, em *Pais brilhantes, professores fascinantes*, define algumas características de professores fascinantes:

> O primeiro hábito de um professor fascinante é entender a mente do aluno e procurar respostas incomuns, diferentes daquelas a que o jovem está acostumado. Bons professores possuem metodologia, professores fascinantes possuem sensibilidade. Este hábito dos professores fascinantes contribui para desenvolver autoestima, estabilidade, tranquilidade, capacidade de contemplação.
> Bons professores educam a inteligência lógica, professores fascinantes educam a emoção. Este hábito dos professores fascinantes contribui para desenvolver: segurança, tolerância, solidariedade, perseverança, proteção contra os estímulos estressantes, inteligência emocional e interpessoal.
> Quem teve o privilégio de educar a emoção na juventude? Infelizmente, mergulhamos na sociedade sem qualquer preparo para viver. Somos vacinados desde

a infância contra uma série de vírus e bactérias, mas não recebemos nenhuma vacina contra as decepções, frustrações e rejeições.

Transformar a educação significa transformar o mundo. Se a educação é reciclada, o mundo será reciclado e viveremos como reais seres humanos. Teremos um mundo à nossa altura, bem como relações saudáveis. As universidades serão como um lar para os alunos, teremos liberdade de debater nossas ideias, de aprender e construir juntos. Serão desenvolvidos projetos inimagináveis, e esse será realmente um mundo moderno, no qual a fraternidade, a solidariedade, a caridade e o amor serão nossos princípios.

Há cerca de 2020 anos nascia na Terra um ser que revolucionaria o mundo, por muitos considerado rebelde por não se moldar às normas impostas pelos homens daquela época, alguém que confundia os sábios, capaz de depositar sua confiança em homens aparentemente fracos, de aplaudir os acertos antes dos erros e de amar mesmo em sua mais profunda dor. Jesus Cristo nos ensinou como devemos agir neste mundo. Como explica Augusto Cury em seu livro *Mestre dos mestres,* se a inteligência de Cristo fosse investigada e conhecida, poderia ter sido usada em todas as áreas da educação, desde o ensino fundamental ao universitário.

Os princípios ensinados por ele, independentemente da questão teológica, poderiam ter enriquecido a sociedade moderna que se encontra contaminada por discriminações e múltiplas formas de violência. A inteligência de Cristo abre preciosas janelas que promovem o desenvolvimento da cidadania e a cooperação social. Ela também é capaz de expandir a qualidade de vida, superar a solidão, enriquecer as relações sociais, se levarmos que consideração que

> Os jovens pescadores que o seguiram, tão limitados culturalmente e que possuíam um mundo intelectual tão pequeno, desenvolveram a arte de pensar, conheceram os caminhos da tolerância, aprenderam a ser fiéis às suas consciências, vacinaram-se contra a competição predatória, superaram a ditadura do preconceito, aprenderam a trabalhar as suas dores e as suas frustrações, enfim, desenvolveram as funções mais importantes da inteligência.

Como conclusão de todos estes aprendizados é possível dizer que o sistema educacional deve cumprir com um ciclo de reformas para alcançar o sonho de ter uma educação digna para todos, como demonstrado na Figura 1.

Figura 1. Ciclo de reformas para a transformação no sistema educacional.

O sonho de um sistema livre, digno e consciente pode ser real, basta que cada indivíduo seja consciente e tome as rédeas da própria vida, deixando de ser expectador e atuando no palco da vida. Nossa passagem pelo planeta é breve, mas pode ser intensa. Que possamos ser o tipo de pessoa que por onde passa deixa seu melhor, que as futuras gerações possam ter orgulho de quem fomos hoje.

Eu mesma fui vítima de diversas discriminações ao longo da minha trajetória acadêmica, sofrendo preconceitos de cunho religioso, social, cultural, moral e físico. Hoje, depois de tantos aprendizados e conhecendo a Gestão da Emoção, percebo quantas frustrações podem ser evitadas. Desejo que todas as pessoas possam ter um choque de lucidez na sua vida e aprender a gerir suas emoções, para que aprendam a apreciar a beleza da vida e que cada um tem um potencial além do que imagina, que possam ser arquitetos da sua própria história.

À medida que reescrevermos nossa história, e não sermos presas do radicalismo, do individualismo e do egocentrismo, poderemos abrir um novo capítulo na nossa história, da era da ditadura dos sistemas para a era da liberdade e da empatia.

BIBLIOGRAFIA

CHÁVEZ, M. A. *Tu hijo, tu espejo*. Bogotá: Penguin Random House Colombia, 2017.
CURY, A. *A fascinante construção do eu*. São Paulo: Academia, 2011.
CURY, A. *Inteligência multifocal*. São Paulo: Cultrix, 1999.

CURY, A. *Maria a maior educadora da história*. São Paulo: Academia, 2007.

CURY, A. *O código da inteligência*. Rio de Janeiro: Ediouro, 2009.

CURY, A. *O mestre dos mestres*. Rio de Janeiro: GMT Editores, 2008.

CURY, A. *Pais brilhantes, professores fascinantes*. Rio de Janeiro: Sextante, 2003.

GASCÓN, A. de H. *Reflexiones pedagógicas desde el enfoque radical e inclusivo de la formación*. Salamanca: FahrenHouse, 2017.

SCHUCMAN, H. *Un curso de milagros*. Novato, CA: Foundation for Inner Peace, 2015.

Trabalho de pesquisa, Actuaciones de docentes consideradas como incorrectas por los alumnos de Medicina: análisis comparativo entre dos universidades, Universidad de Buenos Aires (UBA) y la Complutense de Madrid (UCM), 2013.

Trabalho de pesquisa, Informe Regional sobre Mortalidad por Suicidio en las Américas, Washington D.C., 2014.

AUGUSTO CURY

O ambiente familiar e escolar é um reflexo daqueles que nele habitam. Ali circulam todo tipo de personalidades e suas singularidades, seus medos, suas ansiedades. Entretanto, em ambos deve existir uma figura de autoridade, e não autoritária, a fim de instruir os mais jovens no caminho para uma vida saudável e plena, como protagonistas das próprias histórias. Garantir a boa convivência nesses locais não é tarefa fácil quando se é preciso lidar com indivíduos em processo de formação. Por isso, a harmonia em um lar e dentro de uma sala de aula não depende tanto do comportamento de filhos/alunos, e sim deve estar sob a gestão de pais e professores. Jovens agitados refletem adultos com o mesmo comportamento (embora haja exceções). Não se pode culpar os menores pelas irresponsabilidades dos maiores.

Alteração do tom de voz, agressividade, excesso de críticas, exposição abusiva, impaciência, promessas não cumpridas são alguns dos comportamentos mais evidentes em ambientes conturbados. Tampouco uma atitude apática ou permissiva poderá surtir algum efeito para minimizar atritos. Não temos o poder de eliminar os erros e os sofrimentos pelos quais filhos/alunos passarão. Pais e, em nosso caso, professores precisam aprender que a única maneira de construir um ambiente equilibrado e cheio de amor é por meio do diálogo. Você pode perguntar: "como podemos dialogar com esses jovens se eles não nos dão ouvidos?". A resposta é uma só: aprendendo a gerenciar as emoções, pois se somos indelicados, agressivos, críticos e impacientes de maneira nenhuma conseguiremos a atenção e o respeito que tanto exigimos.

A agressão verbal faz com que elevemos nosso tom de voz a fim de intimidar alguém mais frágil. Mas o efeito que queremos jamais será alcançado porque com esse comportamento conseguiremos apenas duas reações: intimidação e contra-ataque. Gritar e se exaltar criarão um problema muito maior do que aquele que está em tela, pois irá disparar o gatilho da memória que encontrará uma janela *killer*, onde a âncora da memória irá se instalar – então o estrago foi feito. A agressividade pode ser driblada fazendo com que o aluno reflita em cima de indagações construídas pelo professor que detém as chaves corretas para abrir sua mente e que é capaz de perguntar: "O que você pensa sobre essa reação?". O profissional que joga o jogo da reflexão está fazendo um grande trabalho ao ensinar seus alunos a pensar criteriosamente e se tornar autônomos.

A crítica excessiva é mais uma atitude que pode influenciar negativamente na atmosfera de uma sala de aula. Sabemos que todo ser é único, e criticar cada característica, ainda que negativa, dos alunos, apenas servirá para formar uma sequência assustadora de janelas traumáticas que irão destruir a espontaneidade, bloquear a ousadia e banir a capacidade de correr riscos e lutar pelos próprios objetivos. Exigir silêncio inabalável é algo irreal, porque os jovens de hoje, independentemente se apresentam algum tipo de distúrbio de hiperatividade, são agitados pela natureza da sua geração acelerada, modificadas pelas mídias digitais e pelo excesso de informação. Use o "burburinho" a seu favor para debates construtivos, em vez de incitar críticas depreciativas e comparações.

Já a impaciência é o início de uma atitude que culmina com a desistência de educar, a apatia diante de qualquer cenário, ainda mais de caos. Se fossemos uma mosca pensante sobrevoando toda a classe, poderíamos atestar como a maioria dos professores é mais complacente e oferece mais atenção aos alunos mais dóceis, de "bom comportamento", em detrimento daqueles mais difíceis. No entanto, os "melhores alunos da turma" não são os que nos frustram e testam nossa qualidade como professores. A sabedoria popular nos diz que aqueles alunos que mais decepcionam os professores poderão ser os que darão mais alegrias no futuro. Apenas invista neles.

Esta última atitude nos leva a um tópico importantíssimo na educação de filhos/alunos: a honestidade. Não prometa o que não pode cumprir e não dissimule reações. Se não puder cumprir com alguma coisa, diga "não" com firmeza, mesmo que cause desagrado. E ao errar nessa área, peça desculpas assim que perceber a falta. *A confiança é um edifício difícil de ser construído, fácil de ser demolido e muito complicado de ser reconstruído.*

Entendam de uma vez por todas: se os alunos não ouvem o que você diz, não significa que eles não querem, mas que não aprenderam ainda a ouvir a eles mesmos. Se não valorizam você, é porque não sabem se valorizar. Ensine-os a fazê-lo sem sufocar sua inquietação natural criticando, elevando a voz, perdendo o controle. Precisamos virar a chave da educação se quisermos educar com eficiência aqueles que vivem em um mundo bombardeado por informações para a era do Eu como gestor da mente.

CONSTRUÇÃO DE JANELAS TRAUMÁTICAS NO AMBIENTE UNIVERSITÁRIO

BRENDA GONÇALVES DE CARVALHO
DANIEL ZULUAGA GOYENECHE

O homem é, por natureza, político, ou melhor, social! Essa premissa postulada por Aristóteles permeia diversas teorias no campo da Filosofia, da Sociologia, das Ciências Políticas e da Psicologia, e retrata uma realidade: o ser humano precisa permanecer em coletividade e é caracterizado pelas interações que estabelece com as pessoas e com o ambiente. Tanto é assim, que passa por constantes mudanças e progressos ao longo da vida, de acordo com as experiências e os conhecimentos que acumula. Isso é um fato observado e estudado desde os primórdios da Filosofia. A teoria do devir defende o conceito de "tornar-se", ou seja, de que nada no mundo é permanente, exceto a mudança e a transformação. Um dos fundadores dessa corrente, Heráclito de Éfeso, escreveu cerca de 500 a.C.: "Tudo flui e nada permanece, tudo dá forma e nada permanece fixo. Você não pode pular duas vezes no mesmo rio, pois outras águas e ainda outras, vão fluir". Não somente as águas fluem e o rio é diferente em um segundo momento, mas o próprio indivíduo também não é o mesmo em dois tempos diferentes. A plasticidade da mente, da memória e da consciência é um fenômeno fascinante.

O estudo do desenvolvimento humano constitui uma área de grande interesse da Psicologia, e há grandes esforços para compreender os eventos que fazem de cada indivíduo um ser único com as próprias representações e visões do mundo. Assim, um grande questionamento é aquele expresso por William Shakespeare, em sua obra *A tragédia de Hamlet*: "ser ou não ser, eis a questão". Ou seja, entender os eventos que culminam na identidade do indivíduo, no motivo de uma pessoa ser quem ela é, constitui um campo extremamente complexo e amplo.

Para o entendimento desses fenômenos, é fundamental estudar o processo de construção do conhecimento e de formação do pensamento. Diversas teorias foram formuladas com o intuito de desvendá-lo. A Psicologia objetivista, derivada da vertente da Filosofia do materialismo mecanicista, defende que todo o conhecimento provém da experiência. Já a Psicologia subjetivista afirma que todo conhecimento precede a experiência, logo o sujeito tem influência sobre o objeto. Por sua vez, Piaget inovou ao introduzir uma visão internacionalista, e formulou o conceito de epigênese, que defende que o conhecimento tem influência tanto da programação biológica inata do sujeito quanto das interações do organismo com o ambiente (físico e social). Assim, por esta última perspectiva, o pensamento lógico é construído a partir da relação homem-objeto. A organização de estruturas cognitivas ocorre desde um processo de equilibração, no qual o indivíduo busca uma adaptação da realidade através de mecanismos de assimilação e acomodação. Para Piaget, o desenvolvimento é lento, contínuo e ocorre em períodos (sensório motor, pré-operacional, de operações concretas e operações formais).

Em seus trabalhos, o psicólogo Lev Vygotsky trouxe uma nova perspectiva sobre a construção do pensamento ao destacar a importância da linguagem nesse processo. Para ele, o ser humano é um sujeito interativo que elabora seus conhecimentos sobre os objetos em um processo mediado pelo outro por meio de signos e instrumentos. Durante a formação, ocorre inicialmente a internalização, que está relacionada à repetição, através da qual a criança se apropria da fala do próximo, e depois a utilização dos sistemas simbólicos aprendidos. Assim, o desenvolvimento ocorre primeiro no âmbito interpsicológico e depois, intrapsicológico; portanto, percebe-se como as relações sociais são importantes na caracterização do indivíduo.

Há de se destacar que, por trás de todo o processo de consolidação da consciência psicossocial, deve existir um protagonismo do Eu do indivíduo para gerir e decidir como as interações com o meio em que vive definirão sua personalidade e produzirão sentimentos, e como estes, por sua vez, afetarão o comportamento. Nesse sentido, a teoria da inteligência emocional busca ensinar habilidades para que o Eu, que representa o centro da consciência existencial, consiga identificar e gerenciar suas emoções. Essa capacidade é extremamente complexa de ser desenvolvida, porque, como afirmado pelo jornalista científico Daniel Goleman em sua renomada obra *Inteligência emocional*, "o cérebro emocional responde a um evento com mais rapidez do que o cérebro racional".

Porém, não apenas o consciente tem responsabilidade na construção da identidade. Existem fenômenos do inconsciente que afetam a maneira como os estímulos externos são lidos e ressoam na psique de cada pessoa. Afinal, como o ser humano é capaz de interpretar palavras e códigos externos em fração de segundos? A teoria da inteligência multifocal, entre outras, explica como ocorre o fenômeno de construção multifocal dos pensamentos, incluindo os papéis do inconsciente. Dentre os fenômenos inconscientes, destacam-se: gatilho da memória (ou autochecagem), janelas da memória, âncora da memória e fenômeno do autofluxo. O conhecimento desses eventos é de grande valia para o entendimento da formação do indivíduo e para que seja possível promover maior autonomia do Eu sobre o inconsciente através do desenvolvimento de habilidades socioemocionais.

O gatilho da memória constitui o fenômeno inconsciente que é acionado, em milésimos de segundo, por estímulos extrapsíquicos ou intrapsíquicos. Em decorrência disso, janelas da memória são abertas e ocorre o processo de interpretação imediata daquele estímulo determinado a partir de informações previamente armazenadas. Essas janelas podem ser neutras, saudáveis (*light*) ou doentes (*killer*). O fenômeno do autofluxo é responsável pela leitura contínua de inúmeros territórios da memória e, portanto, responde pela produção de emoções e pensamentos cotidianos. Porém, em alguns casos particulares, como eventos com alto volume de tensão, a abertura das janelas traumáticas estimula a âncora da memória a fixar o foco de leitura do autofluxo na experiência traumática, então o indivíduo torna-se incapaz de acionar diversas outras memórias saudáveis. O desencadeamento dessa sequência explica o porquê de eventos traumáticos serem capazes de alterar a maneira como o indivíduo reage a determinadas situações e também a razão pela qual, em muitos momentos, o Eu não assume o papel de protagonista no gerenciamento das emoções.

Diante desse entendimento da complexa rede de fatores que culminam no desenvolvimento e na construção dos pensamentos na mente humana, percebe-se que a sociedade exerce um papel crucial ao contribuir tanto para a formação de princípios e padrões de comportamento na criança, mas também ao modular a maneira como determinado evento é lido no adulto, visto que a criação de gatilhos e janelas da memória pode ocorrer ao longo de toda a vida. Nesse sentido, é possível inferir que a educação apresenta função importante no amadurecimento do ser humano. Os objetivos principais da educação deveriam incluir não apenas a promoção do conhecimento pelo conhecimento, de uma maneira fria e impessoal, mas também a formação de indivíduos com capacidade de gestão da emoção que sejam protagonistas da própria história.

Para esse fim, é necessário que educadores conheçam os processos mencionados antes e reconheçam o papel, benéfico ou maléfico, que podem exercer na mente daqueles que ensinam. Assim, busca-se aqui expor e discutir algumas situações que podem resultar no desenvolvimento de janelas traumáticas na mente dos alunos em um ambiente universitário, o que, por sua vez, pode fazer com que estes se tornem reféns das próprias emoções e não consigam obter um desenvolvimento pleno em diversas áreas da vida. É crucial reconhecer esses acontecimentos para prevenir que eles ocorram e até mesmo para solucioná-los o quanto antes, para que, desse modo, a educação seja realmente eficaz. Como proferido pelo educador Paulo Freire: "Quando a educação não é libertadora, o sonho do oprimido é ser o opressor".

BULLYING

Era uma manhã de quarta-feira, como qualquer outra, porém dia 13 de março de 2019 marcou a vida de dezenas de famílias para sempre. Por volta de 9h30min desse dia, a Escola Estadual Raul Brasil, na cidade de Suzano, estado de São Paulo, foi palco de uma grande tragédia que resultou na morte de 10 pessoas e no ferimento de outras 11. Ex-alunos da instituição, Guilherme Taucci Monteiro (17 anos) e Luiz Henrique de Castro (25 anos), atacaram alunos e funcionários com armas de fogo, besta, arco e flechas. Minutos de pânico intenso se sucederam até que, por volta das 10h, com a chegada da polícia, os agressores cometeram suicídio.

Infelizmente, esse é um exemplo, entre tantos outros, de violência realizada em ambiente escolar. Em comum, seus agressores têm como alvo a escola e o que ela representa, bem como a própria sociedade da qual se consideram vítimas. Naturalmente, uma situação assim é multifocal e até mesmo difícil de ser compreendida, mas algumas características são comuns a diversos atiradores, dentre elas: dificuldade de lidar com perdas significativas e falhas pessoais; interesse por violência na mídia; e o fato de terem sido ou serem vítimas de perseguições e humilhações de colegas (*bullying*).

Por mais que seja um exemplo extremo, esse acontecimento demonstra como o sistema educacional está doente, formando indivíduos doentes para uma sociedade doente. É preciso realizar mudanças a fim de que haja a formação de indivíduos com habilidades socioemocionais para enfrentar as adversidades da vida.

O *bullying* é uma situação maléfica, contudo, corriqueira no ambiente escolar e universitário. De acordo com a Lei nº 13.185/2015, que institui o Programa de Combate à Intimidação Sistemática, o *bullying* é definido como:

> Todo ato de violência física ou psicológica, intencional e repetitivo que ocorre sem motivação evidente, praticado por indivíduo ou grupo, contra uma ou mais pessoas, com o objetivo de intimidá-la ou agredi-la, causando dor e angústia à vítima, em uma relação de desequilíbrio de poder entre as partes envolvidas.

Esse fenômeno apresenta diversas formas de manifestação. As agressões podem ser classificadas como diretas, quando a vítima vê e sabe quem é o agressor; ou indiretas. Ainda de acordo com as ações praticadas, elas podem ser: verbal, moral, sexual, social, psicológica, física, material ou virtual (*cyberbullying*/assédio virtual).

De modo geral, as pessoas envolvidas podem exercer papéis de alvo, alvo/autor, autor e testemunha. O alvo tem um perfil de indivíduo mais fraco, jovem e com dificuldade de socialização que não tem condições de se defender. O alvo/autor é aquele que reproduz os maus-tratos sofridos em alguém mais frágil que ele. Já o autor é aquele que vitimiza os mais fracos e tem algumas características peculiares, como impulsividade, popularidade, rigidez, e pouca afetividade, empatia cognitiva e global, além disso, há uma associação com determinadas condições familiares, como desestruturação familiar, relacionamento afetivo pobre, excesso de permissividade e prática de maus-tratos físicos. Por fim, a testemunha é aquela que não participa diretamente, mas presencia as agressões e não interfere, provavelmente por medo de ser a próxima vítima.

O *bullying* pode causar problemas sérios para quem sofre, pratica ou testemunha. Sob a ótica da teoria dos sistemas ecológicos, o desenvolvimento humano considera a ecologia dos relacionamentos dentro dos sistemas ambientais dos quais o indivíduo participa, logo leva em conta a interação de uma pessoa em atividade com outras pessoas, objetos e símbolos em diferentes ambientes por longos períodos de tempo. Nesse contexto, devem ser levados em consideração quatro núcleos: processo, pessoa, contexto e tempo. Os processos proximais (interação da pessoa com o ambiente imediato ao longo do tempo) recebem destaque como os principais influentes nesse modelo social e, de maneira inicial, são caracterizados por díades, que, com o passar do tempo, expandem-se. Para que haja um desenvolvimento saudável, essas relações deveriam ser marcadas por reciprocidade, equilíbrio de poder e relação afetiva.

Diante desse panorama, as práticas de violência interpessoal constituem um fator de desequilíbrio nas interações sociais. Como consequência, pode resultar em um desenvolvimento prejudicado dos indivíduos envolvidos, e em desordens psicológicas, sociais e cognitivas de diversos níveis.

De modo semelhante, do ponto de vista da teoria da inteligência multifocal, o *bullying* é terrivelmente prejudicial, visto que pode determinar o desenvolvimento de janelas *killer* duplo P, ou seja, aquelas que têm poder de serem lidas e relidas por fixarem a âncora da memória de maneira pontual, assim o indivíduo pode se tornar refém da situação de violência e perder seu papel de protagonista no desenvolvimento da mente e das emoções.

Com o entendimento dos efeitos que esse tipo de violência tem no desenrolar da psique dos indivíduos, seremos capazes de melhor compreender os resultados deletérios que essas ações ocasionam.

As vítimas apresentam com maior frequência sentimentos de nervosismo, raiva, vingança, isolamento, tristeza, pensamentos intrusivos, solidão, hipervigilância, deterioração da autoestima, dificuldade de concentração e aprendizagem, bem como queda do rendimento escolar e problemas de relacionamento, e maior tendência a suicídio e homicídio. São relatadas situações como fobia escolar, fobia social, transtorno de ansiedade generalizada, depressão, anorexia, bulimia e aumento do uso de álcool e drogas.

As testemunhas também podem ter prejuízo na vida educacional e social por se sentirem incomodadas pelo clima e pelo medo de serem o próximo alvo. Além disso, é importante entender que os próprios agressores também são vítimas de certa maneira, por, em muitos casos, replicarem situações de violência que vivenciaram. Como efeitos negativos que esse processo traz para os autores, é possível citar a deterioração de sua escala de valores e a maior probabilidade de manter práticas agressivas ao longo da vida, podendo adotar condutas antissociais.

No contexto universitário, essa prática ainda se perpetua. Uma pesquisa feita entre estudantes da área da saúde revelou que, segundo 63% dos alunos, a violência interpessoal está presente na graduação. As situações presenciadas incluem *bullying* na relação veterano/calouro (principalmente durante o trote) devido às características pessoais e à orientação sexual/gênero; na relação professor-aluno; devido ao desempenho acadêmico e à classe social e à etnia. Como se trata de situação caracterizada por um abuso sistemático de poder, estudantes que não correspondem ao padrão físico, intelectual ou de comunicação sofrem discriminação. O ambiente altamente hierarquizado das universidades pode até favorecer a ocorrência desses eventos. Ademais, o ambiente acadêmico abrange indivíduos com características diversas, logo, nesse contexto complexo, a coexistência patológica das diferenças pode predispor à ocorrência de *bullying*. A própria cultura do grupo dominante pode estar relacionada a isso.

Essa violência é igualmente danosa na formação universitária, uma vez que está relacionada ao fracasso acadêmico, à evasão e a dificuldades de ajustamento dos alunos. O *bullying* pode ser considerado um problema de saúde pública, portanto é fundamental que sejam adotadas práticas de combate e prevenção a essa violência. Desse modo, a universidade precisa assumir a responsabilidade de uma educação integral que não apenas objetive a formação técnica de excelência, mas que tenha o compromisso de difundir valores humanos e princípios éticos, como equidade, tolerância, respeito e combate ao preconceito. É responsabilidade dessa instituição a proteção do estudante e a promoção de ambiente físico e virtual seguros.

Nessa ótica, é imprescindível que atitudes que favoreçam as relações interpessoais entre todos os envolvidos (alunos, professores, funcionários e comunidade) sejam tomadas a fim de garantir estabilidade emocional, adaptação à graduação e cumprimento dos direitos humanos. Assim ocorrerá a construção de um ambiente favorável, humano e cooperativo. A proteção da mente do agredido, com a estruturação do seu Eu para ser líder de si mesmo, é essencial para o desenvolvimento de sua saúde emocional.

A realização de medidas contra o *bullying* deve compreender uma abordagem multidisciplinar que conte com profissionais como psicólogos, psicopedagogos, terapeutas ocupacionais, entre outros. Deve haver um engajamento de diversos segmentos sociais para a construção de políticas públicas. Até mesmo fazer da temática um conteúdo escolar.

Um grande desafio para esse processo de erradicação ainda está relacionado à dificuldade de identificar e compreender esse fenômeno. Nesse sentido, destaca-se ainda mais a função dos educadores, visto que, como estão próximos aos alunos, devem ser capazes de identificar essas situações. Porém, ainda há limitações, porque muitos observam essas atitudes como brincadeiras. Quando abusar do outro se torna engraçado, fica evidente a necessidade de refletir sobre a educação oferecida na universidade.

Por conseguinte, as formas de violência interpessoal devem ser analisadas como uma circunstância de alta complexidade relacionada com a sociedade e suas constantes mudanças. É de suma importância que o sistema educacional assuma sua responsabilidade. Nesse cenário, professores devem exercer o papel de agentes de proteção e tutores de desenvolvimento, com promoção da resiliência, de modo a gerar experiências que contribuam para a transformação da sociedade.

PARADIGMA CARTESIANO NO MODELO EDUCACIONAL

O filósofo Descartes contribuiu de maneira significante para o desenvolvimento da Filosofia moderna em contraposição com a visão escolástica predominante na época. Seu trabalho valoriza o conhecimento humano e suas possibilidades através da instituição de um método, o qual é essencial para a busca da verdade. Vejamos o conceito de método de Descartes:

> Quanto ao método, entendo por isso regras certas e fáceis cuja exata observação fará que qualquer um nunca tome nada de falso por verdadeiro, que, sem despender inutilmente nenhum esforço de inteligência, alcance com um crescimento gradual e contínuo de ciência, o verdadeiro conhecimento de tudo quanto for capaz de conhecer.

Para esse método, é necessário o cumprimento rigoroso de quatro regras básicas: evidência, análise, síntese e enumeração. Dessa maneira, com o uso do método, qualquer homem será capaz de chegar a qualquer conhecimento desde que à luz da razão.

Apesar de a educação não ser o objetivo central de estudo na obra de Descartes, diversas referências cartesianas são encontradas no modelo educacional tradicional. O paradigma cartesiano propõe uma educação racional e crítica, considerando a educação uma ciência necessariamente quantitativa e matemática, em que se busca uma verdade absoluta que possa ser comprovada.

Seu trabalho trouxe, inegavelmente, diversas evoluções no processo de construção do pensamento, principalmente ao substituir uma filosofia especulativa e contribuir para avanços que resultaram no desenvolvimento da sociedade. Porém, como a humanidade está em constante evolução, esse modelo tradicional e racionalista pode trazer desvantagens, e precisa ser atualizado.

O modelo de educação que ainda impera nas instituições segue essa tendência materialista e mecanicista com caráter especializado do conhecimento. O professor é visto como eixo central da aprendizagem e retentor do conhecimento, enquanto o aluno é um receptor das informações passadas pelo mestre. Assim, os alunos detêm um status de passividade, sendo cobrados pela memorização das informações passadas pelo professor. Observamos o quanto esse sistema está desatualizado quando avaliamos a frase do sociólogo Durkheim, do ano de 1895, e verificamos que o comportamento descrito por ele ainda predomina na educação atual.

> Observe o modo como são educadas as crianças. Quando reparamos nos fatos, tais como são, e como sempre foram, salta aos olhos que toda educação consiste num esforço contínuo para impor à criança maneiras de ver, de sentir e de agir às quais ela não teria chegado espontaneamente.

Esse paradigma de racionalidade separa o sujeito do objeto de conhecimento com uma visão objetiva sem considerar as experiências sensitivas, uma vez que elas não poderiam ser explicadas por leis gerais definitivas. Como resultado, o ensino foi fragmentado, compartimentalizado e especializado em disciplinas independentes. Por esse motivo, os alunos perderam a capacidade de ver o contexto, sua inserção no todo, o que diminui o senso de responsabilidade e de solidariedade. Logo eles se tornam alheios aos problemas sociais, econômicos e ambientais, não amadurecem sua intuição e criatividade e não cooperam na busca de soluções.

Com isso, verifica-se nas instituições de ensino um ambiente prejudicial para formação e amadurecimento do Eu, e sem estímulo à gestão das emoções. Há uma grande hierarquia do conhecimento, o que por si só pode resultar na formação de janelas traumáticas na mente dos alunos. Dessa maneira, os alunos podem manifestar atitudes agressivas e rebeldes ou passivas e alienadas, enquanto o professor pode se tornar arrogante ao exigir respeito e ignorar a individualidade de cada estudante. Não há um estímulo do raciocínio crítico, da capacidade criativa e da construção coletiva de ideias. A própria ergonomia empregada em escolas e universidades, em que os alunos são enfileirados, contribui ainda mais para o registro de janelas traumáticas que confirmam o sistema de hierarquia intelectual, promovendo assim a timidez e o bloqueio do debate de ideias e da formação coletiva de pensadores.

Portanto, é importante uma revolução no modelo educacional tradicional de modo a conjugar suas vantagens com uma nova visão que estimule o entendimento global, complexo e multidimensional da realidade. Por exemplo, a proposta sugerida por Paulo Freire, denominada pedagogia libertadora, constitui uma alternativa viável. Nessa nova perspectiva, há estímulo à comunicação, ao diálogo e à construção de um pensamento em torno da realidade a partir de relações de respeito e troca entre educadores e educandos. Os alunos passam, então, a ter um papel ativo no processo educacional. Com base em singularidades e saberes prévios, ele será capaz de relacionar o conteúdo da aprendizagem com os seus conhecimentos acerca do mundo. Logo, será capaz de construir e viver o mundo à sua volta com autonomia diante dos fatos que com ele acontecem. Nesse sentido, ganham destaque as metodologias ativas, como sala de aula invertida, grupo de verbalização/ grupo de observação (GV/GO), estudo de caso, mapa conceitual, tempestade cerebral, estudo dirigido, ensino colaborativo, entre outras.

Mas enquanto essa nova forma de encarar o processo ensino-aprendizagem não for empregada, a educação não se consolidará como um agente de transformação, e os indivíduos continuarão apresentando diversas mazelas emocionais devido às janelas traumáticas construídas na psique. Esse modelo racionalista se reflete no sistema de avaliação empregado e ocasiona um ambiente prejudicial de competição extrema, como será discutido nas seções seguintes.

SISTEMA DE AVALIAÇÃO

Ao longo da história da pedagogia, diversos questionamentos foram feitos a respeito dos métodos e instrumentos mais adequados para a avaliação do aprendizado dos alunos. A escola tradicional, influenciada principalmente pelo modelo de pensamento positivista, adotou análises mensuráveis, ou seja, quantitativas, para avaliar os alunos sob os mesmos critérios, constituindo a forma mais amplamente aceita.

Assim, múltiplos instrumentos de avaliação quantitativa surgiram dependendo dos objetivos pedagógicos a serem avaliados, e atualmente existem: provas objetivas, avaliações por competências, provas discursivas, provas orais, seminários, atividades em grupo, entre outras. Cada uma apresenta vantagens e desvantagens. Algumas críticas a esse sistema de avaliação têm surgido mediante seu uso na prática, entre elas, cinco principais são dignas de menção.

Em primeiro lugar, o sistema de avaliação muitas vezes obriga os alunos a decorarem informações irrelevantes, o que, em vez de representar o entendimento de um assunto, mensura a capacidade de memorização. Logo, o resultado é um sistema educativo que forma repetidores de ideias, robotiza a mente humana, assassina a formação de pensadores e asfixia o imaginário. Possivelmente, isso explica o porquê de grandes gênios da humanidade terem dificuldade de se adaptar aos sistemas tradicionais de educação. Por exemplo, um alemão, nascido em 1879, durante a infância, teve problemas de linguagem e foi rotulado como uma criança de aprendizado lento que não conseguia memorizar nada. Posteriormente, na adolescência, não conseguiu aprovação no primeiro vestibular que prestou para estudar na Universidade de Zurique. Só entrou na segunda tentativa e, então, obteve o título de professor de física. Na sua vida adulta, desenvolveu a teoria da relatividade geral, um dos pilares da física moderna e da mecânica quântica. Além disso, descobriu a fórmula de equivalência massa/energia e, mais tarde, foi laureado com o prêmio Nobel de física por suas contribuições na área. O nome desse personagem com aparente problemas de aprendizado é Albert Einstein, e seu legado mudou a realidade ao desafiar o impensado e demonstrar na prática que imaginação é mais importante que conhecimento.

A segunda crítica ao sistema de avaliação é que este emprega instrumentos subjetivos e sujeitos a múltiplos vieses. Como há envolvimento do fator humano, mesmo as provas objetivas são tendenciosas, pois as perguntas e as possíveis respostas são feitas segundo opiniões dos professores.

Em terceiro, como explicado por Anna Maria Salgueiro Caldeira, em artigo de 1997, os instrumentos de avaliação não respeitam os diferentes ritmos e modalidades de aprendizagem nem as diferenças e limitações de cada aluno, repercutindo no processo de ensino-aprendizagem individual. Para exemplificar esse ponto, posso compartilhar uma experiência pessoal. Tive a oportunidade de morar em dois países com idiomas diferentes do meu para complementar minha formação profissional. Foram vivências verdadeiramente desafiadoras e enriquecedoras. Durante aqueles momentos, percebi que as notas, obtidas com critérios de avaliação padronizados, não refletiram a imagem real do meu aprendizado, pois minha limitação para me comunicar em uma língua diferente repercutiu várias vezes nas notas. De modo semelhante, os demais alunos que estudavam comigo tinham diferentes pontos fortes ou fracos que, ao serem avaliados, poderiam acarretar resultados distorcidos sobre o nível de aprendizado individual.

Em quarto lugar, em muitos casos, os sistemas tradicionais de avaliação são utilizados de maneira punitiva e opressiva. Sem considerar seu objetivo real, muitos professores utilizam as avaliações de maneira errada, como descrito por Carlos Luckesi, em seu livro *Avaliação da aprendizagem escolar*: "Os professores utilizam as provas como instrumentos de ameaça e tortura prévia dos alunos, protestando ser um elemento motivador da aprendizagem".

Você já deve ter ouvido algum professor falar: "Estudem! Caso contrário, vocês poderão se dar mal no dia da prova" ou "Fiquem quietos! Prestem atenção! O dia da prova vem aí e vocês verão o que acontecerá...". Eu já a escutei frases desse tipo várias vezes no ensino fundamental, médio e superior de professores de todas as áreas do conhecimento.

Assim, ao entender como as provas têm se tornado um fator negativo de motivação fica fácil inferir a quinta crítica ao sistema de avaliação, que está relacionada ao desenvolvimento de transtornos psicológicos nos alunos como resultado de sua utilização. Como explicado por Luckesi, em *Avaliação da aprendizagem na escola: reelaborando conceitos e recriando a prática*, os sistemas de avaliação podem trazer alterações na psique, já que muitos alunos relatam altos níveis de estresse antes e/ou durante o processo, assim como frustração no momento de receber resultados inesperados. Além disso, devido à associação direta entre a nota recebida e a inteligência imposta pela sociedade, a avaliação pode atingir de forma negativa a autoestima deles.

Em decorrência da alta tensão gerada pelo mau uso do sistema de avaliação, é possível entender como, todos os dias, milhares de janelas da memória traumáticas são abertas nos alunos do ensino superior.

Ao entender esses cinco pontos críticos, é importante repensar o processo de avaliação. Para isso, é necessário questionar como os métodos e instrumentos avaliativos podem melhorar o processo de ensino-aprendizagem. Assim, objetivo principal da avaliação deveria ser um maior índice de aprendizagem dos alunos, e não a mera aprovação ou reprovação.

Inicialmente, é fundamental compreender que o sistema educacional racionalista vicia os alunos a um pensamento dialético, em vez de estimular também o pensamento imaginário. A partir do entendimento dos tipos e da natureza dos pensamentos, torna-se possível compreender que as avaliações deveriam levar em consideração variáveis mais complexas, como o pensamento crítico, o raciocínio multifocal, o debate, a participação, a ousadia, a inventividade e não apenas exigir a repetitividade de dados. Até mesmo porque a verdade é um fim inatingível e todo conhecimento está sujeito à interpretação tanto dos que o transmitem quanto dos que o assimilam.

Dessa maneira, o processo avaliativo deve ser um meio e um fim por si só, uma vez que, através dele, pode-se diagnosticar o aprendizado dos alunos e analisar as ferramentas de ensino dos professores. Em consequência, será possível procurar mecanismos para melhorar de fato o aprendizado dos alunos e a transmissão do conhecimento pelos professores. Portanto, para que isso aconteça, toda avaliação deve ser considerada como uma forma de *feedback* tanto para os alunos quanto para os professores, de modo que se possa aprender com o erro. Assim, o sistema pedagógico eliminaria a falsa associação entre erro e fracasso que vem doutrinando a humanidade nos últimos séculos.

Entretanto, como as mudanças estruturais acontecem de maneira lenta e progressiva, de forma mais imediata, os alunos do ensino superior deveriam ser ensinados sobre o processo de formação de pensamentos e a gestão da emoção para que sejam capazes de promover a autonomia do Eu sobre o inconsciente. Assim, não serão tão influenciados negativamente pela avaliação racionalista e quantitativa que ainda está em vigência no sistema educacional.

COMPETIÇÃO NO ENSINO SUPERIOR

Os sistemas de avaliação do ensino têm repercutido de diversas formas nos alunos. Uma delas é a competição exacerbada nas instituições de ensino de maneira cada vez mais frequente.

É importante esclarecer que o objetivo não é criticar a competição, pois, em níveis saudáveis, é um excelente mecanismo motivador para buscar a melhora constante. O foco real é, em primeiro lugar, refletir sobre como um sistema educativo, que utiliza avaliação e mensuração de conhecimento de modo equivocado, gera uma competitividade absurda com a busca exagerada por demonstrar quem é "mais inteligente" na turma. E em segundo, analisar como essa competitividade afeta o processo de construção dos pensamentos e resulta na criação de janelas traumáticas na memória dos alunos do ensino superior.

A quantificação do processo de aprendizado nos estudantes tem estabelecido parâmetros vagos para mensurar o conhecimento. E, ao considerar que essa mensuração recebe uma representação numérica, os alunos desenvolvem a necessidade de demonstrar quem é o "melhor" em sala.

Ironicamente, muitas instituições de ensino promovem esses comportamentos competitivos e esquecem seu verdadeiro propósito pedagógico. Por esse motivo, grandes pensadores têm definido a educação atual como repressora ou castradora.

Com certeza você já conheceu aquele aluno que se esforçava a todo custo para tirar as melhores notas ou até mesmo já foi esse aluno. E não é uma coincidência ver esse tipo de estudante em todos os contextos pedagógicos, pois é a consequência do sistema educativo atual.

Eu lembro que, durante a minha graduação, a faculdade premiava o aluno que mais se destacou no ano com isenção da taxa de pagamento anual. O critério de seleção para receber essa bolsa era ter a melhor nota acumulada entre todos os alunos do curso. Coincidentemente, eu estava no mesmo ano de uma aluna que tinha recebido duas vezes aquela bolsa. Ela era uma estudante com muitas capacidades intelectuais que realmente a faziam merecedora da bolsa. Porém, várias vezes, percebi que, motivada por continuar recebendo a bolsa, ela ocultava informações ou ferramentas de estudo úteis para as avaliações. Lembro bem de uma ocasião na qual pedi para ela a gravação de uma aula das disciplinas mais difíceis do meu curso, que tinha uma taxa de reprovação de 70%. No entanto, depois de pedir três vezes, ela nunca me passou o arquivo e, ao final, reprovei na matéria. Depois de alguns anos, entendi que esses comportamentos não faziam parte das características de sua personalidade, mas eram resultado de um sistema educativo que promove o individualismo dos alunos.

Essas formas de competição para obter as melhores notas no ensino superior ocasionaram uma corrida sem sentido que pode originar sentimentos de inferioridade, frustração, raiva e decepção entre os alunos, o que desencadeia a abertura de janelas traumáticas nesses indivíduos.

Na última década, novos modelos de ensino surgiram com o objetivo de estimular o trabalho em equipe na sala de aula, pois é uma habilidade essencial para lidar de maneira sincronizada na vida real. Contudo, para fomentar essa ação, é necessário transformar estruturalmente as instituições de ensino superior, o processo de avaliação e a mentalidade dos professores.

Adicionalmente, os alunos devem entender que a motivação correta é tornar-se a melhor versão possível deles mesmos, e não competir com os companheiros. Além disso, é fundamental conhecer o processo de formação de pensamentos e a gestão da emoção para ter controle sobre o Eu.

REFLEXÕES FINAIS

Diferentemente do restante dos animais, o ser humano apresenta uma característica singular: a capacidade de se expressar por meio da palavra (*logos*). Segundo Aristóteles, "A palavra, porém, está destinada a manifestar o útil e o nocivo e, em consequência, o justo e o injusto. E essa é a característica do homem diante dos demais animais: possuir, só ele, o sentido do bem e do mal, do justo e do injusto etc. É a comunidade dessas coisas que faz a família e a cidade".

Assim, a capacidade de organizar pensamentos, de expressar ideias e emoções e de estabelecer uma comunicação efetiva são marcantes na sociedade humana. Durante esse processo de desenvolvimento, observamos a influência do próximo, do ambiente ao redor, da cultura vigente, ou seja, os núcleos sociais nos quais o indivíduo está inserido são decisivos para sua formação como ser humano.

Nesse sentido, a educação apresenta papel significativo, visto que, desde tenra idade, os indivíduos são inseridos em instituições de ensino e permanecem nelas durante grande parte do seu desenvolvimento até a idade adulta, quando cursam a graduação e, em alguns casos, a pós-graduação.

Entretanto, infelizmente, em diversos momentos, os educadores utilizam a palavra de modo nocivo e injusto, o que pode financiar a abertura de janelas traumáticas na mente dos alunos e, como resultado, prejudicar seu desenvolvimento como seres humanos autônomos, líderes de si mesmos, capazes de gerir suas emoções e com habilidades socioemocionais para viver em sociedade, como empatia e resiliência.

Assim, o conhecimento e a prevenção da ocorrência de situações que, em vez de produzir a autonomia, resultam no encarceramento da mente é de suma importância, como por exemplo, situações de *bullying*, de hierarquia do conhecimento, de avaliação punitiva e de estímulo à competitividade não saudável devem ser evitadas.

Dessa maneira, a educação assumirá a sublime missão de formar o ser humano para desenvolver suas potencialidades de conhecimento, de julgamento e de escolha para viver conscientemente em sociedade.

Precisamos todos embarcar nessa jornada com o intuito de promover uma educação emancipatória, que liberta o educando das amarras do sistema econômico, político e social e promove uma consciência crítica. Desse modo, uma mudança efetiva e estrutural na educação resultará na mudança tão necessária na esfera social e emocional dos indivíduos.

BIBLIOGRAFIA

ARISTÓTELES. *La politique*. Tradução J. Tricot. Paris: Vrin, 1982.

CALDEIRA, A. M. S. Avaliação e processo de ensino-aprendizagem. *Presença Pedagógica*, Belo Horizonte, v. 3, p. 53-61, set./out. 1997.

CURY, A. *20 regras de ouro para educar filhos e alunos*: como formar mentes brilhantes na era da ansiedade. São Paulo: Planeta, 2017.

CURY, A. *Freemind: Quem é o autor da sua história?* Educação emocional para uma mente livre. UniCesumar, 2015.

CURY, A. *Inteligência multifocal*: análise da construção dos pensamentos e da formação de pensadores. 8. ed. São Paulo: Cultrix, 2006.

DESCARTES, R. *Discurso do método*. Porto Alegre: L&PM Editores, 2004. 123p.

DURKHEIM, E. *As regras do método sociológico*. São Paulo: Martins Fontes, 2002. 35p.

GADELHA, M. S. V. et al. *Bullying* nas instituições de ensino superior: revisão sistemática. *Rev. Mult. Psic.*, v. 13, n. 44, p. 357-373, 2019.

FERNANDES, G. et al. *Bullying* no ambiente escolar: o papel do professor e da escola como promotores de resiliência. *Revista Sociais & Humanas*, v. 30, n. 3, p. 141-154, 2017.

FRANCESCHETTO, C. P. *Avaliação educacional*: conflitos a serem superados. [201-?]. Disponível em: <https:// meuartigo.brasilescola.uol.com.br/educacao/avaliacao-educacional-conflitos-serem-superados.htm>.

GOLEMAN, D. *Inteligência emocional*: a teoria revolucionária que redefine o que é ser inteligente. Rio de Janeiro: Objetiva, 2011.

LIMA, L. M. P. A influência dos modelos educacionais na construção de valores socioambientais. 2015. Dissertação (Mestrado em Desenvolvimento e Meio Ambiente) – Centro de Filosofia e Ciências Humanas, Universidade Federal de Pernambuco, Recife, 2015.

LOPES, L. F. L. et al. Cartesianismo e educação: algumas considerações. In: CONGRESSO NACIONAL DE EDUCAÇÃO, 13., 2017, Curitiba. *Anais...* Curitiba: PUC-PR, 2017, p. 12653-12666.

LUCKESI, C. *Avaliação da aprendizagem escolar*. 6. ed. São Paulo: Cortez, 1997.

LUCKESI, C. *Avaliação da aprendizagem na escola*: reelaborando conceitos e recriando a prática. Salvador: Malabares Comunicação e Eventos, 2003.

OLIVEIRA-MENEGOTTO, L. M. et al. O *bullying* escolar no Brasil: uma revisão de artigos científicos. *Revista de Psicologia: Teoria e Prática*, v. 15, n. 2, p. 203-215, 2013.

PANÚNCIO-PINTO, M. P. et al. Situações de violência interpessoal/*bullying* na universidade: recortes do cotidiano acadêmico de estudantes da área da saúde. *Revista Brasileira de Educação Médica*, v. 43, p. 547-556, 2019.

SANTOS, L. C.; BATISTA, G. A. As contribuições do pensamento cartesiano para a prática da educação. *Cadernos Fucamp*, v. 17, n. 29, p. 101-111, 2018.

TERRA, M. R. *O desenvolvimento humano na teoria de Piaget*. [201-?]. Disponível em: <https://www.unicamp.br/iel/site/alunos/publicacoes/textos/d00005.htm>.

VASCONCELLOS, C. S. *Avaliação*: concepção dialética libertadora do processo de avaliação escolar. São Paulo: Libertad, 1995.

VIEIRA, T. M. et al. De Columbine à Virgínia Techa: reflexões com base empírica sobre um fenômeno em expansão. *Psicologia: Reflexão e Crítica*, v. 22, n. 3, p. 493-501, 2009.

VYGOTSKY, L. S. *A construção do pensamento e da linguagem*. São Paulo: Martins Fontes, 2000.

VYGOTSKY, L. S. *Pensamento e linguagem*. São Paulo: Martins Fontes, 1987.

AUGUSTO CURY

É bem provável que eu esteja me dirigindo aqui aos leitores das gerações X e Y, isto é, pessoas nascidas entre 1970 e 1990. A maioria foi capaz de testemunhar uma infância feliz, mas com aqueles momentos desagradáveis na escola ou na vizinhança, quando o colega mais forte, mais alto ou mais ousado fazia ameaças verbais ou físicas. Na época, não tínhamos uma nomenclatura científica para esse ato; e muitos de nós tivemos de enfrentar essa fase com paciência. Outros, com revolta. E houve quem permanecesse com o trauma para o resto da vida. Entretanto, o *bullying*, do inglês *bull*, a palavra para "tirano", vem sendo estudado desde os anos 1970, caracterizado por um comportamento agressivo, intencional e repetitivo aparentemente sem motivo. Começa com um boato, ao que tudo indica, sem importância, mas que pode ser ampliado para agressões mais consistentes. Nota-se maior ocorrência entre crianças e adolescentes, mas pode ser reconhecido no meio acadêmico e profissional, talvez com o nome mais sério de *assédio*. (Por exemplo, ao realizar o tão sonhado plano de começar na faculdade, muitos "calouros" já entram com medo do "trote" promovido pelos veteranos; ou no ambiente profissional, um subordinado se encontra em um contexto de humilhação perante um chefe tirano.) Certamente devemos combater essa prática, e não tomá-la como "coisa de criança" ou "brincadeira entre amigos", a fim de assegurar ao indivíduo, seja criança ou adulto, estabilidade emocional e mesmo física para viver em paz.

Na mente, essa prática gera traumas assustadores e difíceis de serem esquecidos. A violência verbal e física, na forma de apelidos, pressão psicológica e gozações, é uma poderosa fábrica de janelas *killer* duplo P de alta gravidade; e não apenas para o agredido, mas também para o agressor. Em geral, este último, para que aja de tal forma, em algum momento de sua vida esteve (ou ainda está), dentro do teatro da vida, no papel de oprimido, que então se descontrola e passa a almejar o papel de poder do opressor. Tão importante quanto ajudar a reestruturar o Eu da vítima é ouvir o executor para a resolução do conflito em casa ou em sala de aula. Há ainda outro evento muito frequente em nossos dias, que é o jovem intimidando e agredindo o professor ou os próprios pais, ressaltando uma grave falha no que tange à empatia, que parece se alastrar na sociedade hoje. De acordo com Daniel Goleman, em sua obra *Inteligência emocional: a teoria revolucionária que redefine o que é ser inteligente*, "controlar as emoções de outra pessoa — a bela arte de relacionar-se com os outros — exige o amadurecimento de duas outras aptidões emocionais: o autocontrole e a empatia". Todo o percurso até aqui foi trilhado tendo como base, entre outros, o tema da empatia para o bom gerenciamento das emoções e uma vida mentalmente saudável. Então, nesse caso, o tratamento não poderia ser diferente.

Embora estejamos assistindo em demasia a eventos em que os alunos assumem uma postura opressora sobre o educador – evidenciada em notícias assustadoras de jovens que sofreram *bullying* no passado voltando à escola para torturar ou assassinar professores e estudantes, ou mesmo alunos vindos de comunidades/famílias violentas ameaçando educadores para que possam obter alguma vantagem – em cenários mais "comuns", também constatamos a situação inversa: professores, em razão de sua posição de poder no ambiente escolar, sendo abusivos principalmente com aqueles alunos mais "difíceis" ou relapsos. Naturalmente, não se trata de condutas corriqueiras, como chamar a atenção ou mesmo criticar um comportamento questionável, que deve ser feito em particular, por meio de diálogo e aplicação de disciplinas que proporcionem reflexão e verdadeiro arrependimento acerca de sua conduta. Entretanto, humilhar e punir o aluno diante de toda a classe trazem resultados gravíssimos que podem ser revividos durante toda a vida, propiciando a exclusão social ou mesmo uma atitude fatal de suicídio ou homicídio.

No auge do estresse, um professor que não aprendeu a gerenciar seus pensamentos e suas emoções, pode soltar um "Você só me decepciona!" ou um "Você não vai ser nada na vida!". Essas "maldições" definitivamente não estão associadas à criação consciente de limites e que surtirá algum efeito capaz de transformar comportamentos – professores e pais cartesianos são especialistas em exaltar falhas. Em geral, o *bullying* constrói uma janela *killer* duplo P na memória de uso contínuo (MUC). O Eu lê e relê aquela atitude do agressor constantemente e arquiva novas janelas, que serão retroalimentadas. *Bullying* mal resolvido é um temido sequestrador do Eu. Isso é um perigo não somente para a vítima e o agressor, mas para pessoas que nenhuma relação tiveram com o ocorrido, e mais ainda para toda a humanidade, se um exército de vítimas de *bullying* continuar a se propagar com tanta rapidez.

Mas é possível reconhecer que muitos que sofreram ou praticaram *bullying* foram capazes de dar a volta por cima e pular fora do círculo vicioso da dor. A adaptação psicológica e a reedição das janelas provocam um fenômeno que é muito significativo para a retomada do papel do Eu no palco da vida:

o poder da resiliência. Ah, como é saudável e gratificante desenvolver esse poder de superar situações difíceis por meio do aprendizado e da reflexão sobre elas! Resiliência é uma palavra emprestada da física, que indica que alguns elementos, mesmo sendo alterados, podem voltar ao seu estado original; é o que acontece, por exemplo, quando um atleta que pratica salto com vara utiliza esse instrumento, que se verga e quase quebra, e, após o salto, volta ao seu estado anterior. A resiliência humana diz respeito à virtude de "voltar ao estado original" mesmo quando "envergamos" diante de um contexto de dor. E sabendo que mais cedo ou mais tarde na vida chegaremos a um fatídico momento (ou vários momentos) de dor extrema a ponto de criar janelas altamente traumáticas, qual deve ser nossa postura? Existe apenas uma resposta: aprender, dia a dia, a suportar cada frustração, cada medo, cada angústia, de tal modo que possamos restaurar nosso estado de paz e bem-estar anterior. De outro modo, seremos eternos reféns do passado. As estruturas do passado constroem o presente, mesmo as informações armazenadas na MUC. Ainda que seja praticamente inviável reeditar toda a "biblioteca da personalidade", não podemos perder a esperança de reeditar janelas *killer* fundamentais contidas na ME e na MUC. A melhor maneira de superar o *bullying* é sendo capaz de reciclar traumas arraigados no passado (inconsciente) e cuidar para que o presente (consciente) não seja uma repetição dessas cenas.

COMPORTAMENTO DO EU
×
COMPORTAMENTO SOCIAL

CAROLINE FORTES
VICTOR DA MATA

Quantos de nós já fizemos as seguintes perguntas: "Se eu fizer isso, o que vão pensar de mim?"/"Se eu não fizer isso, o que vão pensar de mim?". Somos constantemente cobrados a nos comportar de acordo com imposições sociais, sejam diretas ou indiretas, levando-nos a questionamentos que resultam em respostas geradoras de atitudes não desejadas e munidas de insatisfação, mas ainda assim com uma força incrível de direcionar nossas decisões. As pessoas desenvolveram uma incessante necessidade de aprovação que nunca é suprida o suficiente, tornando-se mais importante ser aprovado do que ser feliz. Esse comportamento leva a um círculo vicioso em torno de expectativas alheias, que coloca nosso Eu em segundo plano e expectadores como protagonistas de nossas histórias.

Desde a infância somos ensinados a responder, contudo não nos ensinam a duvidar nem a gerir nossas emoções. Será que o que acredito que pensam sobre mim é realmente tão importante? Qual a relevância dessas pessoas na minha história? Até quando elas estarão em minha vida? Será que nos próximos anos lembrarei o nome e o rosto delas? Por que me importo tanto? Faz sentido abrir mão do que faz meu coração acelerar por objetivos que não me pertencem? Ou gastar energia e preciosos anos de vida por um propósito que não pulsa em meu coração? Perguntas assim, que só podem ser respondidas de dentro para fora, deveriam ser feitas antes de tomarmos qualquer decisão. Aqueles que optam pelo caminho perturbador da necessidade de aprovação são obrigadas a vivenciar os constantes dissabores das más escolhas.

Com frequência, mudamos de opinião, não sendo raras as vezes em que isso acontece em um curto período de tempo, o que indica mudança de visão. No entanto, também revela que devemos ter cuidado ao nos preocuparmos com o que os outros vão pensar a nosso respeito, uma vez que todos nós estamos aptos a mudar de ideia. Então, o mesmo que nos reprova hoje pode nos aprovar amanhã. Partindo desse conceito, devemos tomar consciência de que os mais importantes desejos, sonhos e expectativas estão em nosso interior, e sermos cautelosos ao tomar uma decisão, pois as alegrias e as tristezas pelas escolhas são individuais – o outro jamais poderá viver por mim os desafios da minha vida. Vale ressaltar que não sabemos de fato o que as pessoas pensam até que nos seja revelado, e fatalmente moldamos nosso comportamento de acordo com suposições.

Em todo o tempo, temos de lidar com divergência de ideias, desejos e escolhas, mas o que deve prevalecer é o Eu individual. Há inúmeras coisas que têm preço e podem ser compradas, porém a liberdade de ter nosso Eu como gestor da mente não tem preço. O maior presente que podemos nos dar é viver segundo nossa vontade, sem medo de expectativas e julgamentos alheios, pois, quer queiramos ou não, isso irá acontecer.

De fato, ter uma vida bem-sucedida tem a ver com conquistar coisas que não podem ser compradas, como liberdade, amor-próprio, autoconfiança e autossatisfação. Perdemos muito tempo tentando disfarçar quem realmente somos, nos escondemos em discursos, redes sociais, roupas caras, viagens, festas, relacionamentos e profissões, e acabamos vivendo uma ilusão, bancando um personagem que agrada à plateia, mas que gera dor, sofrimento e constante insatisfação a si mesmo. Se não me aceito, dificilmente aceitarei o que as outras pessoas são. Nós, indivíduos sociais, temos medo de fracassar, decepcionar o outro e estragar o roteiro que prepararam para nossa vida, como se nossa função fosse viver um plano idealizado por outras pessoas que têm um posicionamento e uma visão de mundo que muitas vezes vão divergir do nosso ponto de vista.

Não existe apenas um ponto de vista correto – depende da "vista do ponto". Certo ou errado, é relativo. Cada pessoa terá uma visão de mundo de acordo com suas experiências, por isso a importância de se respeitar a decisão do outro, pois as escolhas dele são baseadas no que fazem sentido para ele. Para isso, nosso Eu tem que estar bem definido como gestor de nossas vidas, praticando o respeito e a empatia com o próximo.

A vida é uma eterna construção de conhecimento, não existe a linha de chegada da vitória. É preciso aprender a apreciar a jornada, uma vez que o sentido da vida não se encontra no seu fim, e sim no seu meio. Fantasiamos nosso futuro, desejando nos sentir realizados, completos e felizes, mas se não tomamos cuidado com esse excesso de idealizações, passaremos pela vida sonhando com esse dia ideal que talvez nunca chegue, pois, como já mencionado, não existe linha de chegada. A vida é o dia de hoje. Aprendamos a usar o que temos no momento para viver as emoções que tanto desejamos.

O EU E OS OUTROS

"Quando paro de querer mudar o mundo, o mundo para de querer me mudar."

Saint Germain

Quando aceitamos nossas limitações, aceitamos as limitações do outro. Não podemos mudar certas situações, mas podemos enxergá-las de outra maneira. Às vezes, a solução não é conseguir nos encaixar, mas sim aprender a nos desencaixar. A aprovação do outro é uma eterna busca daquilo que não nos damos e que o outro nunca dará o suficiente. Se a felicidade vem de dentro, como podemos procurá-la fora de nós? O processo é muito mais simples do que parece, o mais difícil é enxergar que vivemos a vida de olhos fechados, tentando preencher vazios emocionais com ilusões. Cada vez mais são observadas pessoas com dinheiro e fama que conseguiram ser reconhecidas por milhares de outras pessoas, mas não conseguiram conhecer a si mesmas.

Criamos vidas perfeitas para o outro, mas não somos capazes de pintar uma vida linda para nós mesmos, sendo sempre muito duros e carrascos nas comparações. A grama do vizinho parece mais verde para quem não valoriza a própria grama. De longe tudo é lindo, mas será que aquela grama que você tanto admira e luta para ter não é uma grama sintética e sem vida; bela, porém falsa e estática? Sua grama é verdadeira, só você sabe quais cuidados foram e são necessários para cultivá-la. Tudo bem ter uma grama com defeitos, todos têm limitações e erros, isso mostra os detalhes da nossa história.

Jamais devemos comparar o filme de nossa vida com flashes da vida do outro; não é justo com nenhum dos lados. Nosso parâmetro jamais pode ser a vida do outro, pois a comparação é um veneno que mata aos poucos. Na sociedade da "Normose" em que estamos vivendo, a dor tem sido tão recorrente que o sofrimento do outro não nos abala, não nos move a ajudá-lo. "Bem, se eu sofro por que o outro também não pode sofrer?", nos perguntamos. Entretanto, alguns indivíduos se encontram em um nível de dor tão profundo que ver outros em sofrimento os faz sentirem-se melhor.

É lamentável saber que por medo de julgamentos cruéis, falta de coragem e, principalmente, de conhecimento a respeito das devidas ferramentas emocionais, a vida deixa de ser vivida com intensidade, que inúmeras danças deixaram de ser dançadas, beijos de serem dados, risadas de serem ouvidas, profissionais não receberam o devido reconhecimento e ideias que poderiam mudar toda a humanidade, infelizmente não foram levadas a diante.

Já parou para pensar quantas novas teorias deixam de existir e pessoas deixam de brilhar por nunca terem sido ensinadas a gerir suas emoções, a questionar seus medos, suas crenças limitantes, fobias, traumas, a não se importar tanto com a opinião de outras pessoas e ter coragem para bancar aquilo em que acreditam, utilizando as técnicas necessárias para superar suas limitações e lutar para que seus sonhos se tornem reais? Devemos aprender a ouvir, enxergar, incentivar, elogiar, apoiar, acreditar em nós mesmos, pois o maior torcedor da minha vida tem que ser eu, já que o único que estará comigo em todos os momentos sou eu.

Vivemos em uma sociedade que mentir também se tornou algo normal. Uma mentira confortável é mais valorizada que uma verdade dolorida. Não valorizamos o arrependimento nem praticamos o perdão; mesmo dentro de uma sociedade que erra o tempo todo, não somos capazes de oferecer compaixão para os que falham. Muitos indivíduos posicionam-se como juízes, lançando pedras da condenação, esquecendo que a qualquer momento são eles que também estarão recebendo pedradas e suplicando por um abraço que nunca foram capazes de dar. Precisamos acolher mais as pessoas; erros e acertos não definem ninguém, somos seres humanos com muitas limitações, ninguém constrói uma vida apenas com acertos.

O grande Mestre Jesus Cristo deixou o ensinamento de amar o nosso próximo como nós nos amamos, um ensinamento aparentemente simples, mas que deixa muito claro que precisamos nos amar para amar o outro, enxergar que temos de respeitar os diferentes, cuidar de quem está necessitando de cuidados, apoiar quem precisa de apoio e principalmente perdoar quem precisa ser perdoado. O gostoso da vida é despertar para as diversas possibilidades, entender que para um mesmo fim existem infinitos meios, alguns mais longos, outros mais curtos, todavia, todos os caminhos nos levam ao mesmo lugar. Da mesma maneira, o erro vai acontecer muitas vezes ao longo de nossa vida, faz parte do processo de evolução. O importante é reconhecer que errou, se perdoar e tentar acertar novamente, pois a vida é uma eterna tentativa.

Por fim, as experiências de outros podem ser um atalho a nos poupar de muitas dificuldades, porém devemos ter cautela e saber ser autores da própria história. Ter um filtro é fundamental, não absorver tudo nem jogar tudo fora, e sim saber dosar com equilíbrio e inteligência todas as situações que acontecem em nossas vidas. Vale lembrar que não vivemos sozinhos no mundo, cada um deve encontrar seu ponto de equilíbrio para viver em harmonia e esse ponto é individual. Podemos buscar ferramentas para alcançá-lo, mas jamais será possível seguir uma receita que servirá para todos. Vivemos nesse mundo com infinitas possibilidades e recursos, sendo assim, nossas realizações também são infinitas. Assumir a autoria da nossa história é fundamental, pois não existe ninguém melhor que você para lutar por seus desejos, portanto, nunca deixe ninguém colocar âncoras em seus sonhos. Acredite, eles são possíveis; tudo pode acontecer.

Imagine quantos casamentos fadados ao fracasso aconteceram para satisfazer a vontade dos pais, quantos profissionais infelizes exercem funções que nunca desejaram para si, quantas pessoas são pais frustrados, pois nunca desejaram ter filhos, quantos homossexuais se escondem em relacionamentos heteroafetivos para estarem de acordo com os padrões sociais estabelecidos. Essas pessoas vivem infelizes, fingindo ser quem não são. Ninguém nasceu para ser infeliz, todos têm o direito e o dever de desfrutar do melhor que o Universo tem a oferecer.

Esses são exemplos de como é possível viver, expõem todo martírio de alguém que não é o autor da própria história, demonstram a urgência em assumir o controle da própria vida e colocar o Eu como gestor da emoção, pois não faz sentido uma vida voltada a atender desejos, julgamentos e caprichos de outras pessoas. A opinião do outro é apenas do outro e eu não tenho que comprá-la.

Além disso, na jornada da vida, em diversos momentos passamos por situações que nos põem à prova e revelam nossas piores emoções. Somos ensinados a realizar operações matemáticas, a ler, escrever, interpretar; aprender sobre nosso passado, sobre a funcionalidade do corpo humano, sobre as espécies de animais e até sobre novas tecnologias. Entretanto existe um conteúdo importante para o crescimento humano que não nos é ensinado nas escolas tradicionais: a gestão emocional. Isto é, a habilidade de avaliar, analisar, controlar e expressar sentimentos com autocontrole.

A gestão emocional permite que o Eu seja o líder. Mas o que é o Eu? É a consciência do conhecimento de si mesmo, que traduz a personalidade, os anseios e lidera a mente. O Eu tem a capacidade de gerenciar pensamentos, competência para rotular, habilidade crítica e social, e classifica opiniões e pensamentos. Sendo o Eu capaz de determinar e gerir emoções e pensamentos, por que deixamos que outras pessoas abalem nossas estruturas com seus rótulos e padrões impostos pelo mundo? O Eu é líder de si mesmo!

Muitas vezes nos sabotamos e nos colocamos em situações frustrantes. A autossabotagem está ligada ao nosso Eu inconsciente, que é conduzido por medos, angústias e inseguranças. Quantos de nós já se culpou por atitudes de outras pessoas? Ou por comparar nossas conquistas com as de outras pessoas? Se você já culpou, comparou e ignorou a si mesmo, você cometeu autossabotagem.

Mas por que nos colocamos em situações assim? É simples: de fato, não colocamos o Eu como o gestor emocional de nossa vida. Com o Eu na liderança das emoções, é possível tomar decisões que nos traz a vitalidade para sermos livres. É preciso aprender a controlar as emoções para não nos tornamos prisioneiros delas.

OS CINCO PILARES DO DESENVOLVIMENTO

Para progredirmos como seres humanos, gerenciando nossas emoções, precisamos estar fundamentados sob alguns pilares. O primeiro pilar diz respeito a reconhecer as emoções. É preciso refletir sobre a maneira como estamos lidando com determinada situação, para então saber controlar a emoção, que nos leva ao segundo pilar: saber lidar com a situação, direcionando assim a emoção para a direção correta. O terceiro pilar advém dos dois primeiros: a automotivação. Por ter maior controle, conseguimos ter motivação para viver, e situações externas não são fatores que podem interferir no cumprimento de nossas metas.

O quarto pilar da gestão emocional é a empatia – quando somos capazes de nos colocarmos no lugar do outro, tendo mais sensibilidade. O quinto pilar é caracterizado por sabermos nos relacionar com outras pessoas. Este último é sobre relacionamentos interpessoais construídos pelos resultados da capacidade de reconhecer e controlar as emoções, e depois, lidar com elas. Então uma energia positiva cresce a nossa volta, a qual é capaz de contagiar as pessoas que estão ao redor, influenciando em uma melhor qualidade de vida.

JANELAS DA MEMÓRIA DE TÉCNICAS DE EDIÇÃO

Somos detentores de uma capacidade magna de registrar experiências e sensações em nossa memória, sejam boas ou ruins. Muitos tentam deletar lembranças que consideram más, às vezes com o objetivo de deixar de sofrer, mas isso não é possível. Ao recusar tal memória, seja de rejeição, perda, insulto ou qualquer outra coisa que consideramos negativa, estamos reafirmando o registro dessa memória em uma janela *killer*, a qual é lida pelo Eu. Isso se torna um círculo vicioso para quem não conhece as ferramentas e estratégias da gestão emoção.

Vamos ilustrar isso com um exemplo. Em uma discussão entre professor e aluno, aquele insultava o aluno com apelidos pejorativos e brincadeiras de mau gosto. No calor da hora, o aluno não reagiu, entretanto, na saída do professor, ele caiu em lágrimas. Foi exatamente nesse momento que o registro automático da memória (RAM) do aluno criou uma janela *killer* para aquela situação.

Nossas emoções podem definir a janela em que uma situação ou um comportamento será registrado, podendo ser uma janela *light* ou uma janela *killer*. A janela *light* é onde registramos a tranquilidade, alegrias, o prazer, a serenidade e a lucidez; a janela neutra é onde guardamos informações básicas, dados, números, endereços, trajetos, formas; já a janela *killer* é onde registra a ansiedade, agressividade, irritabilidade, fobias e a irracionalidade.

Dependendo da quantidade de tensão, o registro é mais acentuado e mais propício a determinada leitura. Esse registro é feito na memória de uso contínuo (MUC), que representa a memória mais utilizada no dia a dia, usada pela consciência.

Sentimentos negativos vão em geral para a memória RAM, e por sua base de medo ou vergonha, são registrados em janelas *killer* duplo P, que aprisionam o Eu naquele momento que se quer deletar. E quanto mais se tenta apagar essa memória, mais ela se desloca para o inconsciente, na memória existencial (ME).

As emoções têm o poder de distinguir em que tipo de janela fará o registro, bem como o grau de abertura da memória. Há vezes em que nos vemos em situações nas quais não sabemos como reagir, e perdemos a habilidade de pensar, avaliar, controlar e analisar a emoção. Então reagimos de maneira equivocada ou por instinto. O que define um pensador não é a quantidade de informações que ele conseguiu adquirir ao longo da vida, mas a maneira como organiza novas ideias. De modo saudável, não é possível apagar lembranças, entretanto é possível reeditá-las, e isso é realizado através técnicas e estratégias.

Por exemplo, a técnica de duvidar, criticar, determinar (DCD) fortalece a liderança do Eu. Através dessa técnica, o Eu é líder de si mesmo e não de seus pensamentos, e assim, reedita o inconsciente. Para colocá-la em prática, duvidamos de pensamentos que nos perturbam e que estão nos controlando, como os pensamentos negativos. Devemos dizer a nós mesmos: "Eu duvido do que as pessoas falam de mim"; "Eu duvido que eu não consiga ser feliz"; "Eu duvido que as pessoas irão me rejeitar"; "Eu duvido que vou fracassar". Assim, implantamos sobre o medo, a dúvida. A crítica faz com que pensamentos perturbadores não tenham voz. Devemos criticar cada preocupação e angústia em demasia, perguntando ao nosso Eu: "Por que estou assim?"; "Por que acredito no que eles dizem sobre mim?"; "Por que ainda penso nisso?". Com esses questionamentos sobre essas emoções e esses pensamentos, é possível reeditar memórias. Por último, determinamos que nosso Eu seja livre, confiante e o autor da própria história, dizendo: "Eu decido ser livre"; "Eu decido ser feliz"; "Eu decido ser uma versão melhor de mim todos os dias"; "Eu decido amar a vida". Ao determinar isso, causamos no Eu uma afirmação do que realmente desejamos.

Uma forma de acender o prazer de viver e ter uma vida harmônica é contemplar o belo, perceber que a simplicidade e os detalhes é que têm o real valor. Contemplar o belo é saborear os sabores da vida, é estar no presente, prestar atenção no voo dos pássaros, perceber a respiração, sentir o vento no rosto, é admirar as cores das flores, se encantar com as paisagens e sentir o calor do sol. Ao contemplar geramos um sentimento de gratidão que nos leva ao prazer de viver e a ter bom humor. Contemple as pequenas coisas que devido a correria e o desgaste do dia a dia passam despercebidos, valorize momentos entre amigos, familiares, explore a vida, elogie as pessoas, namore a vida, não se preocupe tanto com que as pessoas vão pensar sobre você, viva o hoje e seja feliz!

Liderar a própria vida é ter sabedoria de pensar antes de agir para não magoar o outro e não destruir seus sonhos por uma palavra maldita. Um gestor emocional sabe colocar-se no lugar do outro e ser **humano**, porque nos dias de hoje essa palavra antada bastante esquecida.

Seja autor da sua própria história, ame-se, tenha um caso de amor com você mesmo, faça da sua vida um espetáculo onde a sua performance é gerida por você e regada por sentimentos genuínos.

O IMPACTO DA GESTÃO DA EMOÇÃO EM NOSSA VIDA

Saber lidar com as emoções não é fácil – infelizmente crescemos em uma sociedade que não nos dá diretrizes para fazê-lo. Na verdade, vivemos sob a imposição de sentimentos frios e relacionamentos superficiais, criando assim uma geração incompreendida, que não desenvolve o autoconhecimento para lidar com as emoções e vive à flor da pele.

Ao conhecer as estruturas do pensamento, praticando as técnicas corretas para tal, o Eu se torna gestor das nossas emoções. E isso é primordial para se ter saúde, sucesso e, mais além, aprender a apreciar o simples, o belo, as pequenas coisas diárias que enchem o coração de alegria e vontade de viver. Entender e abraçar nossos erros, faz parte do processo evolutivo. Ao fazermos isso, nós nos perdoamos e conseguimos perdoar; amamos e conseguimos amar; nós nos aceitamos e conseguimos aceitar o outro. Encontramos o Eu que habita em nós, mas que há muito tempo procurávamos em outras pessoas. Isso é ser feliz e fazer as pessoas felizes, não sendo apenas mais uma experiência amarga na vida de alguém que passou por nós, mas sim uma doce presença e lembrança.

Embora façamos parte dessa sociedade ansiosa e superficial, ainda existem pessoas que buscam desenvolver o autoconhecimento e o autocontrole e fazem com que hoje seja possível ter em nossas mãos um conhecimento profundo sobre a gestão da emoção.

A Gestão da Emoção na formação de professores do ensino universitário, dota o professor de autoconhecimento e o ajuda a compreender as ferramentas para se ter uma vida mais harmônica. Esses ensinamentos, despertam em nós a consciência da complexidade que é a mente humana, o que faz com que percebamos que para ser um professor que faz a diferença na vida dos alunos, o conhecimento deve ir muito além da técnica.

Ao enxergar a responsabilidade e ao mesmo tempo o desafio enfrentado por quem escolheu ensinar, e esse ato vai muito além de transmitir conhecimento e formar meros repetidores, deve-se ter a consciência de que o professor é um facilitador no processo de ensino e aprendizagem. Nesse sentido, é de suma importância que entenda que o protagonista na sala de aula não é ele, mas sim seus alunos. Esses alunos são pessoas cheias de sonhos, medos, frustrações, ansiedades, mazelas sociais e traumas que influenciam diretamente no processo de construção de conhecimento. Nessa experiência, o mais gostoso é aprender também quais ferramentas devem ser utilizadas para lidar com todos os desafios do ser humano.

A técnica Duvidar, Criticar e Determinar (DCD) os pensamentos, nos rege a uma qualidade mental muito melhor. Estar no âmbito docente é um desafio para todos os dias, pois a todo momento estamos criando janelas em nossos alunados e devemos ser empáticos para que elas possam refletir e transmitir paz e amor, para que esses indivíduos consigam seguir o seu sonho e apreciar o que têm de mais belo: a vida.

Se retomarmos Paulo Freire, hoje seria possível entender com exatidão suas falas em relação à liberdade e ao conhecimento, e acredito que sem essa liberdade de ser e expressar quem somos não é possível ser um verdadeiro criador de ideias e realizador de sonhos.

O conhecimento que construímos não pode e não vai morrer em nós, pois queremos espalhar toda essa experiência para que outras vidas também possam mudar, para que outras pessoas também aprendam a se amar, a se perdoar, a apreciar os menores detalhes e comemorar as mínimas vitórias.

Nós temos o poder de definir e editar o que queremos em nossa vida: viver dias melhores e saudáveis ou dias de guerras e sofrimento. Viver é um risco, e esse risco devemos correr para ter uma vida saudável e abundante. Custa tão pouco, e muitas vezes não custa nada, ter atitudes que vão marcar e melhorar a vida das pessoas, enchendo o mundo de janelas *light*! Chega de tantas janelas *killer*! Nossa missão na área da educação é construir janelas, e por onde passarmos, devemos deixar uma linda e colorida janela *light*.

BIBLIOGRAFIA

ALVES, R. *O cérebro como foco e disciplina*. São Paulo: Gente, 2014.

CURY, A. *Fascinante construção do eu*. São Paulo: Academia, 2011.

CURY, A. *Inteligência multifocal*: análise da construção dos pensamentos e da formação de pensadores. 8. ed. São Paulo: Cultrix, 2006.

CURY, A. *Mentes brilhantes, mentes treinadas*. São Paulo: Academia, 2012.

CURY, A. *O homem mais feliz da história*. Rio de Janeiro: Sextante, 2017.

CURY, A. *Pais brilhantes, professores fascinantes*. Rio de Janeiro: Sextante, 2003.

MANSON, M. *A sutil arte de ligar o f*da-se*. Rio de Janeiro: Intrínseca, 2017.

ROBBINS, T. *Desperte seu gigante interior*. Rio de Janeiro: Best Seller, 2019.

AUGUSTO CURY

Gerenciar ou administrar – isto é, manter sob controle, dirigir – exige de quem o executa conhecimento especializado para realizar tal tarefa de modo eficaz e consistente. Em uma grande ou mesmo média empresa, há gestores em departamentos diferentes, os quais estabelecem metas, avaliam custos, supervisionam, criam e melhoram processos. Dentro de um lar, pais e mães cuidam para que toda a casa funcione, fazem listas do mercado, organizam as roupas para lavar, limpam a casa e delegam tarefas. Se nestas e em tantas outras esferas da vida exterior somos intimados a ocupar o lugar de gerente, por que seria diferente com nossa vida interior? Se em uma empresa ou família não houver o mínimo de organização e a manutenção de certo controle, nada funciona, e a instituição vai à falência. E não é isso que ocorre na mente quando nosso Eu não está sentado na cadeira de gerente?

No que tange ao gerenciamento do Eu, este encargo engloba a função de controle sobre a construção de pensamentos, emoções e história existencial. Um gerenciamento efetivo do Eu possibilita abandonar o papel de vítima de cargas genéticas, heranças de comportamento e contextos psicológicos adversos para assumir o protagonismo e modificar sua história pessoal. Alguém que adquiriu entendimento sobre essa necessidade e o empregou em prol de construir uma história mais propositiva, precisou lidar, em primeiro lugar, com as próprias emoções, em maior grau com aquelas mais difíceis, como as que envolvem frustrações, dores, desilusões, carências e rejeições. Por quê? Porque se o Eu for capaz de alcançar essas emoções arquivadas em janelas traumáticas, reciclá-las de modo que se convertam em janelas *light*, o retorno para o indivíduo será na forma de aprendizado em vez de permanecerem como uma punição eterna.

Em meu livro *O código da inteligência*, tratei de uma série de oito códigos do intelecto que, ao serem decifrados, nos levam a despertar a criatividade e a capacidade de superação de dificuldades, bem como aguçam nossas potencialidades, transformando-nos em poderosos gestores e líderes da própria vida. Dediquei-me, então, ao estudo desses códigos vitais para o desenvolvimento de seres humanos efetivamente bem-sucedidos, inundados da paz e do bem-estar que somente uma boa gestão socioemocional pode trazer. Dessa maneira, os cinco pilares discutidos no artigo (reconhecer emoções, saber lidar com as circunstâncias da vida, automotivação, empatia e desfrutar dos relacionamentos interpessoais) representam o fundamento desse estudo, e o resultado foi a delimitação dos seguintes códigos:

- O Eu como gestor do intelecto – leva à preservação da saúde psíquica; libertação de pensamentos cativos e padronizados; valorização da qualidade de vida.
- Autocrítica – propõe pesar as consequências de todo e qualquer comportamento.
- Resiliência – trata da capacidade de enfrentar desafios e depois voltar ao estado original (conferir meu comentário ao artigo anterior para mais detalhes).
- Altruísmo ou empatia – colocar-se no lugar do outro e não exercer julgamentos.
- Debate de ideias – leva a atitudes de segurança, determinação e decisão; fluidez e coerência nas ações; opiniões bem definidas e poder de negociação.
- Carisma – tornar-se alguém amável, inspirador e motivador. Gera a habilidade de se tornar um bom líder em qualquer situação; valorização daquilo que possui, mais do que daquilo que não possui.
- Intuição criativa – diz respeito à construção de um raciocínio histórico social e psíquico; libertar a imaginação por meio da intuição e da inovação; proatividade e visão.
- Eu como gestor da emoção – produz autoconfiança e estabilidade emocional; uma mente livre e criativa deixa de ser escrava de emoções destrutivas.

Observe que o final da lista de oito códigos nos remete ao Eu como gestor da emoção, uma vez que esse é o objeto dos desejos de todo aquele que vem percorrendo a estrada do aperfeiçoamento das potencialidades psíquicas e intelectuais. No entanto, engana-se quem crê que este é um ponto de chegada definitivo. O trabalho de gerenciar é um processo, uma vez que precisamos fortalecer todas essas práticas ao longo da nossa jornada no planeta como seres humanos, lapidando e forjando a maior obra de todos os tempos: a Criação. Para concluir, analisemos a seguinte lista de ferramentas para dar início e se manter no processo. Ainda que seja lento e que muitas vezes haja falhas, não desistir é o que diferencia líderes de escravos das emoções.

- Tenha consciência da existência do Eu, o qual representa a capacidade de escolha, a autodeterminação e consciência crítica.

- Treine diariamente o Eu para administrar pensamentos.
- Conscientize-se de que a qualidade dos seus pensamentos pode comprometer sua saúde psíquica.
- Faça a higienização da mente com as técnicas Mesa Redonda do Eu e DCD (veja artigo e comentário anterior para mais detalhes).
- Recicle e reedite janelas traumáticas sempre que necessário.
- Desacelere pensamentos e a própria vida; fuja da síndrome do pensamento acelerado.

ESTRATÉGIAS DE GESTÃO DA EMOÇÃO PARA O FORTALECIMENTO DO EU DOS ESTUDANTES

JOÃO LISBOA DE SOUSA FILHO

CONTEXTO E PERFIL DO ESTUDANTE DO ENSINO SUPERIOR

A partir dos anos 2000, houve um aumento do número de estudantes que concluíam o ensino médio e, em consequência, maior demanda de acesso ao ensino superior. Com isso, foram gradativamente implementadas políticas públicas de acesso ao ensino superior, primeiro no âmbito privado, e depois nas instituições públicas, também com o propósito de garantir a inserção daqueles que se encontram em situação de exclusão na sociedade, caracterizados por situação de vulnerabilidade social histórica. Com a expansão do número de vagas, evidentemente existe uma diversidade de alunos, com culturas e realidades distintas, apresentando-se como um desafio para a prática docente.

De maneira análoga, às características socioeconômicas somam-se a diversidade dos comportamentos socioemocionais. Segundo Augusto Cury, desde a infância, o excesso de estímulos e atividades prejudicam a gestão da emoção, pois pouco induzem à interiorização, prática importante para a construção saudável dos pensamentos. Em consequência, os indivíduos assumem comportamentos agitados e ansiosos, e com baixo limiar para lidar com frustração, os quais facilmente confundidos com psicopatologias e tratados com medicalização desnecessária.

Cury, em seu livro *Ansiedade: como enfrentar o mal do século*, afirma que a síndrome do pensamento acelerado (SPA) é um dos sintomas da ansiedade, caracterizada como o mal do século, que atinge pessoas de todas as idades. Resultado de aspectos da sociedade moderna, como o consumismo, o rápido fluxo de informações e processos, bem como o estresse, alteraram o ritmo de construção dos pensamentos, culminando em prejuízos para a saúde emocional, o prazer de viver, o desenvolvimento da inteligência e da criatividade, e para a sustentabilidade das relações sociais.

Segundo a Organização Mundial da Saúde, em 2017, o número estimado de pessoas vivendo com transtornos de ansiedade era de 264 milhões em 2015, refletindo um aumento de 14,9% em uma década. Destaca-se que os transtornos de ansiedade são considerados a sexta maior causa de incapacidade em saúde no mundo, sendo mais prevalentes em pessoas do sexo feminino (4,6%) comparado a pessoas do sexo masculino (2,6%). O Gráfico 1 demonstra a prevalência global de transtornos de ansiedade por idade e sexo no mundo. Observa-se que as prevalências na faixa etária de 15 a 29 anos, que engloba os estudantes universitários em sua maioria, são quase equivalentes às da fase adulta, em ambos os sexos. Isso pode sugerir certa cronicidade dessa condição.

Gráfico 1. Prevalência global de transtornos de ansiedade por idade e sexo no mundo.

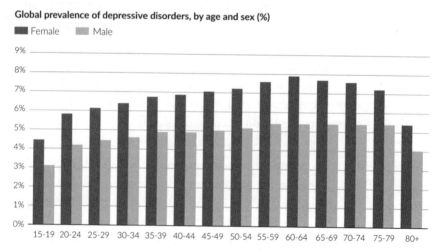

Fonte: Global Burden of Disease Study 2015 (http://ghdx.healthdata.org/gbd-results-tool) Regional data shown are age-standardized estimates.

Portanto, reconhecer as complexidades objetivas e subjetivas dos estudantes é uma premissa para mudanças institucionais e pedagógicas, a fim de se evitar reprovações e dificuldades múltiplas no ensino superior e, por consequência, reduzir a evasão.

DIFICULDADES DE DESEMPENHO NO ENSINO SUPERIOR E O DESFECHO DA EVASÃO

A evasão escolar se caracteriza como a saída definitiva do aluno de seu curso de origem sem concluí-lo. No ensino superior, essa prática causa prejuízos sociais, acadêmicos e econômicos, e se constitui como uma fonte de ociosidade de professores, funcionários, equipamentos e espaço físico, com perdas tanto no setor público – como investimentos de recursos públicos sem retorno – quanto no setor privado, pela significativa perda de receita. No âmbito acadêmico, há prejuízos de tempo e investimento institucional. Portanto, é um tema bastante desafiador no contexto educacional.

No ensino superior, a temática ganha contornos ainda mais dramáticos na medida em que se relaciona com expectativas no campo da profissão que impactam diretamente no projeto de vida do estudante. Além da presença de elementos externos, como o financiamento, sobretudo nos casos do ensino privado, e condições de permanência na universidade, fatores como reprovação, decepção com o conteúdo e dificuldade na transição do ensino médio para o ensino superior contribuem para a ocorrência de evasão, sendo a repetência, em algumas disciplinas, especialmente no primeiro e no segundo ano, um dos principais motivos que leva o aluno a abandonar o curso. Existe uma influência significativa da repetência na evasão dos estudantes. Conforme ressaltam os autores Fernanda Leon e Naércio Menezes Filho, em seu artigo de 2002, "Reprovação, avanço e evasão escolar no Brasil", a taxa de evasão de um estudante repetente pode ser três vezes maior do que a do estudante que nunca repetiu.

A reprovação é quase sempre independente do período de vida ou idade. Além de atrasar a formação, a repetência pode desencadear sentimentos de inferioridade, fazendo o aluno questionar o próprio potencial, reduzindo ainda mais o desempenho e agravando problemas extraclasse. Num desfecho extremo, opta-se pela evasão. Diante desse contexto, sugere-se que há carência de técnicas de gestão da emoção e demanda no desenvolvimento de habilidades socioemocionais, tanto dos alunos como dos professores, para lidar com frustrações e desafios.

Em 2011, as pesquisadoras Marinalva Rissi e Martha Marcondes conduziram um estudo na Universidade de Londrina (PR) e observaram que muitos colegiados apresentavam como um dos principais motivos para reprovação e retenção o desestímulo provocado pela complexidade dos conteúdos das disciplinas dos cursos superiores em relação aos do ensino médio. Percebeu-se também que havia muita influência dos índices de retenção e reprovação, ocasionando a evasão. Nesse sentido, os projetos pedagógicos dos cursos devem ser objetos de acompanhamento e de autoavaliação constante, buscando verificar se os conteúdos e as disciplinas atendem à necessidade de formação profissional diante da demanda da área de atuação, ao mesmo tempo que contribuem para a consciência cidadã no contexto de uma sociedade complexa.

PRÁTICA DOCENTE: TÉCNICAS DE ENSINO-APRENDIZAGEM E TÉCNICAS DE GESTÃO DA EMOÇÃO

A Reforma Universitária de 1968, brevemente discutida por Helena Chamlian, em seu artigo de 2003, "Docência na universidade: professores inovadores na USP", pode ser um dos fatores associados a uma prática de ensino ainda pouco normatizada, causando certo despreparo do educador diante das adversidades de uma nova esfera estudantil. Segundo a autora, a Reforma marcou a indissociabilidade entre ensino e pesquisa, ou seja, tornou obrigatório que todos os professores universitários sejam pesquisadores em paralelo à profissionalização. Esse fato, associado à baixa normatização da prática educacional, se comparado às diversas políticas pedagógicas instituídas na formação para docência no ensino básico, resultou em um corpo de professores de elevada qualidade científica, no entanto limitados em atender amplamente às exigências pedagógicas em constante transformação.

Além da reflexão sobre os aspectos pedagógicos e didáticos, deve haver uma preocupação com a gestão da emoção dos estudantes para que a educação seja "libertadora", em vez de fomentar cárceres mentais. Necessita-se de professores/educadores empáticos, que visualizem cada estudante em suas individualidades, e os estimulem a produzir conhecimento de maneira amistosa e entusiasmada, colocando o Eu como protagonista da própria história, principalmente nos momentos de desafios e frustrações, para que todas essas circunstâncias não os levem a formar janelas *killer* em suas mentes, o que contribui para que sejam tomadas atitudes irracionais diante da ativação de gatilhos.

Segundo o modelo proposto por Bean, em 1980, a decisão de evasão é um processo no qual as opiniões influenciam as atitudes, e consequentemente as decisões. Nesse sentido, um dos motivos que pode levar à evasão é a decepção com o conteúdo, abrangendo fatores externos à universidade e fatores internos. Os fatores externos podem envolver escolha precoce da profissão, dificuldade de adaptação à vida universitária e impasses relacionados ao ensino-aprendizagem. Entre os fatores internos, incluem-se questões ligadas a recursos humanos, aspectos didático-pedagógicos, composição curricular, além de assuntos de permanência estudantil na universidade.

A oportunidade de conhecer e aplicar técnicas de gestão da emoção no ambiente universitário poderia favorecer o fortalecimento do Eu dos estudantes para uma tomada de decisão mais consciente, e possivelmente auxiliar na trajetória acadêmica e na sua formação, ou melhor, construção integral, como indivíduo e profissional. Técnicas de gestão da emoção como: mesa redonda do Eu, duvidar, criticar, determinar (DCD) – para reeditar a memória –; o Eu como consumidor emocional responsável; além de técnicas de habilidades socioemocionais específicas (como pensar antes de reagir, empatia, proatividade, se reinventar nas dificuldades, não se curvar à dor, ser líder de si mesmo, aumentar o limiar para suportar frustrações, tolerância social, resiliência, pensar como humanidade e não apenas como feudo social); podem auxiliar tanto alunos como professores nesse complexo universo que compreende a construção do conhecimento técnico, científico e humano.

Nesse contexto, o professor tem responsabilidades importantes em sala de aula, no sentido de promover um ambiente acolhedor e ser um modelo em relação à carreira para o aluno. Ser professor vai além de exercer a função de ensinar por meio da transmissão de conhecimento, de modo pragmático e cartesiano, mas sim estimular, provocar reflexões e ser um verdadeiro facilitador do conhecimento. É o conjunto de características descritas a seguir que farão a diferença entre o professor do educador, pois o educador é alguém que agrega paciência, sabedoria, crítica e solidez de valores.

O educador quer conhecer seu aluno, bem como suas dificuldades, suas necessidades, sua história de vida, seus anseios e suas potencialidades. O professor completo é aquele que também é educador, que sente satisfação em promover aprendizagem e que está disposto a auxiliar seus alunos, inclusive no desenvolvimento de habilidades socioemocionais e de gestão da emoção.

A existência das múltiplas inteligências e dos vários estilos de aprendizagem dos alunos evidencia que cada turma apresenta características próprias. Assim, cabe ao professor utilizar as inúmeras estratégias disponíveis para adequar o processo de ensino-aprendizagem a fim de alcançar os objetivos definidos no planejamento.

O sociólogo francês Edgar Morin, em seu livro *Os sete saberes necessários à educação do futuro*, afirma que nos dias de hoje são necessárias novas práticas pedagógicas que objetivem uma educação transformadora que esteja centrada na condição humana; no desenvolvimento da compreensão, da sensibilidade e da ética; na diversidade cultural; na pluralidade de indivíduos; e que privilegie a construção de um conhecimento de natureza transdisciplinar, envolvendo as relações indivíduo-sociedade-natureza.

Jean Piaget, na obra *Para onde vai a educação?*, (re)afirma a importância da atitude do professor:

> Se ele [o professor] quer transformar a sala de aula numa monarquia absoluta, tem poder para tal. Mas, se ele quer formar cidadãos livres e autônomos precisa, na prática, usar a democracia em sua sala de aula. Uma democracia que possibilite ao aluno mais do que a aquisição de conhecimentos. Mas, [...] um direito a forjar determinados instrumentos espirituais, mais preciosos que quaisquer outros, e cuja construção requer uma ambiência social específica, constituída não apenas de submissão.

A DIMENSÃO DO EU PARA A CONSTRUÇÃO DA EDUCAÇÃO DO FUTURO

Novas dores e transtornos caracterizam os jovens nos dias atuais. De acordo com Groppo em seu livro *Introdução à sociologia da juventude*, diante das dificuldades de atribuir sentido às suas ações e conectar tempos e espaços de experiências diversas, os jovens vivenciam a atualidade de maneira diferente dos pais. Nesse contexto, observa-se a cultura do excesso. No esforço de identificar algum sentido por meio da comunicação e de experiências, os jovens se inserem em uma pluralidade de redes e grupos, sem estabelecer vínculos duradouros, mas dos quais entram e saem com muita frequência. Debilitam-se, assim, os pontos de referência para construir identidades. Também, muitos jovens sofrem da síndrome do pensamento acelerado (SPA) devido ao contexto social atual, destacando-se a era digital e o excesso de tempo em frente às telas. Assim, Augusto Cury propõe, em *20 regras de ouro para educar filhos e alunos*, ferramentas para que se possa utilizar a energia criativa dos jovens em prol do desenvolvimento da gestão da emoção.

Se por um lado entende-se que o método cartesiano teve e tem sua relevância para o desenvolvimento das ciências, por outro, observa-se que, aplicado à educação, mitigou o desenvolvimento emocional de crianças e jovens. Portanto, é necessário um movimento que promova o desenvolvimento das habilidades socioemocionais dos estudantes para além da "grade curricular" em qualquer nível de ensino.

Edgar Morin também ressalta a importância de se ter o pensamento complexo, ecologizado, capaz de relacionar, contextualizar e religar diferentes saberes ou dimensões da vida. A humanidade precisa de mentes mais abertas, escutas mais sensíveis, pessoas responsáveis e comprometidas com a transformação de si e do mundo. O autor enfatiza que o ser humano é, a um só tempo, físico, biológico, psíquico, cultural, social e histórico. Essa unidade complexa da natureza humana é totalmente desintegrada na educação por meio das disciplinas, tendo-se tornado impossível aprender o que significa ser humano. É preciso restaurá-la, de modo que cada um, onde quer que se encontre, tome conhecimento e consciência, ao mesmo tempo, de sua identidade complexa e de sua identidade comum a todos os outros humanos. Desse modo, é possível reconhecer o caráter ternário da condição humana, que é ser, ao mesmo tempo, indivíduo-sociedade-espécie.

Nesse contexto, vale ressaltar a importância de uma comunicação efetiva que se dá por meio da escuta, seja pela linguagem verbal ou pela percepção da linguagem não verbal. Os autores Christian Dunker e Cláudio Thebas discorrem em sua obra *O palhaço e o psicanalista* sobre a arte da escuta para o estabelecimento de relações verdadeiras e saudáveis. Os autores afirmam que a escuta se desenvolve pautada nos quatro *"agás"*: hospitalidade, hospital, hospício e hospedeiro; que de modo sucinto, referem-se, respectivamente, a acolhimento, cuidado, respeito às diferenças e visão de mundo, ao deixar que o outro seja quem ele é. Para isso, é necessário abster-se de toda e qualquer posição de poder e julgamento para estar aberto e atento, e possibilitar que a fala do outro possa ressoar nele próprio através do ouvinte. Em suas palavras; "em uma conversa, assim como numa viagem, a quantidade de controle é inversamente proporcional à qualidade do encontro. Em última instância, onde há excesso de controle já não há encontro, nem cuidado, nem escuta" (p. 131). Em seu prefácio, o livro destaca o papel do ambiente escolar, passível de ser adaptado para o universitário, cuja fala é de uma educadora que diz que o ambiente onde se processa a educação é um ambiente de encontros. Sobre o papel de verdadeiros líderes, a educadora recomenda:

> que conseguem colocar no centro de sua experiência com o outro uma espécie de não saber. É porque eles não sabem exatamente como agir que se orientam para pedir ajuda, que criam grupos de trabalho para si, aos quais respeitam genuinamente, pois sabem que dependem de cada qual para chegar a algum lugar. Um líder escutador tem por contraste o líder que fala, o condutor e maestro que com seus longos discursos e com sua atitude em geral controladora dirige as pessoas, mas não dirige o processo.

Esse trecho vai muito ao encontro da abordagem de Augusto Cury sobre educadores, líderes e pais reconhecerem as próprias fragilidades e equívocos, e serem capazes de se inserir no processo, deixando clara a necessidade um dos outros para, assim, criarem pontes, e não muros. E é nessa relação de reciprocidade que os jovens podem reelaborar seus pensamentos, suscitar reflexões e mudar comportamentos.

Mais uma vez alude-se a Edgar Morin, que aborda em sua obra os erros mentais no processo de desenvolver o conhecimento. O autor considera que cada mente é dotada de um potencial de mentira para si próprio que atua como fonte permanente de erros e ilusões. O egocentrismo, a necessidade de autojustificativa e a tendência a projetar sobre o outro a causa do mal fazem com que o indivíduo minta para si próprio, sem detectar a mentira de própria autoria, embora não se reconheça. O autor complementa que a própria memória também é fonte de inúmeros erros. A memória, não regenerada pela rememoração, tende a degradar-se, mas cada rememoração pode embelezá-la ou desfigurá-la. Isso nos remete ao processo de formação de pensamentos, suscitado por Augusto Cury, com base no papel da memória e sua influência na constituição do Eu, ou seja, no desenvolvimento da consciência crítica que exerce influência importante na capacidade de escolha e na personalidade. O processo de formação de pensamentos pode ser ilustrado num formato de círculo vicioso ou de uma cascata de eventos, conforme a Figura 1, a seguir.

Figura 1. A formação dos pensamentos.

Observa-se na Figura 1 que um gatilho (ou autochecagem), uma emoção ou situação pode desencadear uma série de eventos no campo da memória. A ativação de janelas (ou arquivo mental) desperta lembranças e experiências vividas. Se as janelas se caracterizarem como janelas *killer*, ou lembranças traumáticas, a fixação nesses dados, desempenhada pelo fenômeno da âncora, pode gerar um autofluxo que atua no resgate de traumas. Portanto, a qualidade dos pensamentos está diretamente relacionada à qualidade das experiências de vida, bem como da percepção e da capacidade de reelaboração das experiências traumáticas.

Para o fortalecimento do Eu é necessário criar memórias saudáveis, as janelas *light*, que iluminem o Eu e auxiliem a reeditar as janelas *killer*. Essas janelas positivas podem influenciar na formação ou na reedição da personalidade, processo longo e dependente de habilidades como resiliência, alegria com a simplicidade e capacidade de encantar pessoas.

Ainda em sua obra *20 regras de ouro para educar filhos e alunos*, Augusto Cury afirma que para educar o Eu como gestor da mente humana é fundamental ensinar aos jovens como serem autônomos ou líderes de si mesmo. Ser autônomo exige olhar primeiro para nós mesmos, para depois observar os outros, o que se consegue ao desenvolver habilidades emocionais e posturas como: silêncio proativo (pensar antes de agir; não brigar, ferir ou agredir aquele que agride); empatia; tolerância social (ser flexível e aumentar o limiar para suportar frustrações, desenvolvendo resiliência para se reinventar nas dificuldades); e não viver em função da cabeça dos outros nem da aceitação social.

Os educadores devem estar atentos a estimular o desenvolvimento dessas habilidades emocionais nos estudantes para que passem a refletir sobre si mesmos, e assim possam desenvolver mais autonomia e fortalecimento emocional. Como já mencionado, esse estímulo pode ser realizado com o auxílio de técnicas de gestão da emoção, como por exemplo, a mesa redonda do Eu. Em suma, a técnica consiste em um exercício frequente de autodiálogo, conduzido por perguntas, diante de situações, sensações ou emoções conflitantes, como: Por quê? Como? Onde? Qual o fundamento? Dessa maneira, é possível acolher mentalmente os pensamentos e abrir um debate interno para reelaboração da visão de si próprio por meio da criação de novas janelas *light* e da reedição da memória e dos pensamentos.

O processo de mudança começa com a decisão de mudar. Cada indivíduo deve reconhecer que a condição humana não é finita, mas uma constante construção. Adquirir a leveza de ser e estar, se sentir bem na própria companhia e rir de si mesmo são as melhores ferramentas para o amadurecimento e a superação, em vez de ruminar mágoas e destilar críticas e julgamentos. E, assim, aprender a valorizar quem se é, valorizar as conquistas e as aprendizagens da vida.

Cabe adaptar a célebre citação de Paulo Freire: "quando a educação não é libertadora, o sonho do oprimido é ser o opressor". Que os educadores de hoje possam ser incentivadores para a libertação de tudo o que aprisiona, inclusive das correntes mentais nos jovens.

IMPACTOS DA GESTÃO DA EMOÇÃO NA VIDA SOCIOEMOCIONAL

Em *Pais brilhantes, professores fascinantes*, Augusto Cury expõe um sistema educacional doentio que se arrasta por séculos. Crianças e jovens aprendem a lidar com fracassos e falhas, aprendem a resolver problemas matemáticos, mas não sabem resolver seus conflitos existenciais; são treinados para fazer cálculos e acertá-los, mas a vida é cheia de contradições emocionais que não podem ser calculadas, nem tem conta exata. O autor segue afirmando que para ser um professor fascinante é preciso conhecer a alma humana a fim de descobrir ferramentas pedagógicas capazes de transformar a sala de aula em um oásis, e não em uma fonte de estresse. O profissional da educação deve decidir que tipo de professor pretende ser: pensador ou repetidor. Dependendo da sua escolha, ele será capaz de fazer a diferença no meio acadêmico, formando assim alunos brilhantes.

Em todo o trabalho de Augusto Cury é possível encontrar reflexões sobre a imperfeição humana diante da jornada da vida. Aceitar essa imperfeição desperta certa tranquilidade em não encarar os problemas e as nossas circunstâncias com tanta rigidez, ao mesmo tempo que podemos ser mais flexíveis conosco. As habilidades socioemocionais são importantíssimas para estabelecermos relações mais saudáveis, mas a primeira e mais importante relação deve ser aquela que manteremos por toda a vida: com si mesmo.

A abordagem de Cury sobre esse tema apresenta com clareza que não estamos condicionados, de maneira imutável, a ser o que pensamos que somos, não estamos condicionados a exercer tão somente certos padrões de comportamentos angariados principalmente na infância. Identificar nossas fragilidades e potencialidades é importante para o autoconhecimento, a chave para todo o processo de mudança e para a qualidade das relações, inclusive as relações de trabalho no ambiente universitário/educacional.

IMPACTOS DA GESTÃO DA EMOÇÃO PARA O PROFISSIONAL DE EDUCAÇÃO E O PROFESSOR UNIVERSITÁRIO

Tornar o ambiente universitário favorável à formação/construção de pessoas essencialmente humanas, que vislumbrem seu papel no mundo como pensadores e articuladores de mudanças, é tarefa de "professores brilhantes", isto é, capazes de contribuir para além da formação técnica.

É reconhecida a importância de constante capacitação e atualização de práticas docentes, pautando-se no papel social da universidade (pública) e na gradativa mudança no perfil dos estudantes, possibilitando reflexões para a atuação e postura de acolhimento às diferenças, com respeito e equidade. Ao mesmo tempo que é necessária a implementação de políticas e normativas que ancorem a prática docente no ensino superior, desde a formação para o ensino até a avaliação da prática docente em todas as fases de evolução do estudante, e não somente na produção científica.

Somadas a isso, praticar a gestão da emoção, por meio das estratégias abordadas neste livro coordenado pelo próprio Augusto Cury, e desenvolver habilidades socioemocionais próprias, bem como estimular essa capacidade nos estudantes, é primordial nos sistemas educacionais para que se possa acolher, escutar e incentivar os estudantes na construção do futuro desejável.

ESTRATÉGIAS PARA UMA MUDANÇA DE CULTURA NO SISTEMA EDUCACIONAL

De fato, as diversas técnicas de gestão da emoção podem evitar alguns problemas no ambiente educacional e social, como evasão escolar, conflitos entre aluno e professor, suicídio, entre outras situações. Augusto Cury, em *Pais brilhantes, professores fascinantes*, nos diz que existem algumas alterações, tanto no ambiente físico quanto na abordagem dos professores que, se alcançados, podem contribuir para uma mudança na cultura educacional, como:

- Música ambiente em sala de aula: desacelera o pensamento, alivia a ansiedade, melhora a concentração, desenvolve o prazer de aprender e educa a emoção.
- Sentar em círculo ou em U: desenvolve segurança, promove a educação participativa, melhora a concentração, diminui conflitos em sala de aula e reduz as conversas paralelas.
- Exposição interrogada: a arte da interrogação pode reacender a motivação, desenvolver o questionamento, enriquecer a interpretação de textos e enunciados, e abrir as janelas da inteligência.
- Ser contador de histórias: desenvolver criatividade, educar a emoção, estimular a sabedoria, expandir a capacidade de soluções em situações de tensão e enriquecer a socialização.
- Humanizar o conhecimento: estimular a ousadia, promover a perspicácia, cultivar a criatividade, incentivar a sabedoria, expandir a capacidade crítica e formar pensadores.
- Humanizar o professor: cruzar sua história por meio de socialização, estimular a afetividade, construir ponte produtiva nas relações sociais, estimular a sabedoria, superar conflitos e valorizar o "ser".
- Educar a autoestima: elogiar antes de criticar, educar a emoção e a autoestima, vacinar-se contra a discriminação, promover a solidariedade, resolver conflitos em sala de aula, filtrar estímulos estressantes, e trabalhar perdas e frustrações.
- Gerenciar pensamentos e emoções: resgatar a liderança do eu, prevenir conflitos, proteger os solos da memória, promover a segurança, desenvolver espírito empreendedor e proteger a emoção nos focos de tensão.
- Participar de projetos sociais: desenvolver a responsabilidade social, promover a cidadania, cultivar a solidariedade e expandir a capacidade de trabalhar em equipe.

BIBLIOGRAFIA

ANDIFES, A.; ABRUEM, A.; SESU/MEC, S. Diplomação, retenção e evasão nos cursos de graduação em instituições de ensino superior públicas: resumo do relatório apresentado a ANDIFES, ABRUEM e SESu/MEC pela Comissão Especial. *Avaliação: Revista da Avaliação da Educação Superior*, [s. l.], v. 1, n. 2, 1996. Disponível em: <http://periodicos.uniso.br/ojs/index.php/avaliacao/article/view/739>.

ANDRÉS, A. *Aspectos da assistência estudantil nas universidades brasileiras*. Brasília: Biblioteca Digital da Câmara dos Deputados, 2011. Disponível em: <http://bd.camara.gov.br/bd/handle/bdcamara/7284>.

BEAN, J. P. A aplicação de um modelo de rotatividade nas organizações do trabalho ao processo de desgaste dos alunos. *The Review of Higher Education*, v. 6, n. 2, p. 129-148, 1983.

BEAN, J. P. Abandono e rotatividade: síntese e teste de um modelo causal de desgaste dos alunos. *Pesquisa em Ensino Superior*, v. 12, n. 2, p. 155-187, 1980.

BRASIL. Decreto nº 7.234, de 19 de julho de 2010. Dispõe sobre o Programa Nacional de Assistência Estudantil – PNAES. *Diário Oficial [da] República Federativa do Brasil*, Brasília, DF, 19 jul. 2010.

BRASIL. Lei nº 11.096, de 13 de janeiro de 2005. Institui o Programa Universidade para Todos – PROUNI, regula a atuação de entidades beneficentes de assistência social no ensino superior; altera a Lei nº 10.891, de 9 de julho de 2004, e dá outras providências. *Diário Oficial [da] República Federativa do Brasil*, Brasília, DF, 13 jan. 2005. Disponível em: <http://www.planalto.gov.br/ccivil_03/_ato2004-2006/2005/lei/l11096>.

BRASIL. Lei nº 12.711, de 29 de agosto de 2012. Dispõe sobre o ingresso nas universidades federais e nas instituições federais de ensino técnico de nível médio e dá outras providências. *Diário Oficial [da] República Federativa do Brasil*, Brasília, DF, 29 ago. 2012. Disponível em: <http://www.planalto.gov.br/ccivil_03/_ato2011-2014/2012/lei/l12711.htm>.

CHAMLIAN, H. C. Docência na universidade: professores inovadores na USP. *Cadernos de Pesquisa*, n. 118, p. 41-64, 2003.

CURY, A. *20 regras de ouro para educar filhos e alunos*: como formar mentes brilhantes na era da ansiedade. São Paulo: Planeta, 2017.

CURY, A. *Ansiedade*: como enfrentar o mal do século. São Paulo: Saraiva, 2014.

CURY, A. *Pais brilhantes, professores fascinantes*. Rio de Janeiro: Sextante, 2003.

DUNKER, C.; THEBAS, C. *O palhaço e o psicanalista*: como escutar os outros pode transformar vidas. São Paulo: Planeta, 2019.

FREIRE, Paulo. *Pedagogia do oprimido*. São Paulo: Paz e Terra, 1974.

GOMES, A. A. *Evasão e evadidos*: o discurso dos ex-alunos sobre evasão escolar nos cursos de licenciatura. 1998. 160 f. Tese (Doutorado em Educação) – Faculdade de Filosofia e Ciências, Universidade Estadual Paulista, Marília, 1998.

GROPPO, L. A. *Introdução à sociologia da juventude*. Jundiaí: Paco Editorial, 2017.

LEON, F. F. L.; MENEZES-FILHO, N. A. Reprovação, avanço e evasão escolar no Brasil. *Pesquisa e Planejamento Econômico*, v. 32, n. 3, p. 418-452, 2002.

MORIN, E. *Os sete saberes necessários à educação do futuro*. 2. ed. São Paulo: Cortez; Brasília: UNESCO, 2011.

PIAGET, J. *Para onde vai a educação?* Tradução Ivete Braga. 12. ed. Rio de Janeiro: José Olympio, 1994.

PISA 2018 revela baixo desempenho escolar em leitura, matemática e ciências no Brasil. *INEP*, Notícias, Brasília, 03 dez 2019. Disponível em: <http://portal.inep.gov.br/artigo/-/asset_publisher/B4AQV9zFY7Bv/content/pisa-2018-revela-baixo-desempenho-escolar-em-leitura-matematica-e-ciencias-no-brasil/21206>.

REIS, V. W. et al. Evasão no ensino superior de Engenharia no Brasil: Um estudo de caso no CEFET/RJ. In: CONGRESSO BRASILEIRO DE EDUCAÇÃO EM ENGENHARIA, 40., 2012, Belém. *Anais...* Belém, 2012.

RISSI, M. C.; MARCONDES, M. A. S. *Estudo sobre a reprovação e retenção nos cursos de graduação*: 2009. Londrina: UEL, 2011.

WHO – WORLD HEALTH ORGANIZATION. *Depression and Other Common Mental Disorders Global Health Estimates*. 2017. Disponível em: <https://www.who.int/mental_health/management/depression/prevalence_global_health_estim ates/en/>.

AUGUSTO CURY

Em meus livros e em minhas palestras gosto de contar algumas histórias que ouvi, vi ou vivi. Em se tratando da minha própria história, nos primeiros anos do ensino médio eu tinha apenas dois cadernos, e ambos praticamente permaneceram em branco. Eu não conseguia me adaptar a um modelo de educação no qual não me sentia desafiado intelectualmente. Era fácil me julgar como um aluno desinteressado e que "não será nada na vida". Mas dentro da minha mente fervilhava um caldeirão de ideias que, se estimuladas, ganhariam asas e preencheriam muitos e muitos cadernos, tanto que, em minha vida adulta, ao estudar os mecanismos de formação de pensamentos, fui capaz de escrever milhares de páginas publicadas em livros lançados no Brasil e no exterior. "Ora, então o senhor tem uma mente privilegiada", você pode querer comentar. Entretanto, tenho plena consciência de que não existem mentes superiores, o que existe é a libertação da mente para a arte de pensar, por meio da abertura das janelas da inteligência.

Ao conhecer um pouco da minha história, tenho certeza de que você, professor, irá se lembrar de alguns alunos com o mesmo comportamento: desmotivados, dormindo em sala de aula... Há aqueles que não fazem as tarefas, que não sabem se apresentar nos trabalhos em grupo, ou que conversam demais e não prestam atenção à aula. De fato, você reconhecerá estes muito mais do que aqueles que receberam honras. Por quê? Porque mesmo que tenhamos a tendência a excluir naturalmente os alunos que nos dão "dor de cabeça", são eles que nos instigam a nos tornar melhores profissionais e, por que não, melhores seres humanos, uma vez que aprendemos a gerir muitas das nossas emoções quando temos de lidar com alunos "problemáticos". Nossa tendência é pensar que esses alunos são irresponsáveis e terão um futuro obscuro de desemprego e desesperança com a vida. Alguns, talvez, não conseguirão mesmo libertar a mente, então ajude-os, em vez de apartá-los.

Acredito firmemente no papel do educador para que esse desabrochar aconteça na vida de um aluno displicente. O bom professor ministra suas aulas e oferece uma lista com a bibliografia utilizada para que o aluno se interesse em buscar aquele conteúdo na fonte, e então alcance uma boa nota para passar adiante. Mas o professor brilhante consegue enxergar além do desinteresse: ele compreende as reais motivações do estudante e, através do conhecimento que adquiriu sobre as próprias emoções, trabalha nesse aluno comportamentos como: pensar antes de agir, proatividade, saber lidar com frustrações, tornar-se líder de si mesmo, e gerar tolerância, resiliência e empatia. Ao final da sua jornada com esse aluno "desafiador", o professor brilhante poderá se orgulhar do seu trabalho e do pensador que ele ajudou a despertar.

No entanto, infelizmente, poucos são casos como esse no ambiente educacional. Escolas e universidades doentes formam alunos doentes. A maioria dessas instituições não está ensinando seu corpo discente a gerir emoções ou promover potencialidades que o transformem em autores da própria história, e sim uma massa repetidora de conteúdo. Há séculos, as escolas fomentam o pensamento lógico-cartesiano e não evoluem para um entendimento do ser humano como emotivo, afetivo, ousado e, de fato, vítima das armadilhas mentais. Todavia, como o professor poderá adotar uma conduta menos cartesiana se não há (ou, se há, é em número ínfimo) instituições de ensino onde se estuda a gestão da emoção? Bem, sendo assim, o professor deverá buscar a todo custo esse conhecimento, não apenas para trabalhar junto aos seus alunos, mas também como aperfeiçoamento da própria vida profissional e pessoal. Isso porque a gestão da emoção abrange questões vitais para o desenvolvimento integral do ser humano, a saber:

- Como proteger a emoção?
- Como preservar talentos originais e expandi-los?
- Como adquirir lucidez e categorizar sentimentos?
- Como gerenciar a tensão?
- Qual é a relação entre pensamentos e emoções?

Digo que o professor deve buscar com afinco esse conhecimento porque, para transformar o sistema educacional, não vejo outro protagonista que não seja o educador engajado nesse propósito. Sobre esse aspecto, gostaria de descrever resumidamente algumas recomendações, já indicadas no artigo que precede este comentário, a fim de auxiliar o professor nos primeiros passos para uma revolução na educação, tornando-a mais humana e menos "robótica".

1. Module seu tom de voz, elevando-a e diminuindo-a para não ser cansativo.
2. Para a geração atual, os professores precisam usar mais da ludicidade e teatralidade em suas aulas, a fim de tornar seu conteúdo mais estimulante.

3. Não dê aulas, dê desafios aos seus alunos. A aula não tem que ser um monólogo, mas um debate de ideias. Use a inquietação deles para produzir janelas *light*. Os alunos precisam participar do processo, e não ser apenas espectadores.
4. Não ensine a matéria, ensine a pensar. Gosto de dizer que "educar é provocar, educar é inspirar". Não se pode amar o que não se admira. Ensine através de perguntas e indagações; não entregue o conhecimento pronto.
5. Realize avaliações periódicas; diárias, se possível! Mesmo que sejam necessários exames mensais, considere o debate e a participação. Fazendo isso você pode melhorar a concentração e o interesse dos alunos.
6. Conte um pouco de suas experiências, crises e frustrações aos alunos; humanize o professor! Você não é um personagem de ficção. Eles gostarão de ouvir e aprenderão muito com isso. Faça o mesmo com pensadores, matemáticos, cientistas... Traga veracidade para suas aulas, não somente o conteúdo fechado nos livros.
7. Mude o ambiente da sala. Organize as carteiras em círculo, isso pode acalmar a agitação e incentivar o contato. Coloque uma música calma que possa aquietar a mente e o coração a fim de diminuir o estresse e aumentar a concentração.

TÉCNICA DE TEATRALIZAÇÃO DA EMOÇÃO PARA FORMAR JANELAS *LIGHT* E PONTES SOCIAIS

PAOLA MARIA DA SILVA ROSA
JÉSSICA ANDRADE DANTAS

PROCESSOS DE CONSTRUÇÃO DE PENSAMENTOS E GATILHOS DA MEMÓRIA

Nós, seres humanos, somos a única espécie que pensa e tem consciência desse ato em meio a mais de dez milhões de espécies existentes no planeta. A única que não apenas desenvolve uma história, mas a registra e, assim, com frequência, é refém do próprio passado. Apesar de sermos uma espécie pensante, temos dificuldade de compreender de maneira sistemática e detalhada o elemento mais profundo e complexo da nossa humanidade, a unidade básica do psiquismo da mente humana: o pensamento.

O que é o pensamento? Como é a natureza do pensamento? Como ele se constrói? Que tipos de pensamentos existem? O que faz com que o pensamento não seja formado adequadamente para formar o Eu como gestor da mente humana? Ao longo deste capítulo iremos discorrer sobre essas perguntas, direcionando a reflexões que envolvem o entendimento desses e de outros questionamentos a respeito da nossa unidade macro: a mente.

Mas, antes de tentar responder a essas perguntas, precisamos compreender o início da existência humana.

A vida humana começa quando um espermatozoide ousado, competindo com dezena de milhões de outros espermatozoides consegue fecundar um óvulo. Todos nós lutamos para nascer. Vencemos milhões e milhões de concorrentes. Após essa primeira batalha, por volta dos três meses, o feto começa a experimentar as nuances da existência. Por exemplo, quando acontece um conflito entre a mãe e o pai no lado externo, a placenta, onde o feto está se desenvolvimento, se contrai, fazendo com que um fenômeno inconsciente chamado registro automático da memória (RAM) arquive aquela experiência. Isso ocorre porque a placenta tem a função de ser um filtro para o feto durante a gestação, mas algumas substâncias acabam passando, e dependendo da intensidade da contração podem levar o feto a sofrer taquicardia. Essa experiência é registrada no córtex cerebral do bebê e será carregada na memória por toda a vida, assim como outras que ficam registradas na mente.

Doenças no percurso da história de cada um, como síndrome do pânico, transtorno depressivo, anorexia, bulimia, vigorexia, transtorno obsessivo-compulsivo, transtornos psicossomáticos, déficit de desenvolvimento social e hiperatividade, em diversos casos, são decorrentes de experiências traumáticas sofridas enquanto ainda se estava em formação.

Dessa maneira, estudar o pensamento nos leva a mudar completamente a visão de quem somos. Somos uma espécie que pensa e que tem consciência disso, porém, que não tem a compreensão da complexidade e da sofisticação do ato de pensar. O pensamento tem o poder de nos transformar nos maiores engenheiros, construtores, artistas, ou qualquer outra profissão, de todos os tempos. Por outro lado, o fato de ele ser registrado sem qualquer tipo de autorização do Eu, faz com que, de certa maneira, você assine um contrato de risco com todas as pessoas com as quais convive.

Para entendermos um pouco melhor como isso se dá, é importante, de antemão, sabermos que existem pelo menos três tipos de pensamento:

– Inconscientes (produzidos pelos fenômenos inconscientes):
1. Gatilhos da memória.
2. Janelas da memória.
3. Âncoras da memória.
4. Autofluxo.

– Conscientes:
1. Dialético: descritivo, lógico e linear.
2. Antidialético: imaginário, não obedece à linearidade dos códigos.

O pensamento se manifesta antidialético, por exemplo, nas pessoas cegas quando sonham com cores, ainda que não sejam exatamente as cores do espectro da luz, e também está presente nos fetos quando o fenômeno RAM faz todo o registro da vida intrauterina, como as pressões do líquido amniótico, o momento em que o feto succiona o dedo, sem falar nos malabarismos prazerosos do feto. É justamente nessa fase que um outro fenômeno começa a entrar em cena: o gatilho da memória, responsável por desencadear um outro fenômeno inconsciente chamado janela da memória.

Ou seja, além do piloto Eu da nave mental, existem os copilotos, esses sim responsáveis por lê a memória sem a autorização do Eu. Temos, portanto, uma série de fantasmas emocionais que assombram nossa mente, sem que percebamos que isso está ligado à produção de pensamentos dialéticos e antidialéticos. Com isso, quem entra em cena no primeiro ato do teatro mental são os fenômenos inconscientes (os gatilhos e a janela da memória) em uma velocidade espantosa. Nesse momento, o volume de tensão em uma janela traumática é tão grande que bloqueia milhares de outras janelas, e desenvolve a síndrome do circuito fechado da memória. Quando entra em uma janela *killer*, onde existe autopunição, autoabandono, sentimento de culpa, raiva, inveja, vingança o Eu não consegue encontrar milhares de janelas *light* e, consequentemente, não acessa respostas inteligentes nas situações de estresse. Por esse motivo que nos primeiros trinta minutos de tensão cometemos os maiores erros das nossas vidas. Da mesma forma, é nesse momento que, se uma pessoa te critica, humilha ou ofende, a melhor resposta é não responder. O seu Eu tem de ser o gestor da sua mente, gestor da emoção. Do contrário, seremos ricos miseráveis morando em palácios.

Pode parecer inofensivo num primeiro momento, mas jovens profissionais podem sabotar seu futuro se não souberem fazer gestão da mente humana, pois é extremamente importante que o seu Eu respeite as janelas traumáticas. Na sua mente tem mais armadilhas do que as minas inseridas nos territórios inimigos durante as guerras. Em um foco de tensão, quando entramos em uma janela traumática a melhor resposta é o silêncio subserviente, é fazer a oração dos sábios.

INSTITUIÇÕES DE ENSINO E PRÁTICAS DOCENTES

As instituições de ensino têm a missão de acolher o estudante, cujo número de egressos cresce exponencialmente. No entanto, apesar do aumento da demanda pela formação superior, as práticas docentes exercidas no país seguem pilares pouco normatizados, o que gera diferentes problemáticas.

De certa forma, o processo de ensino e aprendizagem transcende à simples exposição de conteúdo e atividades avaliativas. Na busca pelo ensino de qualidade, que envolve desde a transmissão de conteúdo até a apropriação do conhecimento pelo aluno, a qualificação do docente torna-se uma das principais questões, com forte relação com os fatores internos das unidades de ensino. Em suma, os sistemas de ensino capazes de garantir aos alunos docentes qualificados, em geral, são os que retornam em melhores índices tanto nos processos educativos quanto nas atividades de avaliação.

Por esse motivo, as práticas docentes necessitam de normatização, pois os professores são a maquinária que permite que o aluno construa e se aproprie do conhecimento trabalhado em sala de aula. Uma mente saudável rege a construção do saber de maneira permanente, o que fica ainda mais evidente quando observamos que indivíduos sob estresse diário são incapazes de domar o próprio Eu e incapazes de controlar os próprios pensamentos.

PROCESSOS PEDAGÓGICOS PARA A CONSTRUÇÃO DE CONHECIMENTO DOS NOVOS ALUNOS

Com a expansão do ensino superior no Brasil, o perfil do aluno tornou-se extremamente diversificado. No entanto, as práticas docentes com parâmetros pouco normatizados não acompanharam essa nova demanda de pensamentos e conhecimentos, o que fez com que esses novos alunos, que entraram nas instituições de ensino famintos por informações, recebessem das universidades poucos estímulos para permanência.

No tocante às especificidades de formação do docente subjacentes ao magistério no ensino superior, a reforma Universitária de 1968, brevemente discutida por Chamlian (2003), pode ser um dos fatores associados a uma prática de ensino ainda pouco normatizada, tomando por consequência o despreparo do docente frente às adversidades de uma nova esfera estudantil.

A reforma universitária de 1968 marcou a indissociabilidade entre ensino e pesquisa, tornando obrigatório que todos os professores universitários sejam, em paralelo à profissionalização docente, pesquisadores, não colocando as políticas docentes em evidência. Esses fatos associados à baixa normatização da prática docente, tendo em vista as diversas políticas pedagógicas instituídas na formação para docência no ensino básico, resultaram em um corpo de professores de elevada qualidade científica, porém incapazes de atender em amplo aspecto à expansão do ensino superior no qual o principal resultado foi a diversidade do perfil do novo alunado.

Esses dois grandes fatores associados a construção do saber e um perfil de alunado desconstruído com os padrões impostos pela sociedade antes do processo de expansão do ensino, tornaram a adequação e o preparo das universidades uma das primeiras estacas que sustentam a formação de professores para formação de pontes sociais para com seu grande público no teatro do espaço pedagógico: os alunos.

O PAPEL DOCENTE NO ENSINO DE MENTES CRIATIVAS E GATILHOS DA MEMÓRIA

O docente, muitas vezes, atua como um disseminador de conhecimentos, partindo de pensamentos pré-moldados para que seus alunos possam com facilidade digerir e absorver o conteúdo abordado. No âmbito acadêmico, nos processos pedagógicos que permeiam a relação professor-aluno, entende-se que cabe ao professor transmitir seus conhecimentos de maneira criativa em busca de formar indivíduos capazes de serem criadores de pensamentos e não apenas repetidores de informações.

Considerando, no entanto, a teoria do pensamento multifocal, percebe-se que a formação de professores no ensino básico não compreende os processos de construção de pensamento, embora os alunos tendam a amar uma disciplina quando amam o professor que a ministra, o que nos faz compreender que a construção de uma relação sadia entre professor e aluno é essencial para a formação de mentes criativas e não repetidoras.

Estruturalmente, o docente deve contemplar atributos de ensino em sua didática que forneçam aos seus alunos a criação de janelas *light* do pensamento. Atitudes que possam angariar ao processo de ensino subsídios de conhecimento e também afinidade com o conteúdo que deverá ser transmitido. Neste contexto, a técnica da teatralização encaixa-se perfeitamente ao proporcionar uma maior aproximação entre enredo e plateia, nesse caso, entre conteúdo e a mente do aprendiz.

Elogiar com entusiasmo uma pergunta feita ou dúvida levantada e demonstrar interesse por questões antes não observadas são exemplos de técnicas de teatralização que podem promover a reconstrução de alguns paradigmas pedagógicos até agora estabelecidos, como a do professor inacessível, e o entendimento de que a relação entre professor e aluno não pode ultrapassar as barreiras emocionais.

Por fim, tornar evidente que cada conquista deve ser comemorada e cada descoberta aplaudida, tornando o ambiente pedagógico favorável não somente ao ensino, mas também a formação de indivíduos capazes de controlar o seu Eu interior e serem autores de suas próprias histórias. A formação acadêmica não se limita a formação de grandes mentes pensantes, mas se expande para a formação de mentes capazes de também gerarem outras mentes tão ou mais brilhantes como a sua.

FENÔMENOS INCONSCIENTES E A TÉCNICA DE TEATRALIZAÇÃO DA EMOÇÃO

Retomando os três tipos de pensamento mencionados anteriormente – inconsciente, dialético e antidialético – é possível acionar os fenômenos inconscientes a partir de algumas técnicas, com destaque para a da teatralização da emoção. Com ela, promove-se a excitação do fenômeno RAM pelo registro automático das experiências, responsável por estimular a ação dos gatilhos e das janelas da memória. Além deles, temos um outro ator presente em nossa mente, chamado fenômeno do auto fluxo, responsável por gerar a maior fonte do entretenimento humano, produzida por um fenômeno que faz uma varredura sem autorização do Eu, pelas janelas da memória.

Como isso acontece? Quando estamos dormindo, o Eu está em repouso e quem está em cena é o autofluxo, que lê a memória e constrói personagens, ambientes e circunstâncias. Em seguida, gatilhos e janelas são abertos e esses três atores do processo constroem pensamentos, emoções, imagens mentais e também pensamentos dialéticos, sendo o fenômeno do autofluxo vital para a saúde da mente. Nossa maior fonte de entretenimento é o mundo das ideias, das imagens mentais e dos pensamentos que nós produzimos no teatro da nossa mente sem autorização do Eu. Estando preservado o córtex cerebral, a técnica da teatralização ajuda a trazer à tona mais janelas saudáveis, se estas tiverem sido as mais requisitadas ao longo da vida, pois tudo aquilo que tem mais intensidade emocional é registrado de maneira privilegiada pelo fenômeno RAM, já que o *killer* duplo P sequestra o Eu e forma um núcleo de habitação doentio ou saudável, que tem o poder de libertar o Eu e de expandir o imaginário. Por isso, é importante não punir uma criança quando ela tiver uma reação não saudável. Ao contrário, elogie com entusiasmo toda vez que ela reagir de maneira saudável, pois assim você não perde a oportunidade de promover o território da emoção. No entanto, é importante também mostrar entristecimento em alguma situação que ela te decepcionar. Se o córtex cerebral dessa pessoa estiver preservado, o resultado com essa técnica da teatralização da emoção será surpreendente.

Muitos pensamentos nossos asfixiam a liberdade criativa, como, por exemplo, os pensamentos antidialético e o dialético. Pautados pelo impulso da ação e reação, pela prática de apontar falhas nos comportamentos alheios e não compartilhar experiências, de não ensinar nossos filhos a se interiorizarem, a pensarem antes de reagir, a expor as ideias, bloqueamos muito mais do que ensinamos. Para possibilitar que o pensamento antidialético canalize de maneira positiva por meio do pensamento dialético é necessário dar aquilo que o dinheiro não compra: as experiências. Tem de falar das suas lágrimas para seu filho aprender a chorar as deles; tem de falar das suas perdas e dificuldades para que seus alunos entendam que ninguém é digno do *podium* se não fizer por onde alcançá-lo. Você tem que dar o que tem de melhor: você mesmo.

Quando adultos, os melhores profissionais estão com síndrome do pensamento acelerado, o que é ótimo para as empresas, mas os tornam carrascos de si mesmo. É, preciso mudar o estilo de vida, desenvolver o hábito de criticar cada ideia perturbadora no exato momento em que ela aparece, duvidar de tudo aquilo que nos controla no silêncio da mente, confrontar cada crença falsa e limitante, e não sermos um "agiota" de nós mesmo cobrando excessivamente de si ou cobrando aceitação dos outros.

Em última análise, a técnica de teatralização da emoção para registro de experiências tem que ser usada para estimular a construção de pensamentos várias vezes ao dia, não deixando escapar nenhuma oportunidade.

APLICAÇÃO DA TTE NAS PRÁTICAS DOCENTES E CONSTRUÇÃO DE NOVAS JANELAS *LIGHT* OU *KILLER*

Tudo o que o fenômeno RAM registra na mente torna-se uma janela da memória através da qual "enxergaremos" o mundo. Existem vários tipos de "janelas" que disparam emoções, as principais são as janelas *light* (registro emocional de experiências prazerosas, que iluminam nossa inteligência) e as janelas *killer* (registro emocional de experiências traumáticas).

Segundo Augusto Cury, em seu livro *Ansiedade: como enfrentar o mal do século*,

> As janelas *light*, como seu significado em inglês (luz, acender) indica, "iluminam" o Eu para o desenvolvimento das funções mais complexas da inteligência: capacidade de pensar antes de reagir, colocar-se no lugar do outro, resiliência, criatividade, raciocínio complexo, encorajamento, determinação, habilidade de recomeçar, proteger a emoção, gerenciar pensamentos.

Desta forma, faz-se cada vez mais necessário que os docentes incentivem seus alunos a aprenderem de maneira crítica, reflexiva e investigativa, inserindo a educação emocional, de maneira direta ou indireta, em qualquer que seja a disciplina ministrada.

O modelo de escola tradicional, presente na maior parte das instituições de ensino, adota uma comunicação vertical na qual o papel do aluno é única e exclusivamente aprender o conteúdo, não havendo espaço para diálogo com o professor, que é o "detentor" de todo o conhecimento, sendo o aluno tratado apenas como o receptor passivo. O problema é que esse modelo de escola tradicional causa impactos emocionais na formação dos jovens que podem acarretar diversos transtornos.

Emoções são estimuladas por situações que nos levam a criar novas memórias ou acessar memórias antigas que, de alguma maneira, estão associadas ao fato em questão. Dependendo do número de vezes que uma situação é reforçada, seja pela lembrança ou por ocorrer novamente, pode-se ter um prolongamento ou não de determinadas emoções. Trazendo essa descrição para o mundo da educação, a vida escolar é capaz de ativar várias dessas memórias atreladas a emoções, mesmo as memórias de situações vividas fora do contexto escolar, mas que têm a mesma intenção.

Considerando que não existe fórmula mágica para que o relacionamento entre professores e alunos seja ideal, é evidente que muitos comportamentos devem ser mudados, pois, independentemente de qual seja a motivação do professor, ele tem a responsabilidade de educar seus alunos, tarefa intrínseca da profissão. No entanto, isso não acontecerá se o professor estiver prejudicando superficial ou profundamente o emocional dos alunos, confrontando as percepções de suas capacidades, seus direitos e seus deveres. Em seu livro *Fundamentos psicológicos da educação*, João dos Santos Carmo afirma que "Qualquer processo de ensino e de aprendizagem depende da qualidade da interação professor-aluno. Podemos nos referir a um ambiente que seja favorecedor da aprendizagem, mas nesse ambiente é necessário estar incluído o que tem sido chamado de afetividade". Essa *afetividade* diz respeito a uma série de comportamentos dos professores em relação aos seus alunos que não tenha necessariamente relação com o conteúdo ensinado. Evidentemente, essa conduta não sobrepõe a necessidade de o professor ser a autoridade que conduz os alunos, e, portanto, se vale de todas as condutas pedagogicamente previstas. Na realidade, essa *afetividade* deve ser inerente ao professor.

Algumas atitudes do educador em sala de aula, por mais insignificantes que sejam, podem estimular o desenvolvimento de janelas *light* em seus alunos, como por exemplo, sempre estar pronto para ouvir, demonstrar entusiasmo ou no mínimo apreço pelo conteúdo que está ensinando; elogiar sinceramente, dar indícios claros de interesse sobre a evolução de todos os alunos, enxergar os erros como tentativas de acertos; focar no lado positivo, reforçando conquistas e bons comportamentos; estimular a curiosidade dos alunos sobre o conteúdo ensinado e estar atento aos pequenos esforços, buscando incentivar e, dessa maneira, contribuir para o crescimento do aluno de maneira geral (autoconfiança, segurança nos conteúdos aprendidos, entre outros). O professor precisa ter sempre em mente que é a maior referência dos alunos e deve estar atento para a seriedade e a responsabilidade desse papel socioemocional.

Por outro lado, no ambiente da sala de aula, o contato professor e aluno está também sujeito a interações intensas que podem se transformar em conflitos iminentes e dar origem a inúmeras janelas traumáticas abertas no córtex cerebral. Para evitar tais situações, é importante que o professor entenda como se dá o processo de abertura dessa janela.

Basicamente, as janelas da memória se abrem em demasia no córtex cerebral devido ao excesso de informações, imagens e compromissos, fazendo com que a mente da pessoa fique com baixos índices de foco e concentração, o que a torna incapaz de construir cadeias de pensamentos e sentimentos socioemocionais. Logo, o excesso de informações excita os quatro fenômenos da memória (gatilho, autochecagem, âncora da memória e autofluxo), fazendo com que todos os pensamentos e ações sejam processados em frações de segundos, porém sem a presença do Eu comandando e ordenando esses pensamentos.

Sendo assim, ao demonstrar com entusiasmo os acertos e não tornar evidente os erros, é possível se escapar da batalha facilmente iniciada por ideias conflitantes entre professores e alunos. Essa técnica se baseia na formação de novos pensamentos, que estimulem o indivíduo ao invés de criticá-lo e abrir janelas *killer*. Elogiar comportamentos diminutos forma pensamentos *lights* e isso contribui para a reciclagem dos próximos. Ou seja, a TTE é capaz de reeditar janelas traumáticas e construir janelas *light*, pois a gratidão é um dos fenômenos que permite a construção dessas janelas, que, por sua vez, neutralizam as janelas traumáticas que aprisionam o Eu.

APROXIMAÇÃO SOCIAL E PEDAGÓGICA

Não se submeter à ditadura da resposta é um dos principais lemas que um educador precisa ter em sua vida profissional atualmente. Todos os dias, milhares de alunos são traumatizados dramaticamente porque os professores, ao perceberem a rebeldia, agressividade ou uma atitude inadequada do aluno, o humilham publicamente, estimulando o fenômeno RAM a registrar a janela *killer* especial duplo P (duplo poder), caracterizada pelo poder de sequestrar o Eu e levar o aluno a pensar e repensar continuamente, registrar mais experiências dramáticas, fazendo com que aquela janela se torne um núcleo de habitação do Eu. Metaforicamente, é como se fosse um bairro doentio que aprisionou o aluno na cidade da memória.

A melhor resposta racional não pode ser fruto apenas estritamente do pensamento linear, tem de ser através do pensamento multiangular, multifocal. Por isso, é tão importante o docente, em seu papel de responsabilidade socioemocional com seus alunos, nunca expor publicamente o erro de ninguém. A máxima que diz que se deve corrigir em particular e elogiar em público é totalmente válida em sala de aula. Mesmo a correção em particular precisa ser bem elaborada para sempre valorizar mais o ser humano que errou do que o próprio erro.

Apesar de o professor ser o personagem principal do teatro social, a educação mundial está doente, formando pessoas doentes para uma sociedade doente, isso tudo porque bombardeia o córtex cerebral com pensamento lógico linear, com milhões de dados sobre o mundo em que estamos e sobre o qual nos calamos.

Não podemos deixar passar desapercebido o fato de que uma criança nos primeiros anos de vida faz perguntas o tempo todo porque ela liberta o pensamento antidialético em destaque, porém 70% das crianças e dos adolescentes são tímidos e inseguros – em sala, raramente alguém levanta as mãos para fazer uma pergunta ou tirar uma dúvida, e quando o faz é com muito desconforto. Essa incapacidade se estende para o ensino superior, e é por isso que em teses e dissertações, pesquisadores têm dificuldades para produzir conhecimento com resultados excelentes. Tudo é muito programado, muito lógico e direcionado pelos orientadores. Para mudar essa cena educacional, é preciso acontecer um processo saudável de rebeldia, porque quem vence sem riscos, triunfa sem glórias. Por fim, você deve aprender a se perder para se achar; julgar menos, abraçar mais; criticar menos, apostar mais.

BIBLIOGRAFIA

CARMO, J. S. *Fundamentos psicológicos da educação*. Curitiba: Inter Saberes, 2012. (Série Psicologia em Sala de Aula).

CHAMLIAN, H. C. Docência na universidade: professores inovadores na USP. *Cadernos de Pesquisa*, n. 118, p. 41-64, mar. 2003.

CURY, A. *Ansiedade*: como enfrentar o mal do século. São Paulo: Saraiva, 2014.

CURY, A. *Soluções pacíficas de conflitos*: para um Brasil moderno. São Paulo: Forense, 2019.

AUGUSTO CURY

Não é no núcleo familiar ou escolar que a educação do ser humano tem início: a formação da consciência se dá ainda no útero materno. Antes de mais nada, isso não significa que a mãe é "a culpada" se o filho apresentar falhas nessa área. Todo o seu entorno também contribui, no entanto, a mãe tem um papel de destaque ao preparar um ambiente saudável e equilibrado para passar pela gravidez de modo que o registro automático da memória (RAM) do feto forme arquivos tranquilos, sem muitas ansiedades. Veja bem, uma contração repentina do útero materno em algum momento de tensão pode ser arquivada na memória de uso contínuo (MUC) do feto. Se esse tipo de contração não for mais produzido, tal arquivo pode ser então alojado na memória existencial (ME), e ali permanecer. No entanto, se essa tensão voltar (talvez durante uma discussão que se repita no âmbito doméstico), o cérebro do feto pode detonar o gatilho da memória e trazê-lo de volta para a MUC. Isso pode impactar negativamente da segunda vez, provocando sentimentos de medo, aflição e insegurança, fomentando janelas fundamentais de personalidade – isto é, um momento de prazer pode ser interrompido dentro do útero, sendo substituído por desconforto e estresse vindos do lado de fora da placenta.

O feto ainda não tem consciência, embora consiga formar pensamentos, os quais não exibem grandes complexidades ou subjetividades. É a vida social que possibilita a organização do Eu, quando milhões de informações começam a ser arquivadas. Há estudos que investigaram bebês prematuros e atestaram que estes são mais agitados que os nascidos no tempo médio, uma vez que a gravidez foi descontinuada enquanto ele ainda desfrutava o prazer de viver dentro do útero para sair rumo ao estresse do nascimento, não se adaptando corretamente ao meio externo. De maneira resumida, o caminho da autoconsciência começa com o feto – posteriormente, o bebê e a criança – ampliando pouco a pouco a ME, que forma a MUC, e então desemboca num processo incessante de formação de janelas que serão lidas e relidas na forma de necessidades instintivas, como sede e fome, e afetivas, como segurança e amor, para então construir pensamentos mais intrincados, envolvendo ideias, opiniões e diálogos. Conforme amadurecemos, algumas experiências deixam de ser usadas no dia a dia e são deslocadas para a ME, onde permanecem por mais tempo arquivadas, até que um gatilho as traga de volta.

Com essa breve explanação, já se pode ter uma ideia de quanto é crucial conhecer, e depois agir sobre esse conhecimento, a construção de pensamentos e formação do Eu se o objetivo é educar mentes pensantes desde o início da vida, uma vez que o processo de criação de memórias já foi ativado e precisa ser carregado com arquivos potentes que gerem outros arquivos igualmente potentes para um desenvolvimento socioemocional saudável. Pais e professores poderão posteriormente ajudar esses indivíduos a reciclar suas memórias, transformando-as em arquivos produtivos e benéficos, mas não seria mais inteligente começar antes que as janelas destrutivas possam se arraigar na MUC? Esse assunto deve ser de interesse tanto das mães quanto dos pais, principalmente os de primeira viagem, bem como de todos os integrantes do lar e da escola, pois o entorno é um termômetro que medirá também a temperatura da vida emocional do novo membro da família. Em razão dos longos anos de pesquisa junto a todo o tipo de educadores, proponho algumas atitudes ou mudanças de hábitos especialmente para as mães, que carregam em seu ventre uma nova vida, que se refletirão no progresso intelectual da criança:

- Tenha uma alimentação saudável e balanceada; durma no mínimo oito horas por noite; e abdique do mau hábito de fumar ou beber álcool (mais ainda de drogas psicotrópicas).
- Evite se envolver em atritos familiares e confrontos sociais. Preserve-se.
- Acaricie sua barriga com frequência, como se estivesse acariciando o bebê; cante, converse e conte histórias. Pais também podem participar dessas sessões. (Cantar, contar histórias e conversar são atividades para toda a vida da criança, então continuem fazendo isso mesmo após o nascimento; as artes e o diálogo têm o poder de desacelerar e acalmar a mente.)
- Passeie pela natureza, cultive plantas, contemple o belo; essas são atividades que exercitam a emoção das mães e desaceleram a ansiedade da gravidez.
- Procure realizar atividades artísticas, como desenho ou pintura, e atividades físicas regulares. Ainda que existam fatores genéticos e pessoais, mães tensas e pessimistas podem transmitir estímulos estressantes para os bebês.

RESPONSABILIDADE DOS PROFESSORES NA GESTÃO DA EMOÇÃO DE ALUNOS UNIVERSITÁRIOS

BEATRIZ ROQUE KUBATA
GABRIELA AYRES DE SOUZA

EMOÇÕES E SENTIMENTOS: UMA ORQUESTRA FISIOLÓGICA REGIDA PELO CÉREBRO NO ORGANISMO HUMANO

O sangue é desviado de lugares onde, em determinado momento, ele não é tão importante – como do sistema digestório, por exemplo, explicando aquela famosa sensação de frio na barriga; ou do rosto, explicando a palidez – e enviado instantaneamente para uma região que tem mais necessidade dele. Hormônios, como a adrenalina e o cortisol, são liberados, fazendo com que a frequência cardíaca aumente. O cérebro se torna hipersensível a qualquer ato ou movimento minimamente negativo e ameaçador que esteja ao redor. E tudo isso, além de mais uma série de alterações, acontece em menos de meio segundo.

As emoções são programas de ação coordenados pelo cérebro que gerenciam alterações por todo o corpo. Essas ações podem ser simples até mais complexas, como nos comportamentos.

Atacar ou fugir. As emoções são fundamentais para gerar comportamentos biologicamente vantajosos diante de uma necessidade imediata. São adaptativas e orientam seres vivos à sobrevivência. Por serem automáticas, o ser humano não tem controle volitivo das emoções. Talvez tal controle seja desejável, no entanto, do ponto de vista biológico, isso seria destrutivo.

As emoções estão sempre associadas a estímulos externos ou derivados de conteúdos mentais, isto é, de ideias que são capazes de provocar emoções e memórias. Pensar em algo que amamos e em algo que detestamos gera reações emocionais.

Elas operam em uma escala que vai de positivo a negativo, uma escala de valência. As emoções de valência positiva são aquelas que produzem inclinação a comportamentos de aproximação. Quando algo nos alegra, nos deixa felizes, tendemos a nos aproximar disso. Enquanto as emoções de valência negativa são as que produzem uma inclinação a comportamentos de afastamento. Quando temos medo de algo, por exemplo, tendemos ao comportamento de afastamento, de fuga.

As emoções são predominantemente inconscientes. Ocorrem abaixo da linha da nossa percepção. A partir do momento que isso se torna consciente, outro processo do cérebro é alcançado: o sentimento de uma emoção. O sentimento, portanto, é a percepção consciente e parcial de emoções. Emoções são neuroanatômicas e neurofisiológicas. As estruturas e circuitarias cerebrais responsáveis por mediar as emoções não são as mesmas responsáveis por mediar os sentimentos. Em consequência, nem sempre uma emoção se torna consciente.

Uma memória negativa desenvolve uma reação emocional e, imperceptivelmente, isso faz com que o indivíduo fique mais fechado, mais agressivo. Ele filtra de diferentes maneiras a informação que está ao redor, fazendo com que seu comportamento se altere, porque emoções geram comportamentos.

A memória de uma emoção latente gera alterações comportamentais e, por fim, quando se torna consciente, o sentimento. Este é psicologicamente mais complexo, porque é consciente. Envolve memórias, ideias, planos e medos; tem a ver com a percepção de si próprio, da sua identidade e personalidade.

Emoções e sentimentos, e seus mecanismos neurais, compõem o sistema afetivo. Olhar para emoções e sentimentos a partir do funcionamento do cérebro pode, em mesma intensidade, tirar ou amplificar a beleza e a magia da vida afetiva. Compreender melhor os sentimentos e as emoções pode resultar em melhor gerenciamento de relações profissionais, afetivas e, portanto, melhorar a vida como um todo.

O OBJETIVO DA GESTÃO É O DESENVOLVIMENTO PESSOAL, PROFISSIONAL E EMOCIONAL

A profissão "professor", sobretudo na sociedade atual, está associada a uma enorme responsabilidade educativa. Já não representa meramente a repetição de informações ou a transmissão de conhecimentos específicos. A responsabilidade do professor ultrapassa os muros das universidades, das faculdades, das escolas.

Nos primórdios, era exigido que o professor se portasse de maneira autoritária, que apenas transmitisse o conteúdo sem se preocupar com a individualidade de cada aluno, devendo deixar sua emoção dentro de casa e não permitir que fatores externos se refletissem no aprendizado. Infelizmente, esse é um pensamento que ainda circula nos ambientes de ensino, o que acaba limitando o processo educativo.

Os novos tempos, que já não são tão novos assim, requerem um padrão educacional que esteja voltado para o desenvolvimento de um conjunto de competências e habilidades essenciais, objetivando que os alunos possam compreender, refletir e criticar a realidade, participando ativamente em todo o contexto de uma sociedade comprometida com o futuro.

Grandes desafios se descortinam no contexto da docência. Um dos maiores deles está relacionado à descoberta de construções que permitam o desenvolvimento nos estudantes da confiança em suas habilidades de criar, construir e reconstruir com o intuito de que esteja pleno em suas competências emocionais, e não mais, somente, lógicas e racionais.

Intervenções, como a psicoeducação, emergem visando capacitar professores para essa competência emocional. A psicoeducação estruturada proporciona ao professor princípios e técnicas que lhe permitem compreender e intervir de maneira efetiva no processo ensino-aprendizagem, tornando-o hábil nesses diferentes domínios da competência emocional, levando a um funcionamento mais eficaz da dinâmica escolar, uma vez que, ao perceber, entender e controlar as emoções dos alunos, o professor desenvolve um bom índice de equilíbrio emocional de toda a turma.

É importante que haja autoridade docente para a manutenção da hierarquia, existindo uma relação de respeito ao se entender que o professor está um degrau acima dos alunos. Com autoridade, o líder irá agir como motivador de sua plateia, visando ao alcance de um objetivo comum. Isso se difere do autoritarismo, que está relacionado com a obediência cega, não permitindo a existência de questionamentos – nesse caso, a plateia age motivada por medo, censura e ameaças.

Uma relação de amizade pode e deve ser construída entre aluno e professor, porém é importante salientar que esse relacionamento não pode ser confundido com intimidade. A intimidade descontrolada provoca o desmoronamento da autoridade.

É importante que o professor seja capaz de auxiliar na gestão da emoção, pois existem três emoções responsáveis pela paralisação do processo de aprendizagem, a saber: cólera, medo e euforia. O aluno em cólera (raiva exacerbada) entra em desespero para manifestar aquilo que o afeta, e acaba demonstrando isso em gestos de violência, criando uma bomba de adrenalina que intoxica a capacidade criativa e de percepção. O medo gerado por *bullying*, pelo autoritarismo e pela falta de acolhimento da instituição, acaba gastando seu carregamento emocional com essas situações, e não desenvolve a percepção de criatividade, vigília e captação das informações desenvolvida em aula. O comportamento eufórico se assemelha ao medo e à cólera, limitando o processo de aprendizagem.

Não é possível exigir que o aluno entre em sala de aula e deixe de fora todas as emoções, inseguranças e medos. Por isso, o educador tem uma grande responsabilidade na gestão da emoção dos alunos, visto que ele é considerado como aquele capaz de gerir e compreender suas manifestações afetivas. Reconhecer emoções é uma habilidade que nasce da autoconsciência, e é a mais fundamental das aptidões pessoais.

BIBLIOGRAFIA

COELHO, L. Competência emocional em professores – contributos da psicoeducação. *Revista Portuguesa de Enfermagem de Saúde Mental*, v. 8, p. 16-24, 2012.

DAMÁSIO, A. *Sentimento de si*: o corpo, a emoção e a neurobiologia da consciência. Lisboa: Europa-América, 2000.

GOMES, S. T. et al. Psicoeducação de professoras: contribuições da teoria cognitivo--comportamental para promoção de saúde mental no contexto escolar. *Educação, Psicologia e Interfaces*, v. 3, n. 3, p. 94-106, 2019.

HAGEMEYER, R. C. de C. Dilemas e desafios da função docente na sociedade atual: os sentidos da mudança. *Educ. rev.*, Curitiba, n. 24, p. 67-85, dez. 2004. Disponível em: <http://www.scielo.br/scielo.php?script=sci_arttext&pid=S0104-40602004000200004&lng=en&nrm=iso>.

SILVA, A. C. R.; SILVA, G. A. A educação emocional e o preparo do profissional docente. In: CONGRESSO INTERNACIONAL GALEGO-PORTUGUÊS DE PSICOPEDAGOGIA, 10., 2009, Braga. *Anais...* Braga: Universidade do Minho, 2009, p. 9-11. Disponível em: <https://studylib.es/doc/6460070/a-educa%C3%A7%C3%A3o-emocional-e-o-preparodo-profissional-docente>.

VEIGA BRANCO, M. A. R. *Competência emocional em professores*: um estudo em discursos do campo educativo. 2005. Tese (Doutorado) – Universidade do Porto, Porto, Portugal, 2005.

AUGUSTO CURY

Atualmente, crianças, mesmo em idade pré-escolar, chegam à escola com uma carga de estresse e ansiedade maior do que podem suportar, em razão da maneira como vivemos em nosso sistema social vitimado pela síndrome do pensamento acelerado (SPA), sobre a qual já discutimos. Competitividade, consumismo, excesso de estímulos aos sentidos, intoxicação digital, déficit de memória, bem como a desvalorização da família e da educação escolar; pais que trabalham em excesso para mover o ciclo de competitividade, consumismo... Imagine todos esses itens e outros psicossomáticos e genéticos nas costas de uma criança? Bem, é isto que elas estão carregando em sua mochila junto com seus livros e cadernos: um enorme desequilíbrio emocional que provoca não só SPA, mas também solidão, baixo limiar para lidar com o fracasso em meio à competitividade, ira e descontrole. Muito dificilmente o professor receberá um aluno que não sofra ao menos de um sintoma dos que foram elencados. Diante disso, como não tornar urgente o aprendizado da competência socioemocional tanto para que o professor possa lidar com seus educandos, como para que possa encontrar meios para encarar as próprias emoções, e então oferecer ferramentas para que seus alunos encontrem o melhor caminho nesse mar de informação?

Crianças e jovens passam a maior parte da vida na escola, da mesma maneira o professor. Assim, esse ambiente representa uma experiência existencial para ambos, refletindo em um relacionamento social e emocional que impacta a vida pessoal e profissional do indivíduo. Tratei em pelo menos dois comentários sobre algumas técnicas que os professores podem praticar para auxiliar na formação de pensadores capazes de administrar emoções e tornarem-se líderes de si mesmos, afinal não é essa a função primordial da educação? Não creio que seja entupir a cabeça dos alunos com informações e dados desconexos da realidade, mas sim produzir nesses seres humanos a vontade de revolucionar o mundo e transformá-lo em um lugar melhor para todos. Por isso, volto a enumerar essas técnicas extremamente pertinentes, a fim de que possamos ver nascer um dia a escola dos nossos sonhos.

Música ambiente

Sabemos até aqui que o gerenciamento de uma emoção determina a qualidade do registro de um evento na memória, ou seja, o registro pode ser benéfico ou destrutivo de acordo com a emoção. Então, por que não provocar os sentidos para gerar registros benéficos? A música ambiente é um gênero musical que se caracteriza pelos timbres sonoros, executados de tal modo que possibilitem criar um clima, uma ambientação. Dessa maneira, uma música suave pode sim transformar o ambiente, criando uma atmosfera de paz, bem como produzir educação musical, gerar prazer em aulas nas quais em geral se tem mais estresse (matemática, física, cálculos) e aliviar os sintomas da SPA, melhorando a concentração.

Sentar em círculo ou semicírculo

Todo o imaginário que se tem de uma escola é recriado com alunos enfileirados tentando focar em uma única figura: o professor. Imediatamente à frente, a nuca do seu colega. Pode parecer uma cena normal e sem maldade alguma, no entanto essa estrutura ocasiona mais distração e obstrução da inteligência do que atenção e foco. Os alunos se escondem atrás do colega da frente com medo de receber críticas, de dar sua opinião, ou, por outro lado, esse posicionamento rígido provoca mais ansiedade, fazendo com que seja exteriorizada na forma de tumulto em sala. Ou seja, tudo que se queria alcançar com o enfileiramento cai por terra, pois acontece exatamente o contrário. Esse problema seria bem resolvido se os alunos pudessem olhar não somente para o professor, mas para todos os colegas, dividindo suas dúvidas e inseguranças. Uma nova disposição das carteiras, formando um círculo ou semicírculo é uma solução simples, que não exige muito esforço e traz resultados bastante significativos.

A arte da interrogação

O professor precisa provocar em seus alunos a arte de duvidar, desse modo, ele pode ter certeza de que o que se ensina está sendo realmente aprendido. Por quê? Porque a dúvida é mais importante que a resposta certa; a dúvida nos instiga mais do que a certeza. Para realizar essa tarefa, o professor pode até mesmo questionar e colocar à prova verdades científicas já arraigadas, como, por exemplo, ao falar sobre os átomos, ele pode indagar: "Quem pode comprovar a existência do átomo?". Trata-se de uma mudança de paradigma, então pode ser bem difícil preparar uma aula assim no início, mas sugiro que o professor comece treinando essas questões a cada aula.

A arte da pergunta

Essa técnica é um complemento da anterior – na primeira, o professor questiona verdades; na segunda, ele fará perguntas aos alunos, ambas servem como um estímulo ao questionamento, pois o conhecimento pronto, segundo Vygotsky em sua obra *A formação social da mente*, estanca o saber, mas a dúvida provoca a inteligência. É na infância (principalmente) e na juventude que mais facilidade temos para aprender; quando somos mais curiosos e nossa mente está menos lotada de informações. Mais tarde na vida, ficamos acomodados e deixamos de questionar; mesmo grandes pensadores se tornam estéreis. O professor fascinante deve se esmerar nessa área, fazendo perguntas primeiro a toda a classe, e depois a alunos específicos. Não importa a resposta, o aluno deve ser elogiado por sua participação.

Contar histórias

O ser humano naturalmente gosta de contar histórias; é o que mais vemos em redes sociais, em conversas pessoais... Por que não fazer isso em sala de aula? Falar de experiências pessoais e das experiências daqueles que conhecemos humaniza a educação e faz a realidade ficar menos dura. A melhor maneira de resolver um conflito é contando um evento semelhante e como foi resolvido, mas isso deve ser feito de forma lúdica, e não como uma história de terror. Um professor que conta histórias é inesquecível.

Humanizar o conhecimento

Na educação clássica, há um grande esforço para transmitir conhecimento a tempo de realizar os exames. Então passa-se para o próximo assunto e o anterior é quase esquecido. É raro, como eu já havia comentado antes, que os alunos tomem conhecimento da vida pregressa daqueles que transformaram a história da humanidade (suas dores, seus fracassos). Houve quem morresse defendendo suas ideias! Hoje não vemos pessoas com ideais tão fortes, até porque, com a descaracterização da história, tornando-a um fato estático no tempo, a geração atual enxerga esses personagens como figuras do passado, sem emoção, sem uma vida em torno de suas descobertas.

Humanizar o professor

Séculos atrás, para ser instruída, a criança deveria afastar-se dos pais e conviver até a adolescência com mestres que lhes ensinariam seus ofícios. Por muitos anos, esse mestre era a pessoa que mais conhecia seu discípulo.

Hoje, mesmo perto, há um abismo emocional entre aluno e professor, que passam boa parte do dia juntos e não se reconhecem. E esse abismo se estende, pois a educação de hoje separa o pensador do conhecimento, o professor da matéria e o aluno da escola – como eu afirmo em várias obras minhas, separa o sujeito do objeto. O professor não é um ator em uma peça, mas um ser humano com uma trajetória de vida que pode ser compartilhada e servir como inspiração para os jovens em formação.

Elogiar antes de criticar

Criticar é mais fácil que elogiar. Você já deve ter ouvido isso. O elogio de que falo é sobre encorajamento, e não palavras vazias. O elogio ajuda na melhora da autoestima, ressaltando o que é positivo no outro. Mas é difícil elogiar aquele aluno que está sempre aprontando das suas, correto? Errado! A melhor maneira de trazer esse aluno de volta é a aproximação, através da técnica de elogiar-criticar. Em cada ser humano há algo de bom, encontre esse talento no seu aluno e elogie essa característica, pois o elogio estimula a criação de janelas positivas. Depois você faz as críticas. Isso fará com que o aluno reflita sobre suas falhas. E critique de uma vez só, a repetição da crítica anula o efeito do elogio e provoca ainda mais estresse para ambos.

Gerenciar pensamentos e emoções

Eu já disse isso antes e repito: o papel do professor é transformar o aluno em líder de si mesmo. Como? Por meio de uma boa administração de pensamentos e emoções. Todas as técnicas demonstradas aqui têm potencial para ajudá-lo nesse processo, e a elas podemos adicionar um diálogo franco, no qual o professor fale abertamente sobre o controle emocional, seja através de uma história seja introduzindo o assunto diretamente, pois de nada adianta sabermos resolver um intrincado problema de matemática se não soubermos resolver os problemas da vida.

Engajamento social

Engajar os alunos em pautas sociais, como prevenção contra certas doenças ou drogas, proteção da criança contra a violência ou racismo, entre outras, é um grande passo para ativar neles o compromisso social. O consumismo e a competição roubam muito da empatia e da compaixão de cada um de nós. Crianças e jovens devem participar de grandes decisões na escola e no lar. Muitos reclamam do tédio do dia a dia, se revoltam porque "não têm nada para fazer", mas se dermos a eles o que pensar, certamente terão muito o que fazer por eles e pelo mundo. O mundo precisa de gente que faça a diferença, que resgate o sentido da vida. O trabalho assistencial não ajuda somente o necessitado, o vulnerável social, mas também trabalha dentro de quem está ajudando.

COMO SER UM PROFESSOR ENCANTADOR

CARLA ROBERTA DE OLIVEIRA MACIEL
ISABELA PEZOTI MORETTO

O atual sistema educacional brasileiro está focado em formar repetidores de informação, sem, contudo, prover ensinamentos de proteção ao ser humano e estimular o desenvolvimento da empatia e da autorreinvenção, pois não encoraja os alunos a trabalharem a autocrítica e mesmo a simplesmente pensar. Estamos vivenciando a era dos mendigos de pensamentos. Pensar não é repetir o passado, é ser rebelde ao passado. O processo de formação do pensamento envolve a emoção, o contexto, o momento de vida e a individualidade, e o que leva um ser humano a ser um pensador é a quantidade de perguntas, e não de respostas que ele produz. Apesar disso, os professores buscam apenas dar suas matérias com brilhantismo, sem pensar no que está provocando em seu aluno. Para formar pensadores, os professores de hoje terão de percorrer estradas inéditas, aprender a fazer questionamentos, reconhecer erros e entender que, como seres humanos em construção, estamos constantemente "aprendendo a aprender".

Sabemos que o processo de formação de pensadores é uma área que poucos estudiosos da mente adentraram até hoje. Com ele, questiona-se como formamos mentes brilhantes, como desenvolvemos a capacidade de criar, de imaginar e de debater. Deve-se ter em mente que toda vez que alguém expõe suas ideias e produz conhecimento já não é mais dono desse saber, da mesma forma que um pintor não é mais dono da sua obra após finalizá-la. As pessoas que leem, estudam, refletem e analisam uma obra se apropriam dela, transmitindo-a para as demais.

Mas o que determina um pensador não é a quantidade de informações que ele possui e sim a maneira que ele as organiza. O mesmo ocorre em uma tese de doutorado, por exemplo, na qual não é a quantidade de informação, mas a maneira que libertamos o imaginário para construir novas ideias o que realmente importa. Por isso que todo orientador de mestrado, doutorado ou pós-doutorado deveria permitir que seu orientando construísse livremente novas ideias, deveria incentivar a rebeldia saudável e o conhecimento, para que ele pudesse caminhar por ares nunca antes respirados. Assim, estaríamos contribuindo verdadeiramente para a ciência.

Todos os professores e orientandos deveriam conhecer o processo de formação de pensadores e a Teoria da Inteligência Multifocal para entender que a capacidade de construir novas ideias surge da clareza sobre tudo que conhecemos: nossas crenças limitantes, as verdades estabelecidas, a capacidade de pensar e de superar nossos limites. Para formar mentes brilhantes, primeiro temos que formar professores brilhantes e possibilitar que eles sejam livres para que assim possam formar mentes livres.

No entanto, mesmo sabendo que provas viciam o córtex cerebral, tornando o indivíduo um repetidor que apenas reproduz os conteúdos ensinados, os professores continuam com esse tipo de prática, estimulando em excesso o cérebro de seus alunos e causando um cansaço mental e corporal desnecessário, já que ninguém tem, e nem deveria ter, uma super memória.

De acordo com as teorias de Augusto Cury acerca da inteligência, existem três mudanças fundamentais no sistema educacional mundial:

1. Mudar da era da exposição das informações para viver a era do Eu gestor da mente humana, das emoções e dos pensamentos.
2. Mudar da era do apontamento de falhas para a era da celebração de acertos.
3. Mudar da era de formação de expositores de dados para a era de construtores de conhecimento ou pensadores.

Para promover todas essas mudanças é essencial o controle das emoções, administrando medos e frustrações, e tomando para nós o controle da nossa história.

AUTOR DA PRÓPRIA HISTÓRIA

O Eu tem que ser protagonista da própria história, e por esse motivo é necessário treiná-lo para que deixemos de ser escravos dos nossos estímulos estressantes. Grande parte dos nossos pensamentos não são produzidos pelo Eu consciente, mas pelo inconsciente.

Em seu processo de formação, o Eu não é apenas o realizador de tarefas, mas a consciência crítica, a capacidade de escolha, a nossa autodeterminação. No entanto, na maioria dos seres humanos, o Eu é mal formado, não exercendo esses papéis, muito menos o de gestor dos pensamentos e das emoções.

O Eu tende dar um choque de lucidez nas nossas fobias, nos pensamentos perturbadores, nas ideias obsessivas. Se esse choque não é feito nos primeiros cinco segundos, esses pensamentos e emoções são registrados e não podem mais ser deletados. Podemos arquivar e acumular muitos lixos na mente humana, que é extremamente poluída justamente por não entendermos quais são os papéis solenes do Eu, e que não podemos deixar nossa mente livre, sem gestão. Somos livres para pensar, mas não obrigados a ficar assistindo como expectador passivo o sofrimento por antecipação e a autocobrança. Se o nosso Eu não discordar desses pensamentos, nós não os confrontamos, porém os registramos, e uma vez registrado o núcleo traumático expande, tornando-se um carrasco de si mesmo. Portanto, devemos aprender a reciclar o lixo dos nossos pensamentos, não registrar ideias perturbadoras e emoções ruins, não deixar acumular janelas traumáticas, o que, consequentemente, nos permitirá ter uma mente mais livre, serena e prazerosa, prevenindo-nos dos transtornos emocionais.

GERENCIAR OS PENSAMENTOS

A mente é como um Fórum no qual, como advogados, devemos proteger nossas emoções. A gestão da emoção fala da atuação do Eu como protetor da emoção e da mente humana, o Eu como advogado de defesa para estabelecer os direitos fundamentais para sermos livres e não escravos dos pensamentos perturbadores.

A personalidade é formada por janelas que são expressas e por meio das quais vemos, reagimos e nos expressamos. Dependendo da janela ativada, determinada personalidade pode se expressar de uma maneira diferente. É como se fosse uma guerra de janelas (arquivos) no nosso córtex cerebral.

Existem três tipos de janelas: as janelas neutras, que representam pelo menos 90% dos arquivos do córtex cerebral e são constituídas por experiências diárias, que não têm fator emocional; as janelas saudáveis, chamadas *light*, que constituem arquivos de tensão saudável (prazeres, elogios, autoconfiança, autoestima, habilidades pessoais), que iluminam, inspiram e carregam em si o sentimento de ousadia e superação; e, por fim, as janelas traumáticas, doentes, chamadas *killer*, que contêm as experiências com alta carga de tensão doentia, como medo, perdas, decepções, fobias, traumas, rejeições. As janelas *killer* e *light* são minorias no córtex cerebral, mas com poderes tremendos, a tal ponto que podem influenciar ou mesmo controlar positiva ou destrutivamente o Eu.

A memória tem papéis notáveis, conscientes e inconscientes. O Eu não penetra de maneira consciente na "grande cidade da memória", que é o córtex cerebral. É como se o córtex fosse uma cidade milhares de vezes mais complexa que Nova York, São Paulo, Xangai, México e Tóquio juntas, com milhões e milhões de endereços, todos interconectados, aos quais não conseguimos acessar em uma velocidade espantosa. Com isso, se o Eu fosse o piloto da "aeronave" mental, nem sempre estaria no comando, pois em grande parte do tempo quem está com os instrumentos de navegação são os quatro fenômenos inconscientes que são excitados e atuam como copilotos e coadjuvantes na nossa memória.

Para facilitar o entendimento, vamos explicar esses fenômenos com uma experiência ocorrida entre um professor e um aluno em uma sala de aula. Trata-se de uma experiência traumática para o aluno com um professor incompreensivo, que não sabe lidar com as próprias emoções, e que repreende o aluno no meio de uma apresentação em frente de toda a turma, dizendo que o que ele fez está errado, o que pode gerar uma janela *killer* (trauma, medo ou fobia) para sempre no aluno. A partir de então, em situações nas quais tenha que falar em público, será disparado o gatilho da memória, que é o primeiro fenômeno inconsciente, também chamado de autochecagem, no qual a janela é registrada no cérebro.

O fenômeno da autochecagem é inconsciente, complexo e preciso, e é o gatilho responsável por abrir o segundo fenômeno: as janelas da memória, também chamado arquivo mental. Trata-se de uma área de leitura em determinado momento existencial. É por meio das janelas que vemos o mundo, o interpretamos e reagimos a ele. Portanto, esse aluno que registrou o episódio ocorrido como uma janela traumática, a janela *killer*, em meio a centenas de milhares de janelas, abre essa janela em específico e, com o volume de tensão, arrasta a âncora para ela. Entra em ação nesse momento o terceiro fenômeno, que é a âncora da memória, responsável por fixar o processo de leitura na janela doente, a janela traumática.

Adiante em sua vida, mesmo o aluno sabendo que nem todos os professores são iguais e irão agir da mesma maneira, mesmo tendo mecanismos de proteção que podem ser acionados para tranquilizá-lo durante uma apresentação, acionando as janelas *light*, nenhuma das outras janelas são acessadas porque a âncora fixou o processo de leitura na janela traumática. O circuito é fechado e esse aluno reage instintivamente.

Nesse momento é ativado o quarto fenômeno, o autofluxo, que lê e relê a mesma janela aberta. Por esse motivo, pessoas inteligentes podem ser irracionais quando passam por momentos de tensão. Mesmo calmo em sua convivência diária, durante um evento similar, a mente do aluno aciona o primeiro gatilho e detona a janela *killer*, provocando um alto volume de tensão ao se apresentar diante de uma sala lotada, pois a mente em autofluxo entra no modo de leitura e releitura da janela ancorada.

Além de todos esses fenômenos, o aluno pode apresentar uma reação superdimensionada e totalmente contrária à habitual. Quando o circuito se fecha demais, ocorre a chamada síndrome do predador-presa, ou síndrome do pensamento acelerado (ansiedade), que faz com que a pessoa perca o controle e aja por instinto, tenha reações agressivas, crie fobias, sofra por antecipação, fique hipersensível e mentalmente esgotada. Essa situação pode levar um aluno a desenvolver depressão, ansiedade, cair nas armadilhas da mente e não conseguir mais sair delas.

É importante ressaltar que quando esses quatro fenômenos entram em cena, o Eu está passivamente na plateia como expectador e não no palco dirigindo a cena.

ADMINISTRAR E PROTEGER AS EMOÇÕES

Não é possível eliminar/apagar as janelas traumáticas, mas elas podem ser reeditadas. Para isso, algumas técnicas devem ser colocadas em prática e assim nos tornarmos autores da nossa história.

O Eu tem de atuar nos focos de tensão como agente modificador da história, sendo ativo e não passivo, impedindo os gatilhos e não deixando abrir essas janelas traumáticas. Ele tem que questionar, discordar, abrir o circuito e transformar as janelas. O agradecimento, por exemplo, é um dos sentimentos mais importantes para abrir janelas *light* e neutralizar as janelas *killer*. Por meio das janelas *light* traumas vão sendo neutralizados, diminuindo a intensidade.

Vamos entender como os mecanismos emocionais da memória trabalham na mente de professores e no dia a dia do processo educacional.

Em seu cotidiano, os professores lidam com as emoções produzidas pela memória, como qualquer outro profissional. Muitas delas estão associadas a momentos traumáticos que podem comprometer seu profissionalismo e a comunicação com os alunos, e por esse motivo que chamo atenção à necessidade de compreender a memória humana e a razão dessas emoções estarem tão conectadas às nossas recordações.

De acordo com as teorias propostas por Augusto Cury, cada ideia, pensamento, reação ansiosa, momento de solidão e período de insegurança permanece registrado em nossa memória. Literalmente, todos os nossos movimentos estão armazenados em três tipos diferente de memória: 1) memória de uso contínuo (MUC); 2) memória existencial (ME); 3) registro automático da memória (RAM). Em poucas palavras, a MUC é a memória utilizada todos os dias para desenvolver respostas sociais, cumprir tarefas profissionais, estabelecer comunicação, determinar nossa localização espaço-temporal e fazer operações matemáticas usuais. O RAM está dentro da MUC registrando experiências que geram emoções intensas, criando as janelas P e as janelas *killer*, conhecidas como janelas de angústia, fobias, dor, ódio, tristeza, aversão e rejeição. E essas emoções são constantemente lembradas por conta da ação do fenômeno do autofluxo. Já a memória existencial está localizada nos bastidores, na periferia do intenso mundo das recordações, mas, ainda assim, ela consegue nos influenciar por meio de lembranças que surgem repentinamente, quando, por exemplo, um lugar inédito pode soar familiar, se tem uma recaída dos vícios ou voltar a sentir afeto por alguém do passado. São imagens e sensações mais antigas, mas que permanecem como memórias do inconsciente e do subconsciente.

Vamos ilustrar todo esse conteúdo com um exemplo. Um professor vivenciou recentemente uma experiência emocional perturbadora ao confrontar um aluno. Ele tenta desesperadamente apagar da memória o evento ocorrido. Na busca por se livrar das emoções de dor, tristeza, angústia e medo, a mente desenvolve aversão, fobia, ódio e rejeição, mas não consegue apagar a lembrança da memória porque o registro foi involuntário. Esse fenômeno ocorre devido a aberturas de janelas emocionais, armazenadas no RAM e relembradas constantemente pelo autofluxo, podendo levar esse profissional a desenvolver doenças da mente.

A abertura de janelas traumáticas e o descontrole sobre as emoções produzidas por elas, afetam o desempenho dos professores tanto na sala de aula como no ambiente escolar como um todo. Por outro lado, a falta de gestão das emoções inevitavelmente os leva a continuar o ciclo de abrir janelas traumáticas em seus alunos. Olhando para nossa vida, quantas memórias nós temos de interação com certos professores que queremos apagar? Provavelmente são muitas, as quais nos levaram a ter antipatia por tal professor, perder o interesse pela disciplina ou mesmo desistir do curso. De fato, não é uma obrigação do aluno saber lidar com situações de constrangimento, mas o processo de formação educacional também deve estar voltado para aprender a lidar com as emoções. De modo semelhante, a preparação pedagógica do professor deve abranger o controle de impulsos, a fim de que ele possa enxergar seus alunos como indivíduos em processo de aprendizagem.

REEDITAR A MEMÓRIA

De acordo com a teoria do professor Augusto Cury, memórias indesejáveis não podem ser apagadas, no entanto, podem ser editadas a partir da abertura de janelas *light*, ou seja, introduzindo uma nova visão para a antiga cena traumática, enfocando pontos positivos. Algumas maneiras de reeditar uma memória traumática envolvem duvidar do pensamento perturbador (será que o que penso é verdade? Só existe uma visão sobre isso? E se eu pensar diferente? E se eu mudar meu comportamento, não poderia me sair melhor? E se eu fizer o contrário, o que acontecerá?) e criticar nossas atitudes. Ademais, existem ações mentais que devemos praticar com constância a fim de editar memórias traumáticas e nos beneficiar com tais mudanças:

- Libertar a mente de angústias e fobias.
- Formar pensamentos altruístas.

- Ser mais criativo.
- Controlar os pensamentos.
- Colocar a felicidade em prática.

Um professor brilhante irá assumir o controle de suas emoções e gerar memórias positivas em seus alunos, ajudando-os em seu desenvolvimento intelectual, social e emocional. Para isso o educador deve atentar para:

- Não elevar o tom de voz.
- Evitar comparações.
- Evitar repetições.
- Não fazer chantagens.
- Elogiar antes de criticar, ainda que sejam críticas construtivas; valorizar antes de avaliar. (Essa atitude permite que o aluno prepare suas emoções, uma vez que primeiro ele se enche de orgulho de si mesmo e experimenta a felicidade e, depois, quando chegam as críticas, ele as absorve sem traumas.)
- Não cobrar ou criticar em excesso.

A FORMAÇÃO DE MENTES BRILHANTES

Para que os alunos consigam desenvolver o máximo de sua criatividade, os professores devem prepará-los para ajustarem suas mentes emocionalmente para o modo saudável. E como agem os professores que não aprenderam as habilidades de educação socioemocional?

- Não resolvem conflitos em sala de aula.
- Não estimulam a criatividade, o altruísmo e a generosidade, nem a vontade de aprender.
- Não formam pensadores proativos, empáticos, líderes de si mesmos.
- Não formam indivíduos que trabalhem com perdas e frustrações.

Em contrapartida, existem atitudes específicas que contribuem para formar mentes brilhantes e emocionalmente saudáveis, quais sejam:

1. *Consumir só o necessário.* O consumo libera substâncias do metabolismo cerebral, como a endorfina, que geram intenso prazer e, em alguns casos, estimulam a repetição irresponsável do ritual da compra, levando a pessoa a comprar por impulso e se endividar. É preciso exercitar o cérebro de modo que ele entenda que o consumo desnecessário gera um gasto financeiro desnecessário.

2. *Ensinar que a vida é breve e curta.* Professores, acreditem, a vida é curta e bela. Vive-se mais correndo-se menos riscos e controlando mais as emoções. Não falo só daquelas atitudes extremas em que se corre risco de vida, mas das decisões e escolhas diárias, que podem nos custar muita dor e sofrimento. A vida é demasiada curta para nos enclausurarmos em pensamentos perturbadores. Não se frustre com expectativas não correspondidas, mas pense antes de agir. Amanhã é outro dia e algo muito melhor pode acontecer. Mostre que pensar nas escolhas pode abrir diferentes oportunidades e que quem age sem pensar, não mede consequências. Incentive seus alunos a refletirem sobre suas escolhas, a fim de tomarem as melhores decisões e aproveitarem a vida da melhor maneira.
3. *Compartilhar experiências.* Ensine seus alunos através de sua trajetória de vitórias e derrotas. Compartilhe certas angústias sofridas a fim de ensiná-los sobre compaixão e empatia. Ao mesmo tempo que ajuda a prevenir erros, o aluno pode se lembrar da experiência do professor e refletir antes de agir em cima da mesma história. Da mesma maneira, ensine-os a chorar, mas sem que para isso precisem abrir janelas traumáticas; apenas descreva sua experiência de dor, porque cedo ou tarde a dor irá acontecer, mas é importante saber enfrentá-la para que possamos nos fortalecer.
4. *Proteger a emoção de quem foi agredido.* Educadores que fazem a diferença na formação de mentes saudáveis, estando diante de uma situação de agressão, fortalecem seus alunos e exaltam sua capacidade de superação. Proteger e fortalecer quem foi agredido é tão importante quanto parar o agressor. É primordial preparar os jovens para competições e desafios, mas ajude-os também a filtrar estímulos estressantes a fim de evitar que abram janelas traumáticas.
5. *Ensinar o valor da liberdade e negociar limites.* Incentive a leitura e a definição de limite para o uso de videogame e celular. (Inclusive dormir próximo do celular, o qual emite a luz azul que altera determinadas substâncias cerebrais, dificulta o sono.) Por sua vez, não exagere na quantidade de tarefas, os alunos também precisam de tempo adequado para dormir e praticar outras coisas essenciais à vida, como o lazer.
6. *Praticar a gratidão.* A gratidão torna as relações humanas mais saudáveis. Demonstre gratidão por seus alunos, isso levará à formação de janelas *light* em sua memória de uso contínuo (MUC), no centro da consciência. Professores mais fechados não contribuem para que os alunos sejam abertos e relaxados.
7. *Agradecer pela existência de seus alunos.* "Alunos, obrigado por virem." "Alunos, obrigado por estarem na aula hoje." Frases de agradecimento plantam janelas *light* duplo P na mente dos alunos, as quais têm o poder de libertar o Eu, de lidar com as adversidades, de desenvolver altruísmo e melhorar a autoestima.
8. *Ser tolerante.* Professores que cobram e criticam excessivamente ajudam a formar janelas traumáticas que obstruirão a liberdade dos alunos, bloquearão aprendizados e dificultarão a criatividade.

9. *Dar o que o dinheiro não compra.* O excesso de queixas fecha o circuito da memória, diminui a esperança, incentiva o pessimismo e cega o aluno para as alternativas de superação de barreiras. Professores encantadores são ponderados em suas críticas e observações sobre o comportamento dos outros, por conseguinte podem suportar mais tranquilamente as contrariedades do dia a dia.

BIBLIOGRAFIA

CURY, A. *A fascinante construção do eu*. São Paulo: Academia, 2011.

CURY, A. *Inteligência socioemocional*: ferramenta para pais inspiradores e professores encantadores. Rio de Janeiro: Sextante, 2019.

CURY, A. *Nunca desista dos seus sonhos*. Rio de Janeiro: Sextante, 2004.

CURY, A. *O funcionamento da mente*: uma jornada para o mais incrível dos universos. São Paulo: Cultrix, 2016.

AUGUSTO CURY

Como seria a escola dos seus sonhos? Imagino que essa pergunta já reverberou na mente de muitos professores, mesmo com todas as dificuldades da rotina de uma sala de aula. Penso que a escola dos sonhos não deveria estar trancafiada em um lugar longe da realidade, porque de fato ela tem potencial para existir. Uma escola que educa seus alunos para se tornar líderes de si mesmos, para brilhar no palco da vida, não sendo escravos das próprias emoções, mas permitindo que elas trabalhem em seu benefício, não só é viável como vem sendo estruturada com muito afinco por educadores dedicados.

A escola dos sonhos é habitada por professores que não apenas conhecem bem sua matéria, como também o funcionamento da mente, e têm a habilidade de transformar informação em conhecimento e conhecimento em experiência. Nessa escola, a sabedoria de Piaget, Vygotsky, Gardner e Freire não está apenas impressa em livros, mas vívida em planos de aula e nas missões e nos valores das instituições.

Nesse lugar de educar, as técnicas aqui expostas e a atuação de professores encantadores são observadas em cada sala de aula, na qual os alunos se sentam em círculo e uma música suave faz fundo para as vozes em acalorados debates. Se chegarmos mais perto, podemos ver no brilho de seus olhos um pequeno líder nascendo, com a autoestima educada, a solidariedade aflorada, a segurança ao exprimir suas ideias, a capacidade de ouvir aguçada e o foco em adquirir conhecimento para mudar o mundo refletidos em cada fala. Na escola dos sonhos não há alunos calados, escondidos em um canto, e outros fazendo algazarra enquanto o professor se esgoela e perde a motivação, ao contrário, todos são atores no teatro da educação, pois ali ela é participativa.

Na escola dos sonhos, o professor desenvolve a habilidade da paciência, revertendo com sensibilidade a agressividade, a agitação e a ansiedade de alunos vítimas de um mundo acelerado, em motivação, inspiração e pensamento livre, protegendo sua emoção nos focos de tensão. O professor nessa escola decide acolher os alunos mesmo nos dias mais difíceis.

O professor da escola dos sonhos, ao avaliar os alunos lança sua nota com base no pensamento complexo/multifocal, privilegiando a inventividade, o raciocínio esquemático e a ousadia, em vez de se fixar na repetição do conteúdo transmitido em sala. Esse mesmo professor usa estratégias para cativar sua audiência, provocando-lhe desafios instigantes a fim de avaliá-la com frequência, em vez de apenas uma vez ao mês. Ele consegue filtrar suas emoções e não permite que a agitação em sala o perturbe. Por isso, ele não culpa nem desiste de nenhum aluno, pois aprendeu que sua luta é contra um sistema doente, e não contra os jovens para quem leciona.

Essa escola não está distante de nós, acredite, caro professor. Motive-se para ser um professor fascinante! A recompensa não será em forma de prestígio, certamente, mas na certeza de ter cumprido sua missão para a renovação da humanidade. Como um auxílio especial, gostaria de deixar para os professores o quadro seguinte, inspirado em minha obra *Pais brilhantes, professores fascinantes*, para que possam deixá-lo à vista para consulta naqueles momentos mais difíceis do dia, tendo em mente que sua tarefa é uma das mais importantes entre todas as profissões do planeta, ainda que pouco reconhecida. Então valorizem-se e tenham consciência do significado do papel de vocês para a construção de um futuro melhor para todos. Vocês valem ouro!

Bons professores	Professores fascinantes	Não cometam estes pecados!
São eloquentes.	Conhecem o funcionamento da mente.	Não cumprir com a palavra.
Têm sua metodologia.	Têm sensibilidade.	Expressar autoridade com agressividade.
Educam a inteligência lógica.	Educam a emoção.	Ser excessivamente crítico, obstruindo a infância.
Usam a memória como depósito de informações.	Usam a memória como suporte para a arte de pensar.	Punir quando estiver irado e colocar limites sem dar explicações.
São mestres temporários.	São mestres inesquecíveis.	Ser impaciente e desistir do aluno.
Corrigem comportamentos.	Resolvem conflitos.	Corrigir publicamente.
Educam para uma profissão.	Educam para a vida.	Destruir esperanças e sonhos.

SÍNDROME DO PENSAMENTO ACELERADO GERANDO MENTES AGITADAS E DESCONCENTRADAS

MARINA RIBEIRO PAULINI
VANESSA THOMÉ

Refletimos na sociedade o que somos e somos um reflexo da sociedade em que vivemos, uma sociedade que nunca para, que dependente da tecnologia, do excesso de estímulos, informações e redes sociais, que estipula padrões de beleza e de vida irreais. A imersão nessa sociedade pode nos levar a desenvolver um vício que às vezes não percebemos: o vício de pensar.

Você já conheceu alguma pessoa com a capacidade de pensar em várias coisas ao mesmo tempo e de propor várias soluções brilhantes, porém com uma enorme dificuldade em colocar qualquer uma dessas ideias em prática? Aquela pessoa sempre irritada, cansada, sem foco e apressada?

Reformulando a pergunta: você se identificou com alguma dessas características? Você pensa em muitas coisas ao mesmo tempo? Você acorda cansado? Você não consegue pôr seus planos em prática? Você tem um pensamento rápido e se incomoda com a lentidão de outras pessoas? Você pensa em muitos experimentos para fazer sua pesquisa, mas consegue executar muito pouco do que planejou?

Se você respondeu sim a algumas ou a todas essas perguntas, pode ter desenvolvido a Síndrome do Pensamento Acelerado (SPA). A SPA foi descrita pelo Dr. Augusto Cury e tópico de pelo menos dois de seus livros – *Teoria da Inteligência Multifocal* e *Ansiedade*. Essa síndrome corresponde a uma superconstrução de pensamentos, ou seja: uma alteração na qual a mente fica repleta de pensamentos, estando completamente cheia durante todo o tempo em que a pessoa está acordada, o que dificulta a concentração, aumenta a ansiedade e desgasta a saúde física e mental. O problema dessa síndrome não está relacionado apenas ao conteúdo dos pensamentos, que podem ser interessantes, cultos e positivos, mas sim à quantidade e à velocidade com que acontecem dentro do cérebro.

A SPA é muito frequente em profissões que exigem um trabalho intelectual mais intenso, como de pesquisadores, acadêmicos, médicos, psicólogos, jornalistas, executivos, professores, entre outras. Segundo Cury, estima-se que 80% das pessoas tenham sintomas, e especialistas têm observado que até mesmo as crianças vêm sendo impactadas por essa síndrome.

A SPA é desencadeada por excesso de atividades, informações e estímulos a que nos expomos diariamente: redes sociais, internet, jornais, revistas, televisão, *smartphones* bombardeiam o nosso cérebro constantemente. O resultado disso é que, além de ter uma grande quantidade de informações transitando em nossa mente, o pensamento tem se tornado cada vez mais acelerado, sendo mais difícil gerir as emoções associadas a cada situação. Quando se tem essa síndrome, fica difícil desenvolver a inteligência emocional necessária, por exemplo, para não agir por impulso, para expor e não impor ideias e para que as pessoas sejam mais empáticas e resilientes.

RELAÇÃO ENTRE A SPA E A MEMÓRIA

Para entender melhor como a SPA funciona, é importante saber que o que chamamos genericamente de "memória" na verdade inclui vários tipos de memórias. Uma das divisões existentes é a cunhada por Augusto Cury, na qual se divide a memória em três tipos: memória genética, memória existencial e Memória de Uso Contínuo (MUC).

A memória genética é a memória com a qual nascemos, é a memória que está gravada em nosso DNA. Essa memória influencia nosso comportamento, mas não o define. Podemos falar que ela cria uma tendência. Então, se sua mãe tem ansiedade, não significa que você irá desenvolver esse transtorno psicológico; porém se você, por exemplo, não aprender a gerenciar seus pensamentos, é mais provável que você tenha esse transtorno.

Já a memória existencial são os registros que não estão sendo usados com frequência. São as informações que estão guardadas no nosso subconsciente e inconsciente. Sabe aquelas sensações que você não sabe de onde vêm? Aquele dia que você acorda muito animado e se sentindo produtivo, e outro dia que você acorda se sentindo péssimo? Então, são os processos que acontecem nesses locais.

Por último, temos a MUC, a memória que usamos no nosso dia a dia. Se pensarmos na nossa mente como uma casa, a MUC seria o bairro em que essa casa está. Nosso bairro é aquele lugar no qual transitamos com frequência, não é mesmo? Vizinhos, padaria, vendinhas e por aí vai. É a memória que mais visitamos. A SPA leva a uma dilatação da MUC, isto é, ela fica muito maior. O seu bairro é muito grande, quase do tamanho de uma cidade, então tem muito mais casas e uma variedade infinita de estabelecimentos. Isso permite que você tenha muitos pensamentos porque existe muita "matéria-prima" para pensamentos disponíveis. Com você gastando tanta energia pensando, sobra pouca para o seu corpo cumprir as outras funções vitais, por isso você acorda tão cansado e não consegue descansar. Além disso, existe uma relação da SPA com a ansiedade, pois uma pessoa que produz muitos pensamentos também acaba produzindo muitos pensamentos ansiogênicos. Quanto maior o bairro que você mora, maior a chance de ter um vizinho de que você não gosta, certo? Então, quanto mais pensamentos você produz, maior a chance de aparecerem pensamentos negativos, destrutivos e ansiogênicos.

PRINCIPAIS SINTOMAS DA SPA

As principais características de uma pessoa com SPA incluem: ansiedade, dificuldade para se concentrar, pequenos lapsos de memória de forma frequente, cansaço excessivo, dificuldade para pegar no sono, irritabilidade, não conseguir descansar o suficiente e acordar cansado, inquietação, intolerância ao ser contrariada, mudança de humor repentina, insatisfação constante, sensação de que as 24 horas do dia não são suficientes para fazer tudo o que deseja. Além disso, é comum o desenvolvimento de sintomas psicossomáticos como dor de cabeça, dor muscular, queda de cabelo e gastrite, entre outros. Esses sintomas físicos são uma clara mensagem de que a nossa mente está desgastada. Os sintomas da SPA foram divididos em seis categorias no livro *Ansiedade*, tornando evidente que a aparição e a intensidade do sintoma são variáveis, e o seu agravamento intensifica a SPA.

A SPA é muito prejudicial para o indivíduo, pois atrapalha o desenvolvimento de capacidades essenciais como criatividade, inovação, reflexão, resiliência, gerando uma ansiedade crônica e insatisfação prolongada. A pessoa com essa síndrome tem dificuldade em se colocar no lugar do outro e não aceita sugestões, impondo suas ideias de forma constante, além de ter dificuldade de refletir antes de agir. Ela também apresenta mais problemas para lidar com as perdas e reconhecer seus erros ao refletir sobre eles. Além disso, a SPA pode atrapalhar o indivíduo a começar uma ação, o que pode contribuir para a sua ansiedade. Isso porque a mente de uma pessoa com SPA está constantemente excitada produzindo pensamentos, e essa produção em excesso leva a uma perda de foco, já que fica mais difícil tomar atitudes se você gasta tanto tempo pensando. Muitos pensamentos = poucas ações.

COMO POSSO COMBATER ESSA SÍNDROME?

Se você se identificou com o que foi exposto, provavelmente a sua mente está pensando em muitas coisas agora, entre elas se existe algum jeito de melhorar os sintomas dessa síndrome. A resposta é sim. Para melhorar a SPA, vá a um "*spa* mental". Os *spas* a que normalmente estamos habituados fazem referência a um estabelecimento comercial que oferece tratamentos de saúde, beleza e bem-estar. Apesar dos ganhos positivos em um *spa* desse tipo, muitas vezes esses ganhos passam por momentos de bastante dor, como receber uma massagem quando se está com dor nas costas. No momento, a dor é intensa, mas depois os músculos relaxam e a dor é aliviada. Então, eu o convido a frequentar um *spa* na sua própria mente, oferecendo serviços de bem-estar a você mesmo. Mas são se engane, esses serviços não serão 100% prazerosos, assim como não são em um *spa* convencional.

O pacote de serviços básicos do seu *spa* mental deve começar com aulas sobre como gerenciar seus pensamentos sendo um portador da SPA. Um ótimo produto nesse pacote é a técnica do D.C.D. (Duvidar, Criticar, Determinar). Essa técnica ensina que o "eu" deve passar a duvidar de suas crenças estabelecidas e de seus pensamentos destrutivos e criticar as ideias pessimistas, a necessidade de preocupação excessiva e o pensamento antecipatório.

Por último, o "eu" deve decidir ser livre e não um escravo de seus conflitos. O "eu" deve decidir querer ver a beleza da vida e ser feliz.

Um dos serviços disponíveis será evitar o excesso de informações. Se você lê o tempo todo, diminua o tempo de leitura e pratique fazer conexões entre as informações que você já possui.

Além disso, outro serviço é se permitir ficar longe de tecnologia (celular, computador, televisão). Você já deve ter visto em algum filme pessoas que trabalham demais e vão para um local onde não podem usar tecnologia para desintoxicar. Você não precisa ser assim tão radical, afinal um *spa* é um lugar de relaxamento, mas se permita se afastar da tecnologia. Permita-se diminuir o tempo em rede social, ou lendo artigo. Existe muita informação no mundo, e você não precisa saber de todas elas. Inclusive, esse ponto é muito importante para as pessoas que trabalham com informações, como os pesquisadores.

Outro serviço é o estreitamento de laços interpessoais. Você pode usar o tempo que passava no computador para conversar com um amigo ou estar mais presente na sua família. Se gosta de cozinhar, cozinhe para eles. Se gosta de ler, faça sugestões de livros. Se gosta de música, sugira novos cantores e álbuns. E a lista de coisas para falar é muito extensa.

Um serviço muito interessante que você pode ter no seu *spa* mental é a aceitação do ritmo de outras pessoas. Sabe aquele incômodo que você sente ao lidar com alguém que considera ser muito lento? Com esse serviço, você vai aprender a lidar com o ritmo do outro sem querer acelerá-lo.

No seu SPA mental, você também pode se ensinar a diminuir o ritmo. Aprenda a fazer alguns intervalos durante o dia para respirar. Foque no presente.

Além disso, você pode evitar longas jornadas de trabalho, fazendo as tarefas relacionadas ao trabalho apenas durante o horário laboral, e tirar férias por curtos períodos de forma mais frequente. Uma boa dica é, em vez de tirar um mês de férias, tirar 4 ou 5 dias de férias a cada 4 meses, porque assim há mais tempo para descansar e desligar a mente das tarefas do trabalho e dos estudos. Você também pode adaptar seus hábitos de vida. Procure incluir várias pausas durante o dia, fazer atividade física frequente ou incluir pequenos momentos para ouvir música ou ler um livro sem estar pensando em outras atividades.

Os serviços sugeridos nesta seção foram baseados nas sugestões dadas por Augusto Cury em seu livro *Ansiedade*: como enfrentar o mal do século.

COMO A SPA AFETA A APRENDIZAGEM?

Entender como a SPA funciona e como melhorar os sintomas deve ser um esforço de todo professor em formação, pois muitos alunos irão apresentá-la e isso certamente vai influenciar no aprendizado deles. Então, eu faço a pergunta: como você acha que o professor pode ajudar o aluno com SPA?

Muitas vezes a SPA é confundida com o Transtorno de Déficit de Atenção com Hiperatividade (TDAH) em crianças. O TDAH possui causas genéticas e ambientais, já a SPA está relacionada à dificuldade no gerenciamento dos pensamentos. Hoje em dia, as crianças são submetidas a uma rotina intensa de atividades, o que pode levá-las a desenvolver a síndrome. A SPA, por sua vez, dificulta que a criança treine ferramentas mentais como reflexão, resiliência, paciência, criatividade, empatia e tolerância. O professor deve propor atividades que as façam diminuir o ritmo. Além disso, é importante que haja uma conversa com os pais para que eles se ajustem a essa nova realidade. O professor pode também criar o hábito de elogiar o aluno antes de criticá-lo. Quando você começa uma conversa elogiando outra pessoa, ela tende a estar mais aberta à sua fala. Se o professor já inicia a conversa com uma crítica, o aluno pode se sentir tão acuado ou triste que, mesmo se o professor fizer um elogio, ele não vai conseguir internalizá-lo.

A GESTÃO DA EMOÇÃO AUXILIA A RECONHECER E ALIVIAR OS SINTOMAS DA SPA – REFLEXÕES

Marina Ribeiro Paulini

Durante a experiência intensa do mestrado, com tantas tarefas a serem realizadas, às vezes a sensação é de que não é possível dar conta de tudo, e a SPA toma corpo. Isso gera, na maioria das vezes, perda de sono pensando nas atividades a serem concluídas, o que acarreta falta de paciência com as outras pessoas ao redor. A solução é simplesmente parar tudo, afastar-se do WhatsApp e do e-mail e tirar um tempo para reflexão.

O que levamos desta vida? Essa pergunta nos faz refletir sobre nossas atitudes. Em geral, pensar demais é cansativo e desgastante. Ao mesmo tempo, com tantas informações e vivendo o auge da era digital, procurar um equilíbrio mental é um grande desafio. Não temos vidas perfeitas e estamos bem longe disso, afinal somos seres em constante evolução e construção. Estudar, trabalhar, cuidar da família... fazer com amor e carinho para dar tudo certo. E, se não der, paciência! Vamos seguindo em frente com a consciência de que estamos fazendo o nosso melhor, sempre. Sem nos cobrar tanto. E, quando virmos que não tem mais jeito, devemos procurar a ajuda de um profissional! Saiba que isso é mais frequente do que podemos imaginar. Faz parte da história da humanidade e da sua constante evolução.

Vanessa Thomé

Fui apresentada ao conceito de SPA na pós-graduação, mas eu já conhecia os seus sintomas há muito tempo. Durante anos, negligenciei meu lado emocional. Me achava forte. Até quando, no meio do mestrado, eu já não conseguia mais dormir direito, qualquer feixe de luz me acordava e eu despertava cansada e ansiosa. Eu não vivia, eu sobrevivia. Você acha que isso foi o suficiente para eu começar a olhar para o meu lado emocional? Não!

Felizmente, consegui superar aquele momento. Porém, com o término do mestrado, mudei de cidade e voltei a morar com meus pais. Esse momento de mudanças me deu um empurrão para começar finalmente a cuidar do meu lado emocional. No primeiro ano desse processo, eu me inscrevi em Gestão da Emoção, uma disciplina fora do meu campo de atuação, a Genética, e foi nela que me identifiquei como portadora da SPA. Na verdade, identifiquei não só em mim, mas em muitos colegas da pós-graduação. A parte mais importante de me reconhecer com SPA foi que isso me ajudou a buscar alívios para os sintomas dessa síndrome. Eu já percebo uma melhora muito significativa no meu dia a dia: durmo melhor, estou sendo mais gentil comigo mesma e com as pessoas à minha volta e tenho tentado trazer cor aos meus dias. Lidando melhor com meus pensamentos, consegui melhorar também o tratamento com meus colegas de laboratório, passei a ter mais empatia com eles e a lidar melhor com as pressões, tornando o ambiente mais agradável. Claro que nem sempre me sinto tão bem, mas é como diria Augusto Cury: "quem vence sem dificuldades triunfa sem grandeza".

BIBLIOGRAFIA

CURY, A. *Ansiedade*: como enfrentar o mal do século. São Paulo: Saraiva, 2013.

CURY, A. *Inteligência multifocal*: análise da construção dos pensamentos e da formação de pensadores. 8. ed. São Paulo: Cultrix, 1998.